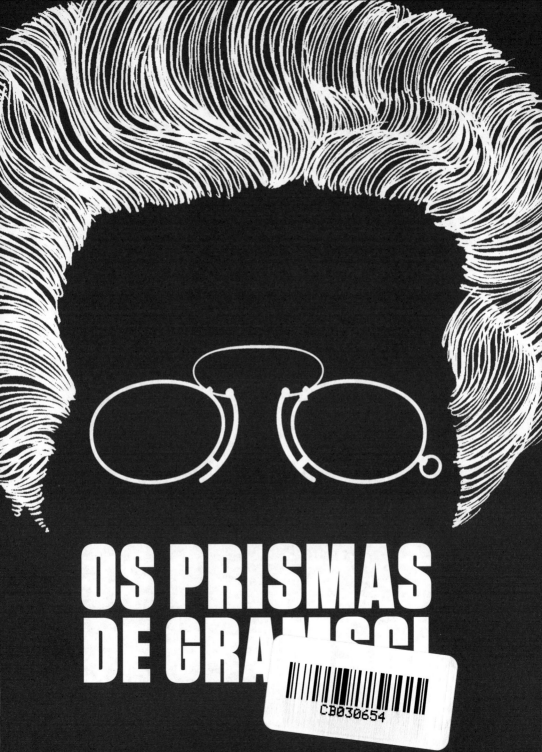

Marcos Del Roio

OS PRISMAS DE GRAMSCI

A fórmula política da frente única (1919-1926)

© desta edição, Boitempo, 2019
© Marcos Del Roio, 2005, 2019

Todos os direitos reservados.

Direção geral	Ivana Jinkings
Edição	Isabella Marcatti
Assistência editorial	Andréa Bruno
Preparação	Silvana Cobucci
Revisão	Thaisa Burani
Coordenação de produção	Livia Campos
Diagramação e capa	Antonio Kehl
	sobre ilustração de Gilberto Maringoni

Equipe de apoio: Ana Carolina Meira, André Albert, Artur Renzo, Carolina Mercês, Clarissa Bongiovanni, Débora Rodrigues, Elaine Ramos, Frederico Indiani, Heleni Andrade, Higor Alves, Ivam Oliveira, Joanes Sales, Kim Doria, Luciana Capelli, Marina Valeriano, Marlene Baptista, Maurício Barbosa, Raí Alves, Talita Lima, Tulio Candiotto

CIP-BRASIL. CATALOGAÇÃO NA PUBLICAÇÃO
SINDICATO NACIONAL DOS EDITORES DE LIVROS, RJ

D375p

Del Roio, Marcos
Os prismas de Gramsci : a fórmula política da frente única (1919-1926) / Marcos Del Roio. - [2. ed.]. - São Paulo : Boitempo, 2019.

Inclui bibliografia
ISBN 978-85-7559-720-0

1. Gramsci, Antonio, 1891- 1937 - Visão política e social. 2. Comunismo. 3. Ciência política - Filosofia. I. Título.

19-58051

CDD: 320.01
CDU: 321.01

Leandra Felix da Cruz - Bibliotecária - CRB-7/6135

É vedada a reprodução de qualquer parte deste livro sem a expressa autorização da editora.

1ª edição: Xamã, 2005
2ª edição: Boitempo, agosto de 2019

BOITEMPO
Jinkings Editores Associados Ltda.
Rua Pereira Leite, 373
05442-000 São Paulo SP
Tel.: (11) 3875-7250 / 3875-7285
editor@boitempoeditorial.com.br | www.boitempoeditorial.com.br
www.blogdaboitempo.com.br | www.facebook.com/boitempo
www.twitter.com/editoraboitempo | www.youtube.com/tvboitempo

SUMÁRIO

Prefácio à nova edição 9

Prefácio – Identidade e diversidade no pensamento de Gramsci... 15

Lista de siglas...21

Introdução 23

I – Guerra, revolução e cisão comunista em Gramsci.................... 35

    1. Cisão e refundação comunista em Lênin e Rosa Luxemburgo 35

    2. Liberalismo, revisionismo e o problema da cisão em Gramsci.........47

    3. A cisão orgânica do movimento operário e a fundação do
       partido comunista na Itália...66

    4. Origens da política de frente única na Internacional
       Comunista...80

II – O paradoxo entre cisão comunista e frente única 89

    1. A consolidação da cisão comunista na Itália entre o contraste
       com a Internacional Comunista e a ofensiva fascista...................89

    2. A política de frente única na Internacional Comunista e
       na União Soviética: debilidade teórica e derrota política 100

    3. Gramsci em Moscou e a solução do contraste do PCd'I com a
       Internacional Comunista 109

    4. Gramsci entre a refundação comunista e a regressão teórica do
       bolchevismo.. 120

III – Refundação comunista e frente única em Gramsci 139

    1. O influxo da regressão teórica na ação política da
       Internacional Comunista 139

2. Gramsci em Viena e a confluência na refundação comunista......147

3. Gramsci em Roma: a política de frente única e o antifascismo ... 158

4. Rumo ao III Congresso do PCd'I 168

IV – A estratégia da frente única antifascista.............................181

1. As teses de Lyon e a teoria da revolução socialista na Itália 181

2. O III Congresso na prática e as novas linhas de clivagem 193

3. Gramsci e a questão russa 204

4. A questão agrária como questão nacional e o problema dos intelectuais meridionais na frente única 218

Conclusão..233

Referências bibliográficas 249

"O mesmo raio luminoso passa por diversos prismas e dá refrações de luzes diversas: se uma mesma refração é desejada, faz-se necessária toda uma série de retificações dos prismas individuais."

Antonio Gramsci, *Quaderni del carcere 1*, § 43, p. 33
(Turim, Einaudi, 1975)

PREFÁCIO À NOVA EDIÇÃO

Esta nova edição de *Os prismas de Gramsci* aparece quase quinze anos depois do primeiro lançamento, em 2005. Naquela ocasião era já perceptível que Gramsci vivia "aprisionado" novamente. A influência de sua obra e mesmo de sua experiência de vida encontrava-se descolada da perspectiva político-ideológica das classes subalternas na Itália e quase que por toda parte. É importante lembrar que o Partido Comunista Italiano (PCd'I) havia sido uma força política de muita envergadura desde o imediato pós-Segunda Guerra até sua autoextinção em 1991, tendo feito de Gramsci um personagem distintivo da sua identidade como partido da classe operária. A derrota estratégica sofrida por essa tradição político-cultural levou à fragmentação ininterrupta e quase à pulverização da representação política das classes subalternas na Itália, que eventualmente tivessem a superação do capitalismo como horizonte histórico.

Nesse país, contudo, uma nova fase de estudos sobre a obra de Gramsci teve início, afastada da vida política cotidiana, quase por força da contingência histórica amplamente desfavorável. Em 1991, após o fim do PCd'I, a transformação do Instituto Gramsci – fundado em 1948, por Palmiro Togliatti, como instrumento de memória, cultura e produção intelectual – em Fundação autônoma, por um lado, e a organização da International Gramsci Society, por outro, deram vazão à pesquisa com pretensões mais "científicas". Na verdade, apareceram duas linhas diferentes, mas que se complementaram e se influenciaram mutuamente: uma muito fincada na biografia de Gramsci, de sua herança política e da valorização de alguns de seus interlocutores; outra que se debruçou sobre a análise filológica dos textos gramscianos, em particular os *Cadernos do cárcere*. O autor passa, então, a ser mais bem conhecido, mas apenas por uma fina camada de "filósofos" (em sentido vichiano), descolados (*malgrado loro*) do senso comum das classes subalternas.

10 Os prismas de Gramsci

A obra de Gramsci foi publicada no Brasil pela primeira vez entre 1966 e 1968 – quando já vigia a ditadura militar – por iniciativa de intelectuais ligados ao Partido Comunista Brasileiro (PCB), mas com pouca repercussão. A presença maior de sua figura ocorre no Brasil no momento em que o PCd'I utilizava o pensador para formular a estratégia do "compromisso histórico" entre as massas comunistas e católicas e para defender a democracia, e por aqui se consolidava a concepção frente política pela democracia. Certo que cada grupo social e político tinha a "sua" democracia!

A crise orgânica do PCd'I e do PCB nos anos 1980 (ainda que muito diferentes uma da outra) deslocou Gramsci para fora do cenário político na Itália, mas, no Brasil, Gramsci encontrou algum amparo no Partido dos Trabalhadores (PT), sem jamais ter alimentado uma estratégia política que se opusesse ao reformismo predominante nessa organização. Pior que um grupo significativo de intelectuais que se orientavam por certa leitura de Gramsci – dita "eurocomunista" – deslocou sua visão de mundo para a sombra de autores liberal-democratas como Norberto Bobbio e Jürgen Habermas. Gramsci deixou de ser importante na filosofia e nas ciências políticas.

Continuou, entretanto, a ser respeitado e bastante utilizado como instrumental analítico nas áreas de pesquisa de educação e serviço social, ambas preocupadas com questões relativas às ditas "políticas públicas", na verdade políticas de Estado voltadas à assistência das classes subalternas com o objetivo de preservar o respaldo à ordem social capitalista. Muitos desses pesquisadores, no entanto, contribuíram (e contribuem) para organizar um pensamento visceralmente crítico às instituições do Estado e à dominação do capital.

De grande importância foi a iniciativa, de 1999 a 2006, da publicação de obras de Gramsci em onze volumes pela editora Civilização Brasileira, segundo um projeto de Carlos Nelson Coutinho. Um novo estímulo para o estudo de Gramsci pode ser notado. Agora havia à disposição textos nunca antes traduzidos do revolucionário italiano e que poderiam servir de fonte de consulta e de estudo para um leque relativamente amplo de interessados. Os limites dessa edição são, contudo, bem grandes. Claro que a questão dos custos pode ter pesado muito, mas o resultado deve ser questionado, embora o esforço ali empenhado seja digno de reconhecimento. A proposta configurou-se em torno da ideia de se fazer uma articulação entre a primeira edição dos *Cadernos*, chamada de temática*, publicada

---

* Antonio Gramsci, *Quaderni del carcere* (org. Palmiro Togliatti, Turim, Einaudi, 1948-1951). (N. E.)

entre 1948 e 1951, a edição crítica de 1975* e a incorporação de observações de Gianni Francioni**, divergentes da edição crítica. A edição de Carlos Nelson Coutinho é útil para iniciantes, mas de pouco serve para um estudo filológico mais sistemático, até porque não traz o conjunto completo dos *Cadernos*.

Mesmo com esses problemas, essa publicação passou a fazer parte de um crescente interesse pela obra de Gramsci na América Latina. Não se tratou de um interesse *in abstractum*, pois que a resistência ao imperialismo mundializado, que se impunha também por meio da ideologia neoliberal e suas práticas econômico-políticas decorrentes. Do (res)surgimento da Frente Zapatista de Libertação Nacional (FZLN), em 1994, no México, ao início da "revolução bolivariana", em 1998, na Venezuela, uma onda de ascensão do movimento popular em quase todo o continente estava por se definir. Essa onda começou a refluir em torno de 2012, mas foi o tempo suficiente para Gramsci ser invocado a contribuir nos processos políticos que visavam (pelo menos) à contenção da sanha imperialista e do neoliberalismo. Mais ainda, ele foi invocado, com mais razão e com maior adequação, por aqueles que persistiam na batalha pela saída do capitalismo como único caminho para reverter a barbárie que se apodera da vida humana.

A questão principal passou a ser então como entender Gramsci – como pensava, o que pensava, o que propunha –, num esforço de *traduzi-lo* para uma realidade diferente daquela de origem. Tratava-se, no Brasil e na América Latina, de fazer com Gramsci algo semelhante ao que ele fizera com Lênin na Itália. De fato, parte do trabalho do revolucionário italiano foi traduzir para a realidade de seu país a reflexão de Lênin sobre a particularidade russa. No Brasil, é verdade, não estamos na estaca zero e há de se reconhecer que muita coisa de valor foi feita, mas sem o necessário aporte prático. Essa é ainda uma missão que exige muito empenho e que não pode deixar de se acompanhar por uma reflexão teórica e filosófica desenvolvida a partir da compreensão de Gramsci e postada claramente como uma filosofia da práxis.

Todas essas observações talvez fossem válidas em 2005, mas continuam válidas hoje, em uma situação histórica, entretanto, bem mais desfavorável. As tarefas continuam as mesmas: estudo teórico afinado com a produção de Gramsci, *tradução* para a realidade brasileira (e latino-americana) e inserção

---

* Idem, *Quaderni del carcere* (org. Valentino Gerratana, Turim, Einaudi, 1975). (N. E.)

** Gianni Francioni, *L'officina gramsciana: ipotesi sulla struttura dei "Quaderni del carcere"* (Nápoles, Bibliopolis, 1984). (N. E.)

no movimento popular, elemento decisivo que tem encontrado grandes dificuldades. O fato é que os "filósofos" continuam descolados do senso comum das massas!

É notório como aumentaram, nesse período, o número e a qualidade de estudos sobre Gramsci e de estudos que o usam como instrumental teórico. A produção científica de brasileiros tem sido publicada e traduções importantes apareceram. A fundação da International Gramsci Society do Brasil, em 2015, e de organismos culturais similares na Argentina, no México e em outros países também é demonstrativa. Essa tendência não deve perder fôlego, mesmo com a gravíssima crise econômico-política que assola o Brasil e o mundo. No caso brasileiro, o ataque à cultura e à ciência, que se difunde em crescendo desde 2013, pelo menos, obrigam a que os intelectuais se engajem na resistência ao obscurantismo.

A burguesia brasileira nunca encontrou condições para unificar e dirigir a nação, sempre foi fragmentada e sempre teve de contar com o Estado para realizar "sua" revolução e criar "seu" capitalismo, em particular forma de "revolução passiva". Essa burguesia (e outras similares) se compacta no arcaísmo, no conservadorismo político mais tacanho e se expõe como uma oligarquia toda vez que sente a demanda imperialista para que se adéque às novas condições econômicas e políticas que a fase do capitalismo exige. Parece que o problema na fase atual é que a demanda imperialista seja – além do saque de recursos naturais e da especialização agrícola – a própria destruição do Estado, sua redução a mera máquina de dominação e repressão das massas populares. Com isso, a burguesia brasileira fica cada vez mais à mercê do grande capital imperialista e com o risco de ter de enfrentar rebeliões populares. O cenário é de barbárie (sempre no sentido de Vico): as línguas se confundem, as ideologias se confundem, os grupos sociais se desintegram; a crise orgânica do capitalismo é visceral, assim como a crise de hegemonia da burguesia é patente.

Que utilidade pode ter o estudo de um autor como Gramsci em situação tão desfavorável à ainda possível emancipação da humanidade das cadeias que a mantém atada aos grilhões do capital? Gramsci foi um autor capaz de compreender que a crise capitalista dos anos 1920-1930 não era terminal: o capitalismo tinha ainda muito fôlego, cuja expressão mais nítida era o americanismo-fordismo. Foi um autor que passou por duas graves derrotas políticas: a experiência dos conselhos de fábrica (1919-1920) e a derrota para o fascismo, da qual resultou seu encarceramento (1926-1937). Esses reveses, contudo, foram a raiz da elaboração teórica culminada no cárcere. Entre um e outro, porém, ele viveu outra experiência, a de dirigente político de um partido revolucionário. Esse é o período abordado neste livro, que, aliás, é um dos pouquíssimos a tratar dessa fase da trajetória gramsciana.

Se é verdade que Gramsci nunca abandonou as ideias fundamentais desenvolvidas na fase dos conselhos, também é verdade que nos *Cadernos* se encontram ideias concebidas nesse período inicial de vida do Partido Comunista – e talvez a mais importante seja a frente única como estratégia de luta política revolucionária. Neste livro, o esforço foi o de mostrar como Gramsci desenvolve a fórmula política da frente única como uma estratégia revolucionária de fôlego, algo que não foi alcançado por nenhum outro grupo político ou teórico no contexto da Internacional Comunista. Gramsci concebe na prática teórica um caminho de unificação das classes trabalhadoras, sua elevação intelectual e moral, a configuração de uma visão de mundo antagônica à da burguesia, a constituição de uma nova sociabilidade. Essa investigação não se rompeu com a prisão: continuou e se aprofundou em condições – as terríveis condições do cárcere – que implicaram a cisão da práxis que a orientava, mas que possibilitaram que fosse desenvolvida como ninguém mais havia feito no decorrer do século XX.

PREFÁCIO
IDENTIDADE E DIVERSIDADE
NO PENSAMENTO DE GRAMSCI*

De maneira sóbria e discreta, mas também com eficácia e determinação, Marcos Del Roio analisa a atividade político-teórica de Gramsci antes de seu encarceramento, à luz de uma tese forte e radical: a continuidade plena entre a ação política e a reflexão filosófica de *todo* Gramsci. Recordo prontamente uma afirmação nesse sentido, expressa de modo indubitável por Battista Santhià, protagonista operário do *biennio rosso*, quando o entrevistei longamente em sua casa de Turim em 1987, poucos meses antes de sua morte. Santhià não era um intelectual profissional, embora sua abordagem fosse a do "intelectual orgânico" no sentido reivindicado por Gramsci em sua intervenção à Comissão Política do Congresso do Partido Comunista da Itália (PCd'I) em Lyon no ano de 1926. Na ocasião, em polêmica com o primado concedido aos intelectuais pela extrema esquerda de Amadeo Bordiga, afirmava: para a extrema esquerda, a situação assemelha-se agora àquela de quando "os intelectuais eram os elementos mais avançados política e socialmente e estavam, então, destinados a ser os organizadores da classe operária. Hoje, para nós, os organizadores da classe operária devem ser os próprios operários"[1]. Note-se que os "organizadores" são, na linguagem dos *Quaderni del carcere* [*Cadernos do cárcere*], os intelectuais em sentido lato.

Naquele momento, a afirmação de Santhià pareceu-me "triunfalista". Repensando, acho que ele tinha razão. Defender a unidade da obra de todo Gramsci, por outro lado, não implica subestimar a mudança, a transformação,

---

* Tradução de Álvaro Bianchi. (N. E.)

[1] Antonio Gramsci, *La costruzione del Partito comunista (1923-1926)* (Turim, Einaudi, 1978), p. 482 e seg.

até mesmo as rupturas ocorridas ao longo de sua breve mas densa existência; ao contrário, sem eliminar a própria unidade interna, hoje sabemos que não é possível estudar os *Quaderni* sem lançar mão de uma metodologia de pesquisa genético-evolutiva de análise.

Ao ler Gramsci, surgem ideias-chave que determinam de modo unitário o ritmo de seu pensamento, ao menos da época dos conselhos de fábrica à redação dos últimos cadernos (e o próprio Gramsci aponta o caminho dessa continuidade em nota estratégica dos *Quaderni*[2]). Refiro-me às ideias-chave que constituem a identidade do pensamento, para além e por meio da diversidade de suas manifestações, algo que geralmente reencontramos nos grandes pensadores.

O título e o subtítulo do livro de Del Roio remetem precisamente a esse contraponto entre identidade e diversidade que Gramsci teoriza com uma linguagem repleta de imaginação no *Quaderno 1*, e que podemos, de modo talvez um pouco ousado, aplicar a seu pensamento:

> A elaboração unitária de uma consciência coletiva exige condições e iniciativas múltiplas [...]. O mesmo raio de luz passa por prismas diversos e produz diferentes refrações luminosas. [...] Encontrar a identidade real sob a aparente diferenciação e contradição e encontrar a diversidade substancial sob a aparente identidade, essa é a qualidade essencial do crítico das ideias e do historiador do desenvolvimento social.[3]

***

A categoria essencial do subtítulo – mas também o conteúdo do livro de Del Roio, "frente única" – remete à problemática idêntica considerada na têmpera da ação política de Gramsci, referente àquele seu leninismo radical que o guiou no duelo com Bordiga.

Del Roio recorda o nascimento dessa "fórmula política" – em 1921, na Alemanha –, que é central no pensamento maduro de Lênin, e mostra as

---

2   Idem, *Quaderni del carcere* (Turim, Einaudi, 1977), caderno 3, § 48, p. 328 e seg. [ed. bras.: *Cadernos do cárcere*, Rio de Janeiro, Civilização Brasileira, 1999-2000, 6 v.].

3   Ibidem, caderno 1, § 43, p. 33 e seg. Na segunda redação desta passagem, no *Quaderno 24*, § 3 (caderno especial dedicado ao "jornalismo"), "a elaboração unitária" torna-se "a elaboração nacional unitária", enquanto a "qualidade do crítico das ideias" torna-se "o dote mais delicado, incompreendido e, não obstante, essencial do crítico das ideias" etc.

PREFÁCIO – IDENTIDADE E DIVERSIDADE NO PENSAMENTO DE GRAMSCI   17

diversas interpretações que recebeu, analisando a posição cautelosa de Gramsci. Um aspecto não secundário desta última é o fato de que é à luz da necessidade prática imposta pela estratégia de frente única que se explica as extraordinárias prudência e flexibilidade mostradas por ele em sua relação com Bordiga, seja quando este último determinava a linha do partido, seja depois, quando começou a desenhar-se sua supremacia.

A imagem-metáfora do raio e do prisma permite aproximar-se do fio condutor que acompanha a transição do último ano de liberdade civil de Gramsci à gênese dos *Quaderni*. Del Roio faz emergir nessa direção alguns elementos importantes, em particular no ensaio incompleto e então inédito sobre a "questão meridional", de 1926. Mas é o conjunto da elaboração política e teórica de Gramsci ao longo desse ano que abre o cenário fundamental a partir do qual amadurece a construção de seu pensamento durante a prisão. Recordo as etapas essenciais: Congresso de Lyon e teses correspondentes (21-26 de janeiro), carta a Togliatti sobre a situação no partido bolchevique (outubro), *Alcuni temi sulla questione meridionale* [Alguns temas sobre a questão meridional] (nos meses precedentes à prisão, em 8 de novembro).

As *Teses para o Congresso de Lyon,* redigidas por Gramsci em colaboração com Togliatti, são provavelmente o melhor e mais complexo documento de toda a história político-teórica do movimento comunista na Itália. Essas teses, lidas em conjunto com a já citada intervenção de Gramsci na Comissão Política do Congresso, constituem um exemplo admirável daquela "filosofia ocasional" que ele reencontrava na formulação política de Lênin e de Maquiavel.

A aliança leniniana entre operários e camponeses, fundamento da política de "frente única", torna-se precisa na individualização das "forças motrizes da revolução italiana", cujos "desenvolvimento" e "velocidade" – dizem as teses – "não são previsíveis sem uma avaliação dos elementos subjetivos"[4]. É oportuno sublinhar aqui como a combinação das categorias de "força" (e, evidentemente, a metáfora físico-biológica e técnica) e de "subjetividade" (a marca humanista e historicista) representam um arco de tensão no qual se moverá o conjunto da reflexão de Gramsci na prisão.

Na intervenção na Comissão Política, Gramsci ilustra com clareza inequívoca a antítese existente entre a concepção bordiguiana do partido como "órgão" e aquela própria do partido como "parte" da classe operária. Para enfatizar a distância entre abstração e concretude, entre compartilhamento e

---

4   Idem, *La costruzione del Partito comunista (1923-1926)*, cit., p. 498.

instrumentalidade, Gramsci escreve: "O partido é unido à classe operária não apenas por vínculos ideológicos, mas também por vínculos de caráter 'físico'"[5]. O raciocínio prossegue e se desenvolve na necessidade de uma organização do partido "'por célula', isto é, segundo a base da produção"[6]. Sem essa conotação da argumentação, que podemos chamar de técnico-naturalista, o subjetivismo historicista de Gramsci teria necessariamente desembocado numa estrada unilateral e idealista.

O fio condutor do discurso é completamente diferente de uma linha reta e homogênea. Gramsci precisa conciliar duas instâncias complementares, mas distantes uma da outra: a *centralidade* da classe operária e da organização do partido (daí a polêmica contra o fracionismo e a ideia do partido como "síntese de elementos heterogêneos", sustentada por Bordiga) e a *democracia interna,* isto é, o caráter antiautoritário do próprio partido, o qual se manifesta na relação dialética que o partido deve estabelecer com as organizações de massas, assim como, em seu interior, entre centro e periferia.

O problema fundamental está na dimensão hegemônica do proletariado (como é indicado nas *Teses*), nos confrontos das massas camponesas (amorfas e pulverizadas, por definição), dos intelectuais e também dos demais estratos "hegemonizáveis".

***

"O raio e o prisma" simbolizam a principal questão de método que acompanha e guia a evolução do pensamento de Gramsci nos *Quaderni*. Podemos dar a essa questão o nome de pesquisa do fortalecimento e do enfraquecimento da dialética.

A dialética se fortalece e ao mesmo tempo se enfraquece exaltando sua origem ou matriz relacional. A conceitualização dos *Quaderni* é atravessada de um lado ao outro pela dupla dicotômica que dá origem à polaridade não necessariamente antinômica e, contudo, desprovida de um terceiro termo que represente uma possível ou necessária síntese. Seria necessário um exame lexicológico para ilustrar e exemplificar esta tese, que se recoloca, a meu ver, em virtude de evidente conexão com o *animus* da pesquisa de Del Roio. Limito--me a ressaltar a peculiaridade, no uso dos *Quaderni*, de duplas dicotômicas, a saber: história e natureza, humanidade e animalidade, intelectualidade e

---

[5] Ibidem, p. 482.

[6] Ibidem, p. 483.

vida, hegemonia e poder, produção e cultura, reforma e revolução, dimensão evolutivo-temporal e dimensão territorial-espacial das vicissitudes humanas (a partir da língua e das linguagens).

Passando da linguagem da vigília à do sono, pode-se dizer que os prismas se harmonizam entre si como num contraponto. Podem dar lugar tanto a consonâncias como a dissonâncias. O problema (filosófico e político) nasce do fato de que as diversas refrações necessitavam da identidade de um raio. A unidade do contraponto tem uma fonte diversa do próprio contraponto. A frente é única – e unida – porque tem um centro.

Giorgio Baratta
(1938-2010)
Fundador da Seção Italiana da
International Gramsci Society

Roma, 2005

LISTA DE SIGLAS

Ceic – Comitê Executivo da Internacional Comunista
CGL – Confederazione Generale del Lavoro: Confederação Geral do Trabalho
CNI – Confederazione Nazionale dell'Industria: Confederação Nacional da Indústria
Confindustria – Confederazione Generale dell'Industria Italiana: Confederação Geral da Indústria Italiana
Enios – Ente Nazionale Italiano per la Organizzazione Scientifica del Lavoro: Entidade Nacional Italiana para a Organização Científica do Trabalho
Fiom – Federazione Italiana degli Operai Metalmecannici: Federação Italiana dos Operários Metalúrgicos
IC – Internacional Comunista
IWW – Industrials Workers of the World: Trabalhadores Industriais do Mundo
KAPD – Kommunistische Arbeiterpartei Deutschlands: Partido Operário Comunista da Alemanha
KPD – Kommunistische Partei Deutschlands: Partido Comunista da Alemanha
KPP – Komunistyczna Partia Polski: Partido Comunista da Polônia
KMU – Kommunistàk Magyarországi Pártja: Partido Comunista da Hungria
KSC – Komunistcká Strana Ceskoslovenska: Partido Comunista da Checoslováquia
NEP – Novaja Economiceskaja Politika: Nova Política Econômica
PCd'I – Partito comunista d'Italia: Partido Comunista da Itália
PCF – Parti Communiste Français: Partido Comunista Francês
PNF – Partito Nazionale Fascista: Partido Nacional Fascista
PPI – Partito Popolare Italiano: Partido Popular Italiano

PSI – Partito Socialista Italiano: Partido Socialista Italiano

PSU – Partito Socialista Unitario: Partido Socialista Unitário

RKP – Rossijskaja Kommunisticeska Partija (bolsivikov): PCR(b) – Partido Comunista da Rússia (bolchevique)

SFIO – Section Française de l'Internationale Ouvrière: Seção Francesa da Internacional Operária

SPD – Sozialdemokratische Partei Deutschlands: Partido Social-Democrata da Alemanha

USPD – Unabhängige Sozialdemokratische Partei Deutschlands: Partido Social-Democrata Independente da Alemanha

INTRODUÇÃO

Entre os autores inseridos na tradição político-cultural originada em Marx, certamente Gramsci é um dos mais controversos. Isso ocorre, antes de tudo, pelas próprias características de sua obra escrita. Uma obra de publicista e de organizador da cultura operária desde muito cedo e que, no mais das vezes, foi sendo impressa em periódicos vinculados ao movimento operário, na forma de artigos ou de documentos e relatórios partidários, mas uma obra sempre voltada para o debate, para a interlocução, para a polêmica. Até mesmo uma parte significativa de suas cartas orientou-se para os objetivos de uma ação político-cultural, dos quais nem mesmo sua correspondência privada se mostrou imune. Assim, Gramsci já trazia consigo o perfil do ator político revolucionário, do "homem comunista" almejado pela filosofia da práxis.

Muito mais estudada e difundida, contudo, é sua obra escrita que se seguiu ao aprisionamento pelo regime fascista. Vários comentadores frequentemente veem os *Cadernos do cárcere* como uma produção estanque, que pode ser interpretada à revelia do autor e do conjunto de sua teoria política, transformada assim em mera fornecedora de um aparato conceitual ambíguo ou pouco claro e de pouca utilidade científica, portanto. Outras vezes, a obra de Gramsci é vítima do instrumentalismo político, ainda que bem-intencionado. De qualquer maneira, Gramsci é um autor que sempre esteve em meio à contenda, quer quando vivo, quer disputado depois de sua morte[1].

---

[1] Ver Guido Liguori, *Gramsci conteso: interpretazioni, dibatti e polemiche (1922-2012)* (Roma, Editori Riuniti, 2012). Esse livro oferece uma excelente visão panorâmica do debate intelectual e político italiano, que envolveu e ainda envolve a figura e a obra de Gramsci.

A trajetória da obra de Gramsci acompanhou a trajetória do Partido Comunista Italiano, o qual contribuíra para fundar e consolidar, tendo-lhe oferecido um amplo substrato teórico e cultural. Gramsci foi visto como um grande "leninista", mas também como um grande intelectual nacional-popular; foi lido como um precursor da "via italiana ao socialismo" e como o teórico e estrategista da disputa pela hegemonia a partir de dentro da ordem burguesa democratizada. Por fim, depois do suicídio do PCd'I, ganhou força um Gramsci liberal-democrata (*sic*).

A influência de sua obra e de suas ideias cresceu na Itália à medida que crescia também a influência do PCd'I, particularmente após 1956. Nesse momento, a publicação da primeira versão dos *Cadernos do cárcere* já fora completada e ocorria a guinada político-cultural do movimento comunista, iniciada com o XX Congresso do PC da URSS e continuada com a elaboração de Togliatti da "via italiana ao socialismo". O apogeu da influência da obra gramsciana ocorreu, no entanto, nos desdobramentos da eclosão juvenil e operária de contestação sociocultural de 1968-1969, ainda que, em geral, a chamada "nova esquerda" não se alimentasse da obra do último Gramsci, absorvendo apenas a experiência dos conselhos de fábrica de 1919-1920.

Mas o fato é que, com a expansão do PCd'I, uma onda de abordagens sobre o revolucionário sardo começou a crescer, estimulando e se alimentando dos estudos que culminariam, em 1975, na publicação de uma nova edição dos *Cadernos do cárcere,* por iniciativa de um grupo de intelectuais vinculados ou não ao PCd'I, coordenados por Valentino Gerratana. A publicação da chamada edição crítica coincidiu com o apogeu histórico do PCd'I. A estratégia política então chamada de "eurocomunista" estava voltada para a disputa da hegemonia no terreno da democracia liberal-burguesa, tentando a reversão em favor da classe operária e das massas populares. A direção política e a intelectualidade comunista tentaram, com méritos inegáveis, perscrutar teórica e praticamente esse caminho, fundamentando-se numa leitura de Gramsci fortemente marcada pela conjuntura e pelo desafio que se apresentava, tendo despontado a importância do tema da hegemonia e do pluralismo político como essencial à democracia[2].

---

[2] Um importante exemplo dessa interpretação no Brasil pode ser vista em Carlos Nelson Coutinho, *Gramsci* (Porto Alegre, L&PM, 1981). Há edições posteriores revistas e ampliadas, além de uma edição italiana atualizada e adaptada, como Carlos Nelson Coutinho, *Il pensiero político di Gramsci* (Milão, Unicopli, 2006). Uma interlocução deliberadamente polêmica está em Edmundo Fernandes Dias et al., *O outro Gramsci* (2. ed., São Paulo, Xamã, 1996).

A derrota político-cultural do PCd'I levou o movimento operário e o partido "gramsciano" a um impasse estratégico, do qual não tiveram condições de sair. O marco pode ser localizado em 1978, quando do apoio comunista ao governo minoritário da Democracia Cristã, chamado de "solidariedade nacional", justificado pela necessidade de defender a "democracia" diante do ataque terrorista. A partir desse momento, com o PCd'I derrotado no debate sobre a democracia e o socialismo, começa o declínio histórico do partido fundado em 1921, até sua extinção em 1991, exatas sete décadas depois. Os estudos sobre Gramsci, como não poderia deixar de ser, ressentiram-se do impacto dessa situação e daquela mais geral da chamada "crise do marxismo", no limite, identificada com a "crise das ideologias". Assim, começa um relativo ostracismo de Gramsci na Itália, ainda que sua difusão por uma gama enorme de países (incluindo o Brasil) tenha mantido certo fôlego e até se ampliado substancialmente no século XXI.

Com a derrota cultural e política do PCd'I e da intelectualidade que lhe era afim, Gramsci deixa de ser visto como um teórico da democracia como via da transição socialista nas formações sociais avançadas, próprias do Ocidente. Aproveitando-se das interpretações tendencialmente politicistas dos anos 1970, as leituras liberais acabaram se sobrepondo no debate. A tendência passa a ser a de homologar Gramsci dentro da tradição cultural italiana, fazendo dele um "clássico", e acentuando, na melhor das hipóteses, o seu vínculo com Croce, Gobetti ou Salvemini. Nesse contexto, no qual tendia a se sobrepor a leitura de um Gramsci "maduro" abraçando o pensamento da social-democracia ou mesmo o liberalismo, entre outros autores, tendeu a se destacar o filósofo socialista liberal Norberto Bobbio[3].

Outra vertente de leitura, de inspiração liberal católica, bem representada por Augusto Del Noce, apontava para o estabelecimento de uma conexão entre o pensamento de Gentile e Gramsci, por meio do atualismo e da pretensa "vontade de potência", de inspiração nietzschiana, que na verdade já estaria presente em Marx. Com isso se produziria uma convergência entre Gramsci e Mussolini, entre o comunismo e o fascismo, fazendo do pensador sardo um teórico "totalitário". No entanto, é possível perceber que a crítica da modernidade,

---

[3] Norberto Bobbio, *Saggi su Gramsci* (Milão, Feltrinelli, 1990). Por meio de um grande número de intervenções e publicações, Bobbio deu o tom do debate sobre a questão da democracia nos setores políticos e acadêmicos na Itália e no Brasil, *grosso modo* identificados com uma leitura liberal de Gramsci.

que Del Noce pretende fazer, tal como ocorrera com Gentile, abre caminho para sua paradoxal aproximação com o fascismo[4].

Ainda que em relativo ostracismo, certo empenho no estudo de Gramsci conseguiu se manter, por meio de obras e pesquisas importantes, aliás, utilizadas no decorrer deste texto. Mas o fato é que, particularmente após 1987 (o cinquentenário da morte de Gramsci), há uma tendência cada vez mais acentuada, também por parte de um significativo número de intelectuais ligados ao PCd'I, em aprofundar as críticas à Revolução Russa e a seus desdobramentos históricos, ora homologando Gramsci ao liberalismo, ora ignorando-o, ou ainda tentando vê-lo como uma vítima do stalinismo, tanto quanto havia sido do fascismo.

No sentido anti-staliniano, acentuou-se a valorização de Bukhárin (reabilitado na URSS, em 1988, por ocasião do cinquentenário de sua morte por fuzilamento) e das formulações teóricas do chamado "austromarxismo". A abertura de novos arquivos potencializou um debate específico sobre a trajetória pessoal de Gramsci e suas relações familiares e com o partido, em especial com Togliatti e Grieco. Ainda que certamente de utilidade científica, esse debate, na forma como se desenvolveu, contribuiu para a "despolitização" cultural que envolvia o autor dos *Cadernos*[5].

O pretenso esgotamento do tema da revolução como cânone de explicação e teleologia histórica depois do fracasso do socialismo de Estado garantia que a atualidade de Gramsci só poderia ser preservada no interior de uma orientação reformista (ou da revolução passiva como programa), que privilegiasse as instituições democráticas. A ação política, nesses termos, deveria estar voltada para a busca de pontos de passagem para a ampliação e difusão da democracia. Enfim, o amplamente difundido discurso que previa um mundo tendente à difusão da paz, da democracia e da cidadania, ainda nos desdobramentos do fim do socialismo de Estado e da União Soviética, numa tentativa de atualização, acabava por dar origem a uma mistificação histórica ao se criar uma cisão entre Lênin e Gramsci. Assim, o Gramsci real era transformado numa figura quase especular[6].

---

[4] Augusto Del Noce, *Il suicidio della rivoluzione* (Milão, Rusconi, 1978).

[5] Ver Aldo Natoli, *Antigone e il prigioniero* (Roma, Editori Riuniti, 1990). Esse talvez seja o texto mais emblemático dessa abordagem, que procura vincular as relações interpessoais a problemas políticos de grande alcance. Mais recentemente pode ser visto Luigi Nieddu, *Antonio Gramsci: storia e mito* (Veneza, Marsílio, 2004).

[6] Em seu *Appuntamenti con Gramsci* (Roma, Carocci, 1998), Giuseppe Vacca exemplifica a tendência em observar em Gramsci um crítico precoce do "stalinismo", assim como a tendência a interpretar o tema da hegemonia como sendo relativo fundamentalmente

Ainda que mantidas relativas difusão e expansão de sua obra e de leituras muito diversificadas, que alimentaram estudos culturais e políticas centradas em questões particulares, o fato é que Gramsci esteve praticamente ausente da vida política e cultural da Itália, passando a ser estudado, a partir dos anos 1990, por um grupo relativamente exíguo de intelectuais, do ponto de vista da filologia, como forma de recuperar o valor intrínseco de sua elaboração teórico-política. Esse estudo menos vinculado à ação político-partidária eventualmente pode recuperar, ao menos em parte, a força das ideias de Gramsci para a transformação social[7].

No entanto, o elemento fundamental a ser observado para se explicar esse novo "encarceramento" de Gramsci é a força e a eficácia da ofensiva do capital, na produção e na cultura, contra o mundo do trabalho, suas instituições e representações culturais. A "desconstrução" da classe operária e de seu movimento político-cultural pela ação de uma massa de intelectuais orgânicos do capital postados na organização da produção e nos meios de difusão da informação, com a generalização do ideário pós-moderno, torna incompreensíveis e sem sentido as questões postas por Gramsci. Para um mundo no qual predomina a fragmentação dos sujeitos e no qual não tem sentido qualquer noção de totalidade contraditória do real, não é possível

---

à questão do consenso e à esfera subjetiva. Essa leitura da hegemonia, ampliada para o campo da política internacional, aproxima politicamente esse "gramscismo" da liberal-democracia e do neocontratualismo, acompanhando a fracassada política entabulada por Gorbachev nos estertores da URSS, de apaziguamento com o imperialismo capitalista. Numa direção convergente se encaminha Luiz Werneck Vianna, *A revolução passiva: iberismo e americanismo no Brasil* (Rio de Janeiro, Revan, 1997), p. 28-30. Nessas páginas, o autor afirma claramente que já não se vive o tempo das revoluções, ao menos não como *fiat* do desenvolvimento histórico, pois a revolução sobrevive apenas como expressão da periferia. O declínio heurístico da revolução, por outro lado, está vinculado ao pretenso esvaziamento da categoria do trabalho como variável explicativa. Desse modo, também neste exemplo, há uma tendência a projetar o tema da hegemonia exclusivamente para o campo das supraestruturas e das instituições democráticas, para um americanismo sem fordismo.

[7] Nesse aspecto, deve-se destacar o trabalho que vem sendo desenvolvido pelo grupo da International Gramsci Society. Ver, por exemplo, Fabio Frosini e Guido Liguori (orgs.), *Le parole di Gramsci: per un lessico dei "Quaderni del carcere"* (Roma, Carocci, 2003). É notável o trabalho de grande rigor filológico, que se desenvolve desde 2007, de publicação da *Edizione Nazionale degli Scritti di Antonio Gramsci*, com a responsabilidade de uma comissão científica coordenada por Gianni Francioni. Essa edição deve superar as limitações razoavelmente sérias das publicações precedentes.

perscrutar a emancipação humana da alienação do trabalho imposta pelo capital, rumo a um humanismo integral[8].

Para que se possa assistir a um efetivo renascimento da teoria política e da filosofia da práxis tais como sugeridas por Gramsci, faz-se necessário o surgimento de um novo movimento operário, de um novo movimento global de contestação e de direção antagônica ao domínio universal do capital. Um movimento que seja a materialização da refundação comunista do século XXI, cujas características ainda são demasiado incertas do ponto de vista prático e teórico.

Só é possível afirmar com certeza que se deve partir da crítica radical da atual ordem burguesa mundializada e de suas características particulares. Crítica não apenas dos mecanismos de reprodução do capital, mas também das forças políticas e culturais predominantes, inclusive das forças culturais e políticas que se embasam na perspectiva fragmentária do pós-modernismo na proposição de lutas exclusivamente setoriais no enfrentamento da barbárie em aproximação, envidando esforços em problemas ambientais, étnicos ou de gênero, sem perceber que é precisamente a generalização da questão operária e do trabalho humano como trabalho abstrato que evidencia tais contradições, apresentando-as como problema genérico do homem. Assim, a atualidade da questão do trabalho humano e da reconstituição do proletariado como classe se mantém nas circunstâncias do capitalismo do século XXI, embora despida da tendência identitária e particularista predominante nas fases anteriores, o que mostrou ser o principal empecilho a uma perspectiva de autoemancipação[9].

Essa situação de derrota da perspectiva do trabalho e da teoria social originada em Marx e a necessidade de uma refundação da práxis socialista, a fim de se enfrentar a barbárie que ameaça envolver a humanidade, exigem a retomada dos estudos sobre a refundação comunista do século XX. Desde antes mesmo da morte de Engels, ocorrida em 1895, o impulso radicalmente crítico da ordem do capital, contido na obra de Marx, tendeu a se diluir, sendo superado por formas inovadoras de alta cultura burguesa, como o positivismo e o neokantismo. A intrusão positivista e neokantista na cultura do movimento

---

[8] José Paulo Netto, "Georg Lukács: um exílio na pós-modernidade", em Maria Orlanda Pinassi e Sérgio Lessa (orgs.), *Lukács e a atualidade do marxismo* (São Paulo, Boitempo, 2002), p. 77-101. As observações de José Paulo Netto sobre a situação atual da obra de Lukács e as condições indicadas para o seu ressurgimento cabem muito bem para Gramsci.

[9] Sobre o tema da permanência da centralidade do trabalho na sociabilidade humana sob o capitalismo atual, ver Ricardo Antunes, *Os sentidos do trabalho: ensaio sobre a afirmação e a negação do trabalho* (São Paulo, Boitempo, 1999).

operário, do qual o debate sobre o revisionismo foi um exemplo forte, subsumiu a classe operária à hegemonia burguesa, na forma de reformismo[10].

A refundação comunista do século XX, teórica e prática – particularmente com Lênin e Rosa Luxemburgo –, partiu do resgate da dialética materialista de Marx, da crítica do imperialismo capitalista, do papel do campesinato no processo revolucionário e da cisão com o reformismo. Não obstante as divergências sobre o imperialismo, sobre a forma-partido e a consciência operária, sobre o reformismo, sobre a questão agrária, sobre a questão das nacionalidades, sobre a cisão teórica e orgânica, o fato é que ambos os autores se encontram no campo do resgate e da atualidade da revolução socialista internacional, elemento que essencialmente define essa vertente do marxismo e do movimento operário.

Gramsci (assim como Lukács) faz parte da segunda fase da refundação comunista, cujas características são a derrota da revolução socialista internacional, o início da transição socialista na União Soviética, numa situação de atraso e isolamento, e o enfrentamento da ofensiva do capital, na forma de fascismo. Essa fase ficou marcada pelas vicissitudes da cisão orgânica e teórica com o reformismo e pela fórmula política da frente única. Nessa situação é que se coloca o problema da particularização da hegemonia, quando a questão nacional adquire uma importância decisiva na estratégia da revolução socialista internacional. O espaço da refundação comunista coincide com o espaço da eclosão da revolução socialista internacional entre 1917 e 1921, vale dizer, no território dos impérios russo, alemão, austro-húngaro e ainda do reino italiano[11].

A tentativa de enquadrar Gramsci nesse contexto histórico e cultural, indicado pelos contornos desse movimento teórico e prático, aqui denominado de refundação comunista, pode nos ajudar a escapar de um falso dilema há muito tempo posto no debate, entre um Gramsci "leninista" ou um Gramsci "autóctone", pretenso seguidor das melhores tradições democráticas da Itália e do Ocidente liberal. O contexto da refundação e a multiplicidade de fontes de que dialeticamente se serviu para entabular uma crítica radical do existente, sem unilateralismo, pode apreender melhor o lugar de Gramsci nesse contexto sócio-histórico.

---

[10] Não que a vertente reformista do movimento operário e a intelectualidade reformista, particularmente na Alemanha, não tenham produzido uma obra teórica de alto padrão cultural. Ver Antonio Roberto Bertelli, *O marxismo e as transformações capitalistas: do Bernstein-Debatte à República de Weimar (1899-1933)* (São Paulo, IAP/IPSO, 2000).

[11] Marcos Del Roio, "A refundação da crítica socialista e as revoluções passivas do século XX", em *O império universal e seus antípodas: a ocidentalização do mundo* (São Paulo, Ícone, 1998).

O texto que se segue tentará manter dois planos conexos de leitura e exposição, o histórico concreto e o teórico-político, estabelecendo assim o vínculo entre a produção teórico-prática de Gramsci e o contexto sócio-histórico da refundação comunista. Ao se estabelecer o vínculo entre a interpretação teórica e o movimento do real, o que se faz é uma tentativa de ler Gramsci pelas suas próprias lentes e pela sua própria pena, sem que lhe sejam solicitados valores e conceitos que pouco lhe dizem respeito. Tampouco se pretende extrair uma interpretação de Gramsci simplesmente pelos autores que o influenciaram e pelas leituras que fez. Assim, a ênfase deste estudo deve recair nas subjetividades atuantes em condições concretas bem determinadas, até que se possa almejar o objetivo de contribuir para escrever, ainda que minimamente, sobre uma página importante da história da ciência política socialista. Deve-se ter em mente, ainda, que enfatizar as subjetividades significa privilegiar uma parte do mundo material construído pelo homem e não a incorreção do politicismo ou do culturalismo como metodologia[12].

O objetivo explícito então é mostrar o lugar de Gramsci no contexto da refundação comunista do século XX, para o que é preciso localizar os fundamentos de sua formação político-cultural, as circunstâncias históricas e os autores e as correntes que mais contribuíram em sua formação. Tenha-se presente, ademais, que outras possíveis influências tenham sido deixadas de lado aqui, já que se tratava mais de um ambiente cultural com suas misturas e seus conflitos do que de um caso de genealogia intelectual e cultural a ser determinada. Difícil, e mesmo indesejável, estabelecer uma demarcação entre as influências "nacionais" e "europeias", considerando a própria tradição cosmopolita da intelectualidade italiana e a perspectiva internacionalista que alimentava a vertente da refundação comunista.

Assim, Benedetto Croce, segundo a própria leitura de Gramsci, é um intelectual que vincula o cosmopolitismo e uma função nacional, de acordo com determinados interesses de classe. Sorel é um intelectual normando francês que

---

[12] Essas observações de caráter metodológico são sugeridas pelo próprio Gramsci, mas encampadas por autores como Domenico Losurdo, *Antonio Gramsci dal liberalismo al comunismo critico* (Roma, Gamberetti, 1997), p. 128-34; e Giorgio Baratta, *Le rose e i quaderni: saggio sul pensiero di Antonio Gramsci* (Roma, Gamberetti, 2000), p. 223-9. Devem ser considerados ainda Georges Haupt, "Perché la storia del movimento operaio?", em *L'Internazionale Socialista della Comune a Lenin* (Turim, Einaudi, 1978), p. 3-37, e, ainda, Aldo Agosti, "Il mondo della III Internazionale", em Vários autores, *Storia del marxismo*, v. 1: *Il marxismo ai tempi di Marx* (Turim, Einaudi, 1980), t. 3, p. 379-80.

conta com grande inserção na Itália. Maquiavel e Vico, importantes autores clássicos da ciência política, viveram épocas em que a Itália ainda não existia enquanto Estado, mas pensavam e se projetavam por todo o contexto europeu a partir de um específico ponto de vista "nacional". Antonio Labriola, por sua vez, é um autor reconhecido mais entre pequenos grupos socialistas espalhados pela Europa – que depois confluiriam para a refundação – do que entre os próprios congêneres italianos. Do mesmo modo, há indícios fortes de que o canal de ingresso de Gramsci na vertente da refundação comunista, tendo como suporte sua postura original oposta ao positivismo e ao reformismo, tenha derivado da cultura contestatória e revolucionária da Alemanha, particularmente Rosa Luxemburgo e Karl Korsch.

O efetivo encontro com Lênin e com o bolchevismo, a partir de 1923, foi decisivo para que Gramsci se encaminhasse para uma síntese teórico-política superior de seu pensamento, necessária para que pudesse sair da situação subalterna no interior do próprio PCd'I, por conta da direção de Amadeo Bordiga, e, ao mesmo tempo, refletir uma estratégia de luta revolucionária para a particularidade italiana atuante internacionalmente. Nesse movimento do pensamento é que Gramsci enista enereda para o caudal da refundação comunista, vindo a ser exatamente o elemento mais destacado de seu aprofundamento e desenvolvimento teórico-prático.

De Lênin é a apreensão da necessidade de traduzir a particularidade da Revolução Russa na particularidade da revolução italiana, num estranho movimento dialético que passa do universal para as diferentes particularidades. Daí a necessidade de pensar o partido revolucionário da classe operária e de pensar a aliança operário-camponesa. Mas a trajetória de Gramsci, paradoxalmente, aponta o caminho para Marx. Esse caminho mostrou-se facilitado pela permanência em sua concepção teórica da centralidade da fábrica e do mundo operário na teoria e na prática, trazido de Sorel, Korsch e Rosa. Assim, a esteira que pavimenta o caminho para Marx é o nexo permanente entre o processo de produção fabril e a política operária na perspectiva da revolução socialista.

O fio condutor que possibilita a Gramsci alcançar uma nova síntese teórica, que aponta para patamares mais elevados, é a fórmula política da frente única. Ainda que o problema se apresentasse desde a Revolução Russa de 1905, é a partir do início de 1921 que essa fórmula política ganha uma posição central nos debates teóricos da Internacional Comunista. Aquilo que se procurará mostrar aqui é precisamente que Gramsci, ao mesmo tempo que se utilizou dessa fórmula para atingir uma nova síntese teórica em seu próprio pensamento, foi o seu mais profícuo elaborador, no mesmo momento em que a IC iniciava uma fase de regressão teórica.

O problema posto para as vertentes de esquerda pela fórmula política da frente única, particularmente aquelas parametrizadas pela experiência histórica da revolução socialista na Rússia, perpassou toda a trajetória do século XX, nas mais diferentes situações. Assim, a discussão aqui proposta mantém a sua atualidade teórica e política na medida em que as tarefas indicadas para a frente única – ou seja, a unificação dos trabalhadores e o estabelecimento da sua hegemonia sobre o conjunto da vida social – continuam sem resolução, indicando, pelo contrário, uma maior complexidade e um número também maior de dificuldades teóricas e práticas a serem enfrentadas[13].

A ênfase deste estudo, assim como foi a do autor em foco, vale repetir, estará centrada na práxis política, nas particularidades e subjetividades atuantes em determinadas situações concretas. O período abordado parte de 1919, quando os problemas da cisão e da revolução socialista se apresentam com força na cena italiana, com a experiência dos conselhos de fábrica e de *L'Ordine Nuovo,* até a prisão de Gramsci, em fins de 1926, quando a questão da refundação comunista e, em particular, da frente única estão relativamente maduras para o grupo dirigente que se formava.

Para acompanhar essa trajetória, mostrou-se necessário localizar a origem e os percalços do problema da cisão na vertente teórica da refundação comunista no contexto da revolução socialista internacional, de cuja derrota surge a fórmula política da frente única. E, para a análise desse problema, a realização do III Congresso da IC mostrou-se um marco importante, pois promoveu o encontro entre as diferentes particularidades da Rússia e da Alemanha, na dimensão internacional, o eixo de geração da fórmula política em questão.

Em conexão com esse problema, foram analisados os fundamentos político-culturais do pensamento de Gramsci e seu endereçamento para a cisão comunista, consumada com a fundação do PCd'I. Em seguida, apresentou-se o problema (de extrema complexidade) da consolidação da cisão comunista

---

[13] Perry Anderson foi um dos autores que enfatizou a continuidade entre o último Lênin e o Gramsci dos *Cadernos do cárcere,* tendo a fórmula política da frente única como ponte. Assim, um dos objetivos do estudo aqui proposto é exatamente observar como foi pavimentada essa continuidade. Ver Perry Anderson, "As antinomias de Antonio Gramsci" (1976), em Perry Anderson et al., *Crítica marxista: a estratégia revolucionária na atualidade* (São Paulo, Joruês, s/d), p. 7-74.

na Itália entre um contencioso com a direção da Internacional Comunista e o desafio teórico e prático de fazer frente ao ataque fascista.

Prensado entre a necessidade de defender a unidade partidária para enfrentar o fascismo e a de preservar o vínculo internacional, sem que houvesse um deslocamento à direita do partido e um refluxo da cisão, Gramsci percebe na fórmula política da frente única não apenas a saída para um problema de difícil solução, mas a possibilidade de um grande salto teórico para a consolidação da cisão e o enfrentamento do fascismo, a um só tempo.

A dificuldade adicional, da qual era muito difícil se dar conta no preciso momento, foram a regressão teórica do bolchevismo e a dispersão do grupo espartaquista na Alemanha. Contudo, à medida que esses fenômenos ocorriam, Gramsci enveredava decididamente para a vertente da refundação comunista, buscando uma nova síntese teórica, para a qual se serviu principalmente de Lênin, mas também de Trótski e Bukhárin. Empenhou-se em formular uma concepção de partido revolucionário que apontava para uma síntese entre formulações anteriores de Rosa e de Lênin, mas que incorporou muito da experiência prática exercitada principalmente no movimento dos conselhos de fábrica (1919-1920). Em meio ao combate antifascista, Gramsci amadureceu uma concepção nova e teoricamente superior às que grassavam na IC, empenhando-se na conformação de um novo grupo dirigente revolucionário.

As teses do III Congresso do PCd'I já indicam um grau de maturação significativo do novo grupo dirigente e a percepção da particularidade nacional da aliança operário-camponesa. No entanto, os graves efeitos do processo de cisão do grupo bolchevique dirigente e a consolidação do fascismo na Itália criaram novas clivagens e dificuldades, diante das quais a capacidade intelectual e política de Gramsci e do grupo dirigente comunista se mostrou insuficiente.

Com a prisão e, posteriormente, com a redação dos *Cadernos do cárcere*, Gramsci passa a outra fase, diferenciada, na qual predomina necessariamente a autonomia relativa do teórico. Detido pelo fascismo e abandonado a definhar lentamente, Gramsci elaborou uma obra de resistência e de combate antifascista e anticapitalista, na qual pretendeu levar adiante a convicção de que "precisaria fazer alguma coisa '*für ewig*', segundo uma complexa concepção de Goethe", conforme carta escrita à cunhada Tatiana Schucht. Nessa mesma carta, Gramsci anunciava seu primeiro plano de trabalho daquilo que viria a ser os *Cadernos do cárcere*, dizendo que pretendia estudar a história do espírito público dos intelectuais italianos do século XIX, o tema da linguística comparada, o teatro de Pirandello como exemplo de mudança do gosto teatral, os romances de apêndice e o gosto literário popular. Em suma, Gramsci retomava suas preocupações juvenis, do tempo da Facoltà di Lettere e de seu permanente trabalho de atento acompanhamento e estímulo ao "espírito popular criativo"[14].

Nos *Cadernos do cárcere,* Gramsci aprofundou e desenvolveu a fórmula política da frente única como estratégia de construção da hegemonia e da transição socialista a partir da análise de situações particulares no contexto da história mundial, como um raio de luz incidindo num conjunto de prismas. Mas o próprio conteúdo teórico-político dessa fórmula política é por si só uma disputa pela hegemonia, um conflito entre subjetividades diferentes e em movimento, que mantém sua atualidade histórica e política[15].

---

[14] Antonio Gramsci, "Lettera a Tania", 27 mar. 1927, em *Lettere dal carcere (1926-1930)* (org. Antonio Santucci, Palermo, Sellerio, 1996), p. 54-7 [ed. bras.: *Cartas do cárcere*, Rio de Janeiro, Civilização Brasileira, 2005].

[15] Giorgio Baratta, *Le rose e i quaderni*, cit., p. 237-46.

I
GUERRA, REVOLUÇÃO E CISÃO COMUNISTA EM GRAMSCI

1. Cisão e refundação comunista em Lênin e Rosa Luxemburgo

Desde os primeiros meses de 1920, Lênin havia percebido que o ímpeto maior da revolução socialista internacional passara e que o clamor pela difusão da revolução enunciado em março de 1919, quando da fundação da Internacional Comunista, deveria ser substituído pela ênfase na necessidade de se preservar o berço russo do processo revolucionário e pela conquista da maioria da classe operária do Ocidente, com a construção de partidos comunistas de massa. No opúsculo *A doença infantil do "esquerdismo" no comunismo*, escrito nos meses de abril e maio de 1920, Lênin esclarece que a aplicação dos princípios fundamentais da revolução socialista – a ditadura do proletariado e o poder soviético – "não exigirá a supressão da variedade nem das peculiaridades nacionais", pois "investigar, estudar, descobrir, adivinhar, captar o que há de particular e de específico, do ponto de vista nacional, na maneira em que cada país enfoca concretamente a solução de um problema internacional comum [...]", seria a tarefa que aos comunistas caberia cumprir[1].

Algumas diferenças essenciais entre o Oriente russo e o Ocidente, numa aproximação em busca das referidas especificidades nacionais, já são apontadas por Lênin, para quem "está claro que não se pode sequer falar em equiparar as condições da Rússia às da Europa ocidental"[2]. Lênin admite que, "na situação concreta de 1917, original ao extremo do ponto de vista histórico, para a Rússia

---

[1] Vladímir Lênin, "La enfermedad infantil del 'izquierdismo' en el comunismo", em *Obras escogidas en doce tomos*, t. 9 (Moscou, Progresso, 1977), p. 73.

[2] Ibidem, p. 40.

foi fácil começar a revolução socialista, mas continuá-la e levá-la até o fim lhe será mais difícil que nos países europeus"[3].

No que diz respeito ao problema da *cisão*, anota Lênin, este fora resolvido a fundo pelos bolcheviques quando desde cedo abriram luta contra o reformismo dos mencheviques e contra o "esquerdismo" pequeno-burguês dos anarquistas e dos socialistas revolucionários. Mesmo as irrupções "esquerdistas" no interior do partido bolchevique foram enfrentadas com decisão, segundo argumenta Lênin, até porque se tratava de um partido ferreamente disciplinado e temperado na luta clandestina[4].

No Ocidente, a refundação comunista só encarou a questão da *cisão* tardiamente, quando a guerra imperialista já estava em andamento, de modo que a complexidade do problema nessa realidade se apresentava como muito maior. Além da pressa necessária para a solução do impasse, deve-se considerar a dificuldade em enfrentar um reformismo solidamente arraigado nos sindicatos e num partido operário sem estrutura clandestina e habituado à contenda parlamentar. Desse modo, a participação dos comunistas nos sindicatos e como minoria parlamentar revolucionária era imprescindível para levar a termo a cisão com o reformismo e com o "esquerdismo", com a consequente identificação do partido com a classe operária e as massas proletárias.

Em função da postura do reformismo diante da guerra imperialista e de sua influência sobre as massas, para Lênin, a cisão com essa corrente precede no tempo e em importância a cisão com o "esquerdismo", embora, de acordo com o momento histórico-político, seja necessário selar compromissos com essas vertentes[5]. Mas, enquanto combate com veemência o "esquerdismo" no comunismo alemão, Lênin sustenta de maneira crítica o "esquerdismo" no socialismo italiano, diante da necessidade de apressar uma já tardia cisão.

Na Alemanha já estava constituído um partido comunista, que contava com a possibilidade de atrair uma fração muito significativa do Partido Social-Democrata Independente da Alemanha (USPD), tornando-se um partido de

---

[3] Ibidem, p. 45.

[4] Parece que Lênin desdenha a força de que o "comunismo de esquerda" dispunha na própria Rússia dos sovietes, cujas concepções teóricas incidiam na orientação econômico-política daqueles dias de concentração de forças em defesa da revolução.

[5] Lênin cita o exemplo do compromisso com a questão do programa agrário da revolução russa, quando os bolcheviques subscreveram a proposta dos socialistas revolucionários de "socialização da terra", mas não é tão explícito sobre o apoio ao "esquerdismo" contra o reformismo na Itália.

massas, ao mesmo tempo que a tendência comunista "esquerdista" se preparava para cindir o partido existente. A postura de Lênin foi a de apoiar a aproximação e a fusão do Partido Comunista da Alemanha (KPD) com a ala esquerda do USPD, ampliando a influência dos comunistas e acentuando a diferenciação em relação aos reformistas, isolando assim os "esquerdistas".

Na Itália, a *cisão* ainda não se consumara, e a possibilidade de esta vir a ocorrer, arrastando a maioria do Partido Socialista Italiano (PSI) para a Internacional Comunista (IC), era palpável. Nesse caso, tratava-se, para Lênin, de dar suporte à fração que mais radicalmente defendia a cisão com os reformistas e a adesão à IC, ou seja, a vertente "esquerdista" de Amadeo Bordiga, razoavelmente organizada desde fins de 1918. A vertente do socialismo italiano, majoritária, chamada de "massimalista", declarava-se favorável à revolução russa e à IC, mas defendia a unidade do PSI, o que incluía a manutenção dos reformistas nas fileiras partidárias.

O pequeno e pouco conhecido grupo de *L'Ordine Nuovo*, ao mesmo tempo que se alinhava aos "massimalistas" no jogo interno do PSI, tendia a ser identificado com o sindicalismo revolucionário e o "espontaneísmo", não só pelo entusiasmo despertado em George Sorel, na França, mas pelo fato de a experiência de autogoverno operário de Turim fazer referência às formas de organização dos Industrials Workers of the World (IWW) e dos *shop-stewards*, dos Estados Unidos e da Inglaterra, além dos conselhos russos e alemães[6].

Embora considere inexistente o "esquerdismo" na Rússia, Lênin sinaliza alguns pontos consolidados na teoria da transição socialista e da ditadura proletária, que contrariam expectativas existentes numa fração bolchevique de que a transição seria um processo acelerado, e antecipa a formulação política que, cerca de um ano depois, desembocaria na Nova Política Econômica (NEP)[7].

---

[6] Ver Giuseppe Fiori, *Vita de Antonio Gramsci* (Roma/Bari, Laterza, 1995), p. 143-4.

[7] No exílio suíço de uma parte dos bolcheviques, com o início da guerra, delineou-se o "comunismo de esquerda" do "grupo de Baugy", formado por Bukhárin, Radek, Piatakov e outros. Pensavam que a revolução socialista se tornara atual na Rússia, que a guerra deveria ser transformada em guerra de ofensiva revolucionária e que as medidas econômico-sociais teriam que ser imediatamente socialistas. Lênin, que ocupava uma situação de "centro" no partido, concordava com a leitura da atualidade da revolução socialista, mas pensava que a Rússia revolucionária deveria retirar-se da guerra, raciocínio com o qual a "esquerda" aquiesceu, quando da assinatura do tratado de Brest-Litovsk. A situação de emergência surgida da guerra civil e da intervenção imperialista levou a uma confluência para a opinião da "esquerda" em relação às medidas tomadas. Em 1921, quando do início da NEP, a posição de Lênin em relação à transição socialista voltou a predominar por algum tempo, até que, após

Lênin argumenta que a a ditadura do proletariado é uma luta sem trégua contra a burguesia, um inimigo mais forte, com vínculos internacionais, mas cujo poderio está também "na força do costume, na força da pequena produção", a qual "engendra capitalismo e burguesia constantemente"[8].

Durante o período de transição,

> suprimir as classes não significa apenas expulsar os latifundiários e os capitalistas [...]; significa também suprimir os pequenos produtores de mercadorias. Mas estes não podem ser expulsos, não podem ser reprimidos; tem-se de conviver com eles, e só se pode (e se deve) transformá-los, reeducá-los, mediante um trabalho de organização muito longo, lento e prudente.[9]

Em suma,

> a ditadura do proletariado é uma luta tenaz, cruenta e incruenta, violenta e pacífica, militar e econômica, pedagógica e administrativa contra as forças e as tradições da velha sociedade. A força do costume de milhões e dezenas de milhões de pessoas é a força mais terrível.[10]

Várias instituições econômicas e jurídicas geradas na época burguesa são preservadas nos primeiros passos da transição socialista, até porque, "depois de triunfar a primeira revolução socialista do proletariado, depois de ser derrubada a burguesia de um país, seu proletariado continua sendo, durante muito tempo, mais fraco que a burguesia"[11]. A razão disso não se restringe às relações internacionais da burguesia, mas se estende também à sua capacidade de ressurgir da pequena produção mercantil, com a qual, no entanto, é necessário estabelecer um compromisso na fase inicial da transição socialista.

---

sua morte, uma nova contenda se abriu. Note-se que personagens importantes dessa trama histórica, cujo desfecho ocorreu apenas em 1929, mudaram de posição mais de uma vez. O comunismo de esquerda da Rússia tem pontos de contato com o comunismo de esquerda ocidental, mas não podem ser confundidos. Cf. Milos Hájek, "Il comunismo di sinistra", em Vários autores, *Storia del marxismo*, v. 1, cit., p. 359-75.

8   Vladímir Lênin, "La enfermedad infantil del 'izquierdismo' en el comunismo", cit., p. 4.

9   Ibidem, p. 24.

10   Ibidem, p. 25.

11   Ibidem, p. 51.

Assim, ao mesmo tempo que insiste na *cisão* teórico-política como fundamento do movimento comunista, contribuindo para a divisão entre as forças sociopolíticas da classe operária, Lênin defende com veemência a necessidade da aliança com a pequena produção mercantil. Essa aliança possibilitou a vitória da revolução na Rússia, mas também teve de desembocar na NEP, passando por cima do compromisso estabelecido com o "comunismo de esquerda" no decorrer do enfrentamento armado com o imperialismo e seus aliados russos.

Essas observações de Lênin eram pertinentes para a maior parcela do comunismo ocidental e serviam, ao menos em parte, para explicar a derrota da revolução socialista. Na Hungria, onde se estabelecera uma república de conselhos, os comunistas não levaram na devida conta a questão da *cisão,* tendo aceitado a fusão com os sociais-democratas, assim como não perceberam a necessidade de se criar um compromisso com a pequena produção agromercantil, perdendo assim o respaldo do campesinato, que se aliou à vitoriosa contrarrevolução feudal-burguesa. O "esquerdismo" na Áustria levou os comunistas ao isolamento político, enquanto já levara à derrota a revolução alemã. Assim, o predomínio do "esquerdismo" contribuiu para levar a revolução socialista internacional à derrota, no próprio espaço da refundação comunista[12].

Rosa Luxemburgo foi quem melhor captou a particularidade da Alemanha no contexto da revolução socialista internacional. Desde 1905, ela considerava evidente o vínculo estreito entre o processo revolucionário na Alemanha e na Rússia (incluindo a Polônia), uma vez que o sujeito político revolucionário era o mesmo em ambos os países, nos quais o proletariado se opunha desde o princípio à ordem burguesa, ainda que a Revolução Russa fosse de caráter formalmente burguês[13].

---

[12] O comunismo de esquerda pode ser visto como uma diversificada vertente política localizada entre a refundação comunista (composta pelo bolchevismo e pelo espartaquismo) e o sindicalismo revolucionário. Defendia, em geral, a organização em conselhos ou sindicatos revolucionários e a crítica radical ao parlamentarismo burguês e entendia que a revolução no Ocidente, em razão de sua particularidade, seria mais difícil e demorada. Seus maiores teóricos foram Anton Pannekoek, Hermann Gorter, Karl Korsch, Otto Rühle e György Lukács. Os primeiros se afastaram do movimento comunista e Lukács orientou-se para a vertente aqui chamada de refundação comunista. O comunismo de esquerda dos anos 1920 teve uma característica mais prática, deixando de contar com teóricos sofisticados. Amadeo Bordiga também deve ser considerado um comunista de esquerda, mas não um conselhista, pois priorizava o partido como dirigente das massas.

[13] Rosa Luxemburgo, "Sciopero generale, partito e sindacati", em *Scritti politici* (org. Lelio Basso, Roma, Editori Riuniti, 1976), p. 348-9.

Na perspectiva teórica de Rosa havia uma notável valorização do tema da autoatividade das massas e a constituição de seu autogoverno, de tal modo que considerava a consciência crítica e o próprio partido revolucionário produto dessa atividade e não instrumento desde o início necessário para centralizar e dirigir a luta da classe operária. Para Rosa, a ação política social-democrata "surge historicamente da luta de classe elementar" e, "de fato, a social-democracia não está ligada à organização da classe operária, mas é o movimento específico da classe operária"[14].

Rosa Luxemburgo também caracterizou a explosão da guerra em 1914 como imperialista, produto das contradições entre as grandes potências em disputa pelo mercado mundial. Contra a barbárie militarista proposta pelo imperialismo posicionava-se a atualidade da revolução socialista internacional, mas a Internacional Socialista, em sua grande maioria, decidiu acatar a tese das burguesias europeias de que se tratava de uma guerra de "defesa nacional".

A explicação para essa atitude política pode ser encontrada no predomínio do *reformismo* no seio da social-democracia, originado da dissociação entre o cotidiano das massas sob a ordem do capital e o objetivo histórico de realização do socialismo. Os ganhos materiais e o fortalecimento organizativo do

---

[14] Idem, "Problemi di organizzazione della socialdemocrazia russa", em *Scritti politici*, cit., p. 212-3. São por demais conhecidos, ainda que frequentemente simplificados, os termos do debate sobre a origem da consciência político-revolucionária da classe operária, travado no início do século XX, quando Lênin (de algum modo seguindo Kautsky) entendia que a mera oposição entre capital e trabalho no processo produtivo limitaria a consciência operária à dimensão corporativo-sindicalista. Apenas a dimensão da contraditória totalidade social e estatal, com seu decorrente contato com outras camadas sociais, estabelecendo alianças e definindo objetivos políticos, poderia alimentar a consciência revolucionária. Há, assim, em Lênin um superdimensionamento da esfera da política estatal e também do papel dos intelectuais revolucionários como portadores da consciência dos interesses históricos da classe operária, com um possível deslocamento idealista. A propósito, conferir Valentino Gerratana, "Stalin, Lenin e il marxismo-leninismo", em Vários autores, *Storia del marxismo*, v. 2: *Il marxismo nell'Età della Seconda Internazionale* (Turim, Einaudi, 1981), t. 3, p. 163--92, e também Raul Mordenti, *La Rivoluzione: la nuova via al comunismo italiano* (Milão, Marco Tropea, 2003), p. 193-205. Rosa, por sua vez, entendia que a consciência política revolucionária, ainda que de maneira elementar, já estava contida no cerne da contradição capitalista e que o acúmulo de lutas faria aumentar a consciência crítica e a organização da classe operária, da qual o movimento socialista e o marxismo revolucionário seriam um elemento constitutivo e não externo às próprias relações sociais de produção do capital. Há de se considerar as subsequentes torções convergentes, tanto de Lênin quanto de Rosa, mas veremos como Gramsci busca superar a antinomia posta nessa discussão.

movimento operário no interior da institucionalidade burguesa estimulam a sobreposição da burocracia sindical ao partido operário, e a cisão entre luta econômica e luta política, em pleno acordo com a sociabilidade gerada em torno da acumulação do capital. Pelo contrário, somente uma luta de massas envolta pela teoria socialista pode condensar essas dimensões, entabulando um processo revolucionário.

Diante da debacle da Internacional Socialista, enquanto Lênin clamava pela fundação de uma nova Internacional, Rosa esperava pela sua reconstituição no próprio processo de autocrítica e da luta revolucionária contra a guerra. Antes de ser presa por sua atividade de denúncia contra a guerra, Rosa ajudou a compor o pequeno grupo que ficou conhecido como A Internacional, devido a uma publicação de mesmo nome que contou com apenas um número, em fevereiro de 1915. Nesse número, aliás, Rosa publicou um artigo, no qual convocava a reconstituição da Internacional em bases revolucionárias.

Levada ao cárcere, logo em seguida, Rosa escreveu *A crise da social-democracia*, texto que ficou conhecido como a "Brochura de Junius", segundo o pseudônimo adotado pela autora, e publicado cerca de um ano depois, em 1916, quando reivindicou a constituição de uma "nova Internacional", expressão que comporta certa ambiguidade, já que não expõe a forma e o ritmo de construção dessa nova entidade. Recorda toda a luta da Segunda Internacional contra os riscos da guerra imperialista, até a inequívoca capitulação de agosto de 1914, acompanhando o acirramento dos conflitos da política mundial. Mostra como a social-democracia alemã dizia apoiar entusiasticamente a guerra germânica contra o tsarismo russo em nome da civilização ocidental ameaçada pela barbárie oriental, coerente com a posição de Marx e Engels, que viam no regime russo a praça-forte da reação feudal europeia. Para Rosa, porém, desde o fim do século XIX, e particularmente depois da Revolução Russa de 1905, a situação se invertera, quando "os auxílios russos contra a revolução alemã são substituídos pelos auxílios alemães contra a Revolução Russa"[15] e "é a reação europeia, e aquela prussiano-feudal em primeira linha, que constitui agora a praça-forte do absolutismo russo"[16].

Não obstante a decisão da social-democracia majoritária de paralisar a luta de classes em nome da "defesa nacional", na expectativa de auferir ganhos sociais com a guerra, em termos de direitos de cidadania e democracia, Rosa

---

[15] Rosa Luxemburgo, "La crisi della socialdemocrazia", em *Scritti politici*, cit., p. 497.

[16] Ibidem, p. 498.

Luxemburgo insiste que, "na guerra atual, o proletariado dotado de consciência de classe não pode identificar a sua causa com nenhum campo militar"[17], posto que o verdadeiro problema "é a capacidade de ação das massas proletárias na luta contra o imperialismo"[18]. Com a finalidade de estabelecer algumas diretrizes de ação para o grupo A Internacional, que estava prestes a se transformar na Liga Spartakus, Rosa Luxemburgo insere um apêndice em seu folheto, expondo alguns princípios, entre os quais a afirmação do colapso da Segunda Internacional, em função de seu apoio à guerra, o reconhecimento do fortalecimento das classes dirigentes e a assunção da tese da impossibilidade de guerras nacionais na era imperialista. A luta pela paz, a luta contra o imperialismo e a luta pela revolução proletária internacional confundem-se numa ação única.

O instrumento fundamental de ação deve ser a constituição de uma "nova Internacional dos trabalhadores, capaz de guiar e reunir a luta de classes revolucionária contra o imperialismo em todos os países"[19]. Essa nova Internacional deverá ser centralizada e decidir sobre a política das seções nacionais, mas a tarefa imediata deve ser a "emancipação espiritual do proletariado da tutela da burguesia, que se exterioriza no influxo da ideologia nacionalista", pois "a pátria dos proletários, a cuja defesa deve estar subordinado todo o resto, é a Internacional socialista"[20].

Lênin contesta ou indica as insuficiências de algumas das teses expostas por Rosa Luxemburgo, a começar pela afirmação da impossibilidade da guerra nacional na era imperialista. Esta poderia ocorrer (como de fato ocorreu) nas lutas de libertação de povos submetidos ao imperialismo, na desintegração dos impérios europeus (Áustria-Hungria e Rússia) ou ainda se algum país de maior porte viesse a ser subjugado como resultado da guerra em andamento. Lênin também diverge da possibilidade de uma guerra de defesa nacional que não fosse a defesa do Estado socialista sob assédio imperialista, já que, para Rosa, uma república democrática avançada mereceria ser defendida.

Mas, do ponto de vista prático, o ponto nodal que, nesse momento, separa os dois mais importantes teóricos da refundação comunista é a questão da cisão. Fosse para contornar divergências no grupo político que integrava ou, mais provavelmente, por fazer uma leitura particular da situação alemã, o fato é que Rosa

---

[17] Ibidem, p. 540.

[18] Ibidem, p. 541.

[19] Ibidem, p. 550.

[20] Ibidem, p. 551.

não faz nenhuma referência explícita à necessidade da cisão com o reformismo e com as lideranças que conduziram o partido operário a essa situação. Com isso, escamoteia, segundo a crítica de Lênin, o vínculo entre o "social-chauvinismo" e o "oportunismo", entre a postura nacionalista da social-democracia e o reformismo. Para Lênin, "este é um erro teórico, pois é impossível explicar a 'traição' sem vinculá-la com o oportunismo como tendência que tem uma longa história, a história de toda a Segunda Internacional"[21]. Lênin considera ainda que essa postura representa um recuo em relação ao artigo de Otto Rühle, futuro líder "esquerdista" do KPD, que afirmava ser inevitável a divisão do SPD[22].

O motivo das diferenças entre Lênin e Rosa Luxemburgo talvez possa ser encontrado na particularidade dos países em que exerciam a sua militância revolucionária, para além das questões estritamente teóricas. A defesa da impossibilidade de guerras nacionais ou da presença de burguesias de caráter nacional entre os povos dominados decorria de certa compreensão do imperialismo, que já teria quase mundializado a acumulação do capital, em meio a fortes tensões sociais e militares. Para Rosa, assim, "o imperialismo é expressão política da acumulação do capital na sua luta de concorrência em torno dos resíduos dos ambientes não capitalistas ainda não colocados sob sequestro"[23].

Por sua vez, o predomínio do reformismo no seio do movimento operário socialista era visto por Rosa como produto de um conflito inerente a uma classe cujo cotidiano é vivido dentro da ordem burguesa e, ao mesmo tempo, almeja a construção de uma nova ordem, de modo que se trata de um fenômeno fundamentalmente político-ideológico. Em vez disso, Lênin via o reformismo como produto de uma cisão social no seio da classe operária, dando origem a uma ideologia específica da "aristocracia operária". Essa cisão, que deixava no abandono os interesses das massas proletárias, tinha como contrapartida a diferenciação no seio da burguesia, que originou a oligarquia financeira imperialista.

Dessa diferença analítica decorre uma divergência na tática política, particularmente no que se refere à política de alianças. Para Rosa, a unidade da

---

[21] Vladímir Lênin, "Sobre el folleto de Junius", em *Obras escogidas en doce tomos*, v. 6 (Moscou, Progresso, 1976), p. 3.

[22] Nesse momento, Lênin estava mais próximo do grupo dos "comunistas internacionalistas" (do qual Otto Rühle fazia parte) do que da Internacional (logo, dos espartaquistas) de Rosa Luxemburgo, exatamente em decorrência da questão da *cisão*.

[23] Rosa Luxemburgo, *L'acumulazione del capitale* (Turim, Einaudi, 1974), p. 445.

classe operária era um elemento fundamental para a vitória do processo revolucionário e a luta contra o reformismo deveria ser travada no interior de um movimento socialista unitário, que incluísse ainda a aliança com o proletariado agrícola. Assim, a aliança com os setores reformistas era mais importante que a aliança com o campesinato, uma vez que na Alemanha (e, em geral, na Europa centro-oriental) essa camada social, ao contrário do que ocorria na Rússia, estava solidamente vinculada à noção de propriedade privada, além de ser muito fracamente politizada. Sabe-se que, para Lênin, a aliança com o campesinato era essencial para a vitória da revolução, enquanto a "aristocracia operária" e suas lideranças sindicais e partidárias deveriam ser encaradas até mesmo como inimigas do proletariado.

Se, para Rosa, o partido revolucionário é produto de uma teoria que envolve o movimento operário, unificando sua luta cotidiana contra o capital com seu objetivo histórico de realização do socialismo, a luta político-ideológica contra o reformismo se confunde com a mobilização das massas e a construção do partido. Dada a complexidade da forma social germânica, o tempo da revolução seria mais longo que no Oriente russo e deveria passar por várias fases transitórias e estágios mais diferenciados. Entende-se, assim, a resistência oposta por Rosa Luxemburgo ao tema da *cisão*. Para Lênin, ao contrário, a cisão, entendida em toda a sua complexidade sociopolítica e orgânico-ideológica, era essencial para a refundação comunista, o que o levou a observar que

> o maior defeito no marxismo revolucionário da Alemanha é a falta de uma organização ilegal consolidada, que aplique sua linha de forma sistemática e que eduque as massas no espírito das novas tarefas; tal organização deveria também tomar uma posição definida diante do oportunismo e do kautskismo.[24]

Sabe-se que Rosa Luxemburgo concordou com a inevitabilidade da cisão e com a fundação de um partido comunista em fins de 1918, logo que saiu da prisão, quando a guerra foi concluída para que a burguesia (e o Exército) se preparasse para enfrentar a revolução que se iniciava. Mas, ao contrário de seus companheiros "esquerdistas", como Otto Rühle, continuou a insistir que a revolução socialista internacional, na Alemanha, deveria obedecer a um ritmo de acordo com a necessidade de se ganhar a maioria da classe operária e forjar um novo partido, o que exigiria um prazo difícil de ser determinado. Os conselhos

---

[24] Vladímir Lênin, "Sobre el folleto de Junius", cit., p. 3.

operários que se formaram com a revolução estavam sob amplo controle dos reformistas e tinham como horizonte a ampliação do estatuto da cidadania e a complementação de uma revolução democrática burguesa, tanto que pretendiam se transformar em conselhos econômicos da República que se fundava.

Levaria tempo para que os conselhos de fábrica e os conselhos de operários e soldados viessem efetivamente a se configurar dentro da estratégia da luta anticapitalista e constituir a base sobre a qual se organizaria a nova direção da vida social. A greve de massa, sempre no raciocínio de Rosa, além de demarcar a centralidade da fábrica, seria a forma da luta imediata do proletariado contra o patronato, o momento fundamental da revolução, a forma exterior da luta pelo socialismo, pois

> a luta pelo socialismo só pode ser levada a cabo pelas massas, num combate corpo a corpo com o capitalismo, em cada empresa, opondo cada operário a seu patrão. Só assim será uma revolução socialista. [...] O socialismo deve ser feito pelas massas, por cada proletário. É lá onde estão atados à cadeia do capital que deve ser rompida a cadeia do capital.[25]

A tarefa imediata da revolução em andamento seria a de "estender o sistema de conselhos operários e soldados, mas também incorporar a esse sistema os operários agrícolas e o pequeno camponês", a fim de que eles se mobilizassem contra o campesinato proprietário, a provável base de massa da contrarrevolução. O papel dos conselhos de operários, como instituição do poder revolucionário, seria o de "solapar o Estado burguês a partir da base, não mais separando, mas unificando poder público, legislação e administração, levando-os às mãos dos operários e soldados". Seria pela difusão e pelo fortalecimento contínuos dos conselhos e pela sua capacidade de assumir as funções produtivas e administrativas que a revolução se processaria, de modo que "a conquista do poder não deve realizar-se de uma vez, mas progressivamente, introduzindo cunhas no Estado burguês até ocuparmos todas as posições a serem defendidas com unhas e dentes", até que se alcance o objetivo estabelecido de que "os conselhos operários devem ter todo o poder do Estado"[26].

Na estratégia revolucionária de Rosa Luxemburgo, portanto, os conselhos de operários e soldados, estendendo-se progressivamente, conformariam um anti--Estado que absorveria as funções de gestão do processo produtivo e de gestão

---

[25] Rosa Luxemburgo, "Discorso sul programma", em *Scritti politici*, cit., p. 622.

[26] Ibidem, p. 629

da coisa pública. Num processo mais ou menos longo, o Estado burguês seria assim esvaziado paulatinamente por falta de sustentação econômica e política, incluindo-se o sindicato e o partido operário social-reformista, instituições criadas pela classe operária, mas absorvidas pelo domínio capitalista. Rosa percebia que na Alemanha, no decorrer do processo revolucionário, em certa medida, "a questão da luta pela emancipação é idêntica à questão da luta contra os sindicatos", pois "os sindicatos oficiais revelaram-se uma organização do Estado burguês e de dominação de classe capitalista", devendo então ser substituídos pelos "conselhos de operários e soldados como portadores de todas as necessidades políticas e econômicas e como órgãos de poder da classe operária"[27]. Nessa concepção, a tomada do poder estatal seria apenas um último ato no processo revolucionário.

No entanto, a derrota política de Rosa Luxemburgo para as posições do "esquerdismo", no próprio momento da fundação do KPD, que previam a iminente insurreição das massas e a tomada do poder, culminou na inicial derrota da revolução alemã e no seu próprio assassinato. A resistência à cisão refletiu-se ainda na argumentação que justificou o voto de abstenção da delegação alemã ao Congresso de fundação da Internacional Comunista, ocorrido em março de 1919 e dedicado exatamente à memória de Rosa Luxemburgo e de Karl Liebknecht, executados no precedente mês de janeiro. O delegado alemão, Hugo Eberlein, observou como a maioria dos agrupamentos reunidos para a fundação da nova organização era originada no vasto território do decaído Império Russo e então sustentou que a Internacional deveria surgir após a consolidação entre as massas de pelo menos alguns partidos comunistas dos países imperialistas mais importantes. Ou seja, persistia não apenas a resistência à cisão, mas também a visão de que esta deveria ocorrer somente sob o influxo do próprio movimento de massas.

A importante intervenção política de Rosa Luxemburgo no Congresso de fundação do KPD, com as ricas implicações teóricas e práticas, foi retomada, de certo modo, alguns meses depois, pela experiência dos conselhos de fábrica no Norte da Itália, quando então Antonio Gramsci e o grupo de *L'Ordine Nuovo* desempenharam o último grande lance da revolução socialista internacional baseada nos conselhos operários. Rosa Luxemburgo apresenta também elementos indispensáveis para a compreensão posteriormente oferecida por Gramsci sobre a fórmula política da frente única e para a estratégia revolucionária de longo prazo.

---

[27] Rosa Luxemburgo, "Discurso contra a organização político-econômica unificada do movimento operário", em Isabel Maria Loureiro e Tullo Vigevani (orgs.), *Rosa Luxemburg: a recusa da alienação* (São Paulo, Editora Unesp, 1991), p. 15-6.

2. LIBERALISMO, REVISIONISMO E O PROBLEMA DA CISÃO EM GRAMSCI

Pode-se facilmente notar algumas semelhanças entre Rosa Luxemburgo – a mais importante personagem da refundação comunista do século XX na Europa centro-oriental – e as posturas e atitudes políticas de Antonio Gramsci, como a contraposição ao reformismo e ao institucionalismo, a confiança na autoatividade e na capacidade de autogoverno da classe operária, a importância da fábrica na luta contra o capital, a ênfase na autonomia e no antagonismo diante do capital, mas também a resistência à cisão orgânica do partido operário. As formulações de Rosa Luxemburgo e dos espartaquistas, em defesa dos conselhos operários (*Arbeiter Rät*) como meio de controle da produção e embrião de uma nova ordem social, muito incidiram sobre as reflexões de Gramsci, como de resto todo o diversificado debate sobre os conselhos[28]. No que se refere ao problema da cisão, esse que foi o mais destacado teórico da refundação comunista na sua segunda fase foi ultrapassado pela tendência "esquerdista" do movimento revolucionário italiano, que tinha em Amadeo Bordiga uma notável liderança[29].

De modo mais evidente, é também notória a influência exercida por Rosa Luxemburgo na conversão de György Lukács ao comunismo, ainda que tenha, assim como Gramsci, ingressado com posições afinadas com o "esquerdismo", tão presente no Ocidente europeu. Assim, não parece ser descabida a sugestão de que Gramsci tenha sido significativamente influenciado pelas concepções teórico-políticas da grande militante revolucionária, logo após a morte desta, tal como Lukács, e no momento em que revisava a sua própria trajetória, sob o impacto da revolução russa, num significativo paralelismo entre ambos.

Após a derrota da revolução na Hungria, ainda em 1919, Lukács transferiu-se para Viena, na Áustria, onde se ocupou do semanário *Kommunismus*, da Internacional Comunista, voltado para a Europa central e balcânica. O esquerdismo de Lukács concentrava-se na não admissão de compromissos e mediações que implicassem concessões éticas. É perceptível que esse seu esquerdismo já sofre uma inflexão nos últimos ensaios, que, redigidos em 1922, viriam a compor o

---

[28] Paolo Spriano, "*L'Ordine Nuovo" e i consigli di fabbrica* (Turim, Einaudi, 1971), p. 59 e seg.

[29] Mais tarde, quando Gramsci ultrapassa o momento da aliança com Bordiga e começa a formular uma teoria do partido político revolucionário, os ecos da concepção organizativa de Rosa Luxemburgo continuam a se fazer presentes, ainda que não de modo explícito, pois após o "Outubro alemão" (1923) e o V Congresso da Internacional Comunista (1924) o nome da revolucionária polonesa é eclipsado pela regressão teórica que atinge as organizações comunistas.

livro *História e consciência de classe,* publicado no ano seguinte. Em 1924, Lukács publicou um pequeno volume em homenagem ao recém falecido Lênin, quando estabeleceu seu vínculo indelével com o pensamento do revolucionário russo.

É inegável que o ingresso de Lukács no campo do marxismo e na vertente da aqui chamada refundação comunista foi mediado pela influência de Sorel e de Rosa Luxemburgo, mas a luta política concreta na Hungria também teve peso decisivo. A derrota na luta interna no Partido Comunista da Hungria (KMP) e a derrota da revolução socialista internacional, que golpeou o substrato teórico do comunismo de esquerda, levaram Lukács a um lento deslocamento para as concepções de Lênin e da política da frente única. Movendo-se entre Viena e Berlim, entre fins de 1923 e 1924 ingressou na vertente da refundação comunista, mas logo teve de se defrontar, assim como Gramsci, com a regressão teórica que afetou a Internacional Comunista e a direção política da União Soviética, demonstrável pelo fracasso estratégico que envolveu o movimento comunista.

A posição de Landler e de Lukács no KMP, primeiro defendendo a participação dos comunistas nos sindicatos social-democratas e depois contribuindo na formação de um partido social-democrata de esquerda como forma de atuação legal, mostra como a frente única, na sua concepção, forjava-se em torno da consigna da "república democrática" como momento de aproximação para a "ditadura do proletariado". Lukács tornou-se um dos mais profícuos teóricos da fórmula política da frente única nas suas "Teses sobre a situação econômica e política da Hungria e sobre as tarefas do KMP", 1928-1929, que ficaram conhecidas como "Teses de Blum". Nesse documento, é exposto o entendimento de que a ditadura democrática seria a mais completa realização da democracia burguesa, o momento da mais completa emancipação política e abertura da disputa pela hegemonia no processo democrático, com o objetivo de realizar a revolução socialista e a ditadura proletária. Mais tarde, no estudo *O jovem Hegel e os problemas da sociedade capitalista,* concluído na União Soviética, em 1938, Lukács apresenta os fundamentos da fórmula política da ditadura democrática como momento de luta pelo poder da frente única das classes exploradas, defendendo Hegel como horizonte emancipatório possível dentro da ordem burguesa, em oposição ao mundo feudal[30].

Percebe-se, assim, o paralelismo presente na evolução intelectual e política de Lukács e de Gramsci, derivado da influência da experiência da revolução

---

[30] Marcos Del Roio, "Lukács e a democratização socialista", em Marcos Del Roio (org.), *Lukács e a emancipação humana* (São Paulo, Boitempo, 2011), p. 131-50.

russa e dos conselhos, das reflexões da chamada "nova esquerda" alemã, particularmente Rosa Luxemburgo, e só na sequência a presença decisiva de Lênin para ambos, presença da qual se desdobra a problemática da fórmula política da frente única e o ingresso na vertente da refundação comunista. Por certo, a elaboração teórica espartaquista sobre os conselhos operários incidiu, assim como a experiência húngara, sobre o movimento italiano dos conselhos de fábrica, particularmente na sua inspiração de iniciativa e autodeterminação das massas, de sua oposição a medidas decorrentes de um consenso entre a burocracia estatal e sindical, na importância atribuída ao controle da produção como cerne da luta de classe contra o capital. Mas a posição espartaquista mostrou-se minoritária no debate sobre o problema dos conselhos e de sua função no interior do Estado na Alemanha e na Áustria, tendo prevalecido amplamente a posição social-democrata, que encarava os conselhos como órgãos assessores do mecanismo econômico.

A posição de Gramsci sobre a centralidade da fábrica e a cisão diante do Estado político do capital era também compartilhada por Karl Korsch, cuja visão era também influenciada pelo sindicalismo revolucionário. No entanto, Gramsci já tinha consciência de que era no processo produtivo que se criaria uma nova política, uma política operária e revolucionária, que deveria ser socializada com a finalidade de corroer a ordem privada do capital e gerar uma nova ordem e um Estado operário[31].

É indiscutível que a configuração da visão de mundo de Gramsci, além das influências provenientes de sua origem social e cultural, entre as quais se destacava o meridionalismo de Salvemini, é produto de um entrelaçamento de influências aparentemente díspares. Desde o início, e por toda a sua trajetória, Gramsci assume uma posição contrária tanto à alta cultura burguesa de extração neokantista ou positivista, que exercia sua hegemonia sobre o movimento operário e socialista, quanto à tradição eclesial-católica antimoderna[32].

Gramsci parte então da problemática posta pela "crise do marxismo" da virada do século XIX para o século XX e dos intentos "revisionistas" que

---

[31] Sobre a relação de Gramsci com Rosa Luxemburgo e, principalmente, com Korsch, conferir Ferdinando Dubla, *Gramsci e la fabbrica* (Bari, Lacaita, 1986), p. 75-81.

[32] Muitas fontes destacam as marcas da família sarda, de sua condição de filho de modesto funcionário público e da ideologia sardo-meridional na trajetória de Gramsci. Também é de se recordar a influência de intelectuais meridionais como Benedetto Croce, da qual emerge a verdadeira aversão ao positivismo. É o caso de lembrar a biografia intelectual escrita por Angelo D'Orsi, *Gramsci. Una nuova biografia* (Milão, Feltrinelli, 2017).

recuperaram analítica e politicamente a cisão própria do mundo liberal-burguês entre o econômico e o político e entre o público e o privado. Descartado Bernstein, por seu vínculo com o neokantismo e com o reformismo, a referência de Gramsci é o debate sobre Marx que envolvia intelectuais como Benedetto Croce, Giovanni Gentile e Rodolfo Mandolfo. É importante a leitura neoidealista "revisionista" que Benedetto Croce faz do marxismo, retomando Hegel e a problemática da subjetividade. De Croce adota a ideia da modernidade como "religião da liberdade", contra as posturas do clero católico, assim como percebe na dialética historicista um instrumento de luta contra as variantes de naturalismo positivista disseminadas pela Itália, sendo essas as barreiras que se colocavam contra a concreção da revolução burguesa e da modernidade. Assim, inicialmente Gramsci encontra-se inserido no campo liberal-democrático, entre os seguidores da mais avançada cultura burguesa do início do século XX[33].

No entanto, ele recebia a influência difusa da cultura operária de Turim, que o colocava objetivamente num ângulo diferenciado, e até oposto, de observação da vida social. Assim, o longo e complexo afastamento de Gramsci em relação a Croce começa no transcurso da guerra iniciada em 1914, mas já com um ponto de fuga redirecionado, prolongando-se, talvez, até 1923. É quando Croce funda uma revista, a *Nuova Política Liberale,* cujo programa estabelece um vínculo entre o liberalismo e o fascismo, portando-se então como um teórico da "revolução passiva" configurada no novo regime, e Gramsci, em contato com Lênin, conflui para a vertente da refundação comunista.

Não apenas Croce, mas também Giovanni Gentile e Gaetano Salvemini, entre outros expoentes da cultura liberal, procuraram observar virtudes no grande massacre que se iniciava, enquanto Gramsci tendia a uma oposição cada vez mais acentuada à guerra. A compreensão do significado da ascensão ao poder dos bolcheviques ampliou a fenda entre Gramsci e os liberais, embora tenha se mantido no horizonte do liberalismo e da grande Revolução Francesa do fim do século XVIII. Divergências sobre o significado do materialismo histórico contribuíram para o crescente afastamento de Gramsci em relação a Croce, mas a mais decisiva foi a postura diante do mundo operário[34].

---

[33] Domenico Losurdo, "Tra Risorgimento e I Guerra Mondiale: gli inizi di Gramsci", em *Antonio Gramsci dal liberalismo al "comunismo critico"* (Roma, Gamberetti, 1997), p. 17-34.

[34] Idem, "'Macello europeo', rivoluzione, fascismo: l'adesione di Gramsci al comunismo critico", em *Antonio Gramsci dal liberalismo al "comunismo critico"*, cit., p. 35-74. Muito útil

Foi inicialmente também por meio de Croce que Gramsci absorveu as concepções de George Sorel[35]. Esse autor pode também ser considerado um "revisionista" – pela esquerda –, na medida em que se opõe à estratégia socialista de ocupação paulatina dos espaços políticos institucionais – notadamente no parlamento liberal –, mas foi por seu intermédio que Gramsci pôde visualizar o mundo do trabalho fabril como uma realidade particular e cindida da esfera alienada do mundo do capital. Para Sorel, a cisão estabelecida no mundo moderno entre os produtores diretos e os proprietários é garantida pela existência de uma dimensão política e cultural, consolidada pelos agentes políticos e pelos intelectuais da classe dominante.

Essa cisão só pode ser sanada com a difusão do mito social da greve geral, partindo do senso comum dos produtores alimentado pela ciência prática, que seria, por sua vez, a única forma de manter o proletariado em posição antagônica em relação ao Estado e ao capital, preservando e desenvolvendo a moral dos produtores. Guardadas as devidas diferenças entre Sorel e Rosa, deles Gramsci incorpora a valorização da espontaneidade e da greve de massa, da auto-organização dos trabalhadores e a oposição a qualquer forma de socialismo de Estado[36].

Enquanto para Rosa Luxemburgo a concreção da greve política de massa é imprescindível para o desencadeamento do processo revolucionário, para Sorel é irrelevante se a greve geral seria algo realizável ou não, pois o importante é que o mito contenha em si, na forma de drama e de imagens, o conflito irredutível contra a ordem social, de modo que "toda a questão é saber se a greve geral contém tudo o que a doutrina social do proletariado revolucionário espera"[37].

é a leitura de Franco Consiglio e Fabio Frosini, "Una filosofia per la politica", em Antonio Gramsci, *Filosofia e politica: antologia dei "Quaderni del carcere"* (org. Franco Consiglio e Fabio Frosini, Florença, Nuova Italia, 1997), p. xxv-lvi.

[35] Sobre a relação entre Gramsci e Sorel, podem ser consultados Nicola Badaloni, *Il marxismo di Gramsci: dal mito alla ricomposizione politica* (Turim, Einaudi, 1975), p. 30-76; Leonardo Paggi, *Le strategie del potere in Gramsci* (Roma, Editori Riuniti, 1984), p. 308-19; Marco Gervasoni, *Antonio Gramsci e la Francia: dal mito della modernità alla "scienza della politica"* (Milão, Unicopli, 1998), p. 165-79; e Rita Medici, *Giobbe e Prometeo: filosofia e politica nel pensiero di Gramsci* (Florença, Alínea, 2000), p. 127-45.

[36] A concepção teórica do socialismo de Estado foi traçada por Richard Owen na Inglaterra e por Ferdinand Lassalle na Alemanha. Às vésperas da eclosão da guerra de 1914, setores da social-democracia alemã voltaram a avaliá-la, como foi o caso de Rudolf Hilferding.

[37] George Sorel, *Reflexões sobre a violência* (Petrópolis, Vozes, 1993), p. 107.

A nova ordem social seria gerida pela moral dos produtores, configurando um novo bloco orientado por uma inusitada dimensão ética. Uma reforma moral que alimenta e amplia o "espírito de cisão" é a condição para que as massas se apaixonem e difundam o mito social da greve geral.

Gramsci parte de Sorel na sua crítica ao jacobinismo, entendido como separação entre dirigentes e dirigidos, cuja implicação é a ênfase sempre dada na autoeducação e auto-organização das massas e a crítica ao predomínio dos intelectuais, sempre como forma de preservar o "espírito de cisão" do proletariado em relação à ordem social. No entanto, desde o início, Gramsci trazia uma diferença decisiva em relação a Sorel, e que foi o fundamento de sua ciência política. Para Gramsci era decisivo entender que a política se introjetava no processo produtivo, uma vez que a fábrica representava um elemento crucial na disputa pelo poder político e social, pela construção de uma nova sociabilidade e de uma nova apreensão do mundo. Desde logo, portanto, a "economia" é "política", assim como "política" é "cultura". Daí a postura de Gramsci ser avessa a toda forma de politicismo, tão próprio da tradição socialista italiana, e insistir na defesa da organização do proletariado em unidades produtivas, consideradas um "reflexo normal da luta de classes nos países de mais intensa vida capitalista"[38].

Mesmo quando Gramsci adere à cisão orgânica do movimento operário e socialista, é com o objetivo de garantir o "espírito de cisão" e a autonomia da classe operária em relação ao Estado e ao capital. Do mesmo modo, toda a reflexão sobre o partido político revolucionário da classe operária e sobre a formação de uma nova camada de intelectuais preserva essa condição, sem a qual haveria uma reversão ao reformismo politicista. Como se sabe, nos *Cadernos do cárcere* Gramsci passou a redefinir conceitos extraídos de Sorel, como "senso comum", "reforma intelectual e moral" e "bloco histórico", mas preservando essa diferença original de pensamento.

Com sua visão pessimista, Sorel também pode ter sido parcialmente responsável por Gramsci ter sido afetado pela perspectiva historicista de Maquiavel e de Vico, que em suas obras perscrutam épocas de declínio histórico, enquanto o evolucionismo positivista e o neokantismo apostam no progresso indefinido da vida social dos homens. O entrelaçamento entre Sorel e Maquiavel pode ser observado na noção comum a ambos de construção de uma "nova ordem".

---

[38] Antonio Gramsci, "Lo sviluppo della rivoluzione", *L'Ordine Nuovo*, 13 set. 1919, incluído na coletânea *L'Ordine Nuovo (1919-1920): opere de Antonio Gramsci* (Turim, Einaudi, 1975), p. 28.

Gramsci, enquanto preserva e redefine o "espírito de cisão" de Sorel, incorpora a visão de Maquiavel da fundação de um novo Estado[39].

Diante das acusações de "sindicalismo revolucionário" lançadas contra o movimento dos conselhos de fábrica, Gramsci lembra que, em relação à obra de Sorel,

> o certo é que estamos longe de aceitar tudo dela. Não aceitamos a teoria sindicalista, assim como quiseram apresentar aprendizes e praticantes e como talvez não estivesse na cabeça do mestre, que, no entanto, pareceu depois consentir nisso. Não temos nenhuma simpatia por aqueles hábitos sem freios e de reluzente acomodação mental, que se introduziram no nosso país em nome do sindicalismo teórico.[40]

Na reflexão de Gramsci há uma clara dissociação entre a obra e a mente flexível de Sorel em confronto com seus pretensos seguidores italianos, ao mesmo tempo que há o reconhecimento implícito da influência soreliana na sua formação intelectual. Sobre Sorel afirma ainda que,

> nas suas melhores coisas, parece reunir em si um pouco das virtudes dos seus dois mestres: a áspera lógica de Marx e a comovida e plebeia eloquência de Proudhon. E ele não se fechou em nenhuma fórmula, e hoje, conservando aquilo que havia de vital e de novo na sua doutrina, ou seja, a afirmação da exigência de que o movimento proletário se expressa em formas próprias, que dê vida a instituições próprias, hoje ele pode seguir, não apenas com os olhos repletos de inteligência, mas com o ânimo pleno de compreensão, o movimento realizador iniciado pelos operários e camponeses russos, e pode ainda chamar de "companheiros" os socialistas da Itália que querem seguir esse exemplo.[41]

É essa impostação do problema que permite a Gramsci investir numa aproximação entre Sorel e Lênin, no processo de construção de sua própria leitura do real, no contexto da revolução socialista internacional e da experiência dos

---

[39] Rita Medici, "Ordine Nuovo e socialismo: Gramsci tra Machiavelli e Sorel", em *Giobbe e Prometeo*, cit., p. 127-45. Nesse mesmo livro, vale destacar, Rita Medici defende a tese de uma influência importante de Rodolfo Mandolfo na formação teórica e intelectual de Gramsci.

[40] Antonio Gramsci, "Georges Sorel", *L'Ordine Nuovo*, 11 out. 1919, em *Scritti politici*, v. 2 (org. Paolo Spriano, Roma, Editori Riuniti, 1973), p. 31-2.

[41] Idem.

conselhos de fábrica em Turim. O próprio Sorel percebia no conjunto da experiência dos conselhos uma aproximação com as teorias que vinha desenvolvendo. Mais tarde, a persistência da influência soreliana na ciência política de Gramsci será manifestada no seu entendimento da fórmula política da frente única. Na verdade, toda essa discussão só poderá ser satisfatoriamente apreendida se for considerada a diversidade de componentes ideológicos que se viam atraídos pela revolução na Rússia e confluíam para o comunismo. Só assim é que se pode perceber que o encontro de Gramsci com Lênin foi feito com a parcial mediação da diferenciada área do comunismo ocidental de esquerda.

Outro autor que contribuiu para a formação teórica de Gramsci e para a definição de sua singularidade na refundação comunista foi Antonio Labriola, que, a exemplo de Croce, tinha sua formação intelectual arraigada no hegelianismo napolitano dos irmãos Spaventa[42]. Na década de 1890, Labriola se aproximou da "doutrina do comunismo crítico"[43], principalmente por meio de intenso diálogo epistolar com Engels. Na medida em que se vinculava ao materialismo histórico, Labriola rompia não apenas com a tradição dos irmãos Spaventa, mas também com seus discípulos intelectuais, que se aprofundaram na "revisão" da obra de Marx. Importante notar que o encontro de Labriola com o pensamento de Engels e Marx ocorrera precisamente no momento da eclosão da "crise do marxismo" e do debate sobre o "revisionismo", tendo sido um pensador contra a corrente de seu tempo.

Desde o início apartado do movimento pela fundação do Partido Socialista Italiano (PSI), cujo predomínio coube a certa pequena burguesia, à qual desprezava, e a uma concepção ideológica envolta pelo reformismo de cunho positivista, Labriola pouco a pouco percebeu que Benedetto Croce e George Sorel se distanciavam dele. Enquanto Croce preferiu retomar de forma toda original o hegelianismo dos seus tios Spaventa, Sorel enveredou por uma reflexão que associava Marx a Proudhon. O isolamento intelectual e político de Labriola, na Itália, foi parcialmente compensado por uma aceitação importante de sua obra entre as vertentes anti-revisionistas da Europa, inclusive da Rússia, com o próprio Lênin.

---

[42] Os irmãos Bertrando e Silvio Spaventa fundaram uma escola de filosofia em Nápoles, no ano de 1846, iniciando a difusão da filosofia idealista alemã e principalmente de Hegel na Itália. Desempenharam importante papel na vida pública e intelectual italiana. Transferido para Turim, Bertrando Spaventa trabalhou pela difusão do pensamento italiano pela Europa. Ver, principalmente, Domenico Losurdo, *Dai Fratelli Spaventa a Gramsci: per una storia politico-sociale della fortuna di Hegel in Italia* (Nápoles, La Città del Sole, 1997).

[43] Antonio Labriola, *Saggi sul materialismo storico* (Roma, Editori Riuniti, 1977), p. 35.

Por meio de Labriola e de seu diálogo com Engels, por um lado, e do bolchevismo, por outro, é que Gramsci finalmente chega a Marx e ao comunismo crítico, reelaborando toda a produção dos "revisionistas" envolvidos com a chamada "crise do marxismo" na passagem para o século XX, que tanto haviam contribuído para sua própria formação intelectual. Na sua oposição ao "economicismo" de Achille Loria, Gramsci, junto com Engels e Croce, também apela para o nome de Labriola, como expoente de um pensamento dialético[44].

Observa-se então que, antes de se encontrar mais detidamente com a obra de Lênin e de estabelecer um reencontro com a obra de Marx, numa nova perspectiva, Gramsci absorvera muitas das contribuições da cultura contestatória anticapitalista gerada no Ocidente, particularmente da França e da Alemanha, mantendo-se sempre distante do socialismo reformista e positivista. Ademais, sua profunda inserção na tradição cultural italiana, com a peculiar propensão cosmopolita, ofereceu-lhe os elementos fundamentais para enveredar pelo caminho que o levaria ao comunismo crítico, além, sem dúvida, do vínculo de origem com as classes subalternas da Itália, tanto na Sardenha quanto no Piemonte[45].

Assim é que Gramsci, armado de uma concepção dialética idealista e de um "espírito de cisão" do produtor em relação ao mundo da política institucional, intervém no problema concreto da *cisão* orgânica no movimento operário e socialista da Itália, cuja complexidade deveu-se à posição ocupada pelo PSI no espectro político da Internacional Socialista e, particularmente, pela sua não adesão à guerra. A preponderância da tendência "massimalista" no interior do partido, desde 1912, possibilitou aos socialistas italianos a postura de "neutralidade" diante da guerra e também a manifesta simpatia pela revolução socialista eclodida na Rússia. A participação dos socialistas no encontro internacionalista de Zimmerwald (setembro de 1915) já inserira o PSI no campo da oposição à guerra e pela revolução socialista. O XV Congresso do PSI, realizado em Roma no mês de setembro de 1918, assiste à vitória dos "massimalistas", que apoiam a revolução russa e se declaram a favor da paz e da revolução também na Itália.

---

[44] Nicola Badaloni, *Il marxismo di Gramsci: dal mito alla ricomposizione politica*, cit., p. 3-55; Domenico Losurdo, "Tra Risorgimento e I Guerra Mondiale", cit., p. 17-34.

[45] Para o acompanhamento da trajetória intelectual e política de Gramsci na década em que viveu e lutou em Turim, é de muita utilidade a consulta de Angelo D'Orsi, "Antonio Gramsci e la sua Torino", em Antonio Gramsci, *La nostra città futura: scritti torinesi (1911-1922)* (Roma, Carocci/Fondazione Istituto Gramsci, 2004); Vários autores, *Il giovane Gramsci e la Torino d'inizio secolo* (Turim, Rosenberg & Sellier, 1998); e Edmundo Fernandes Dias, *Gramsci em Turim, a construção do conceito de hegemonia* (São Paulo, Xamã, 2000).

A vertente vitoriosa contou com o decidido apoio de Gramsci, o qual, contudo, não deixa de chamar a atenção para o fato de se estar apenas no início da construção de um partido classista, pois ainda

> é preciso destruir o espírito colaboracionista e reformista; é preciso assinalar com exatidão e precisão aquilo que entendemos por Estado, e como no comportamento que o partido vai assumindo cada vez mais, não há nada que contraste com a doutrina marxista.[46]

Esse é o caminho para a realização de um Estado socialista originado não das instituições liberais, mas de "um desenvolvimento sistemático das organizações profissionais e das entidades locais, que o proletariado já soube suscitar no regime individualista"[47]. Percebe-se claramente que, para Gramsci, o Estado operário não pode nascer de alguma eventual progressão democrática das instituições liberal-burguesas, mas apenas das instituições sociais geradas pela própria auto--organização da esfera do trabalho, com vistas a sua emancipação. Aqui, uma vez mais, pode-se notar a semelhança com a reflexão de Rosa Luxemburgo.

A direção do PSI decide pela adesão à Internacional Comunista logo que esta é fundada, atitude depois consagrada pelo XVI Congresso partidário realizado em Bolonha em setembro de 1919. No entanto, por detrás dessa escolha já tomava corpo a linha de tensão que levaria à *cisão* comunista e ao fracionamento do PSI. A majoritária fração "massimalista" encontrava-se com o bolchevismo apenas no que se referia ao programa máximo, aquele da perspectiva da realização do socialismo, mas, no que dizia respeito à concepção teórica da revolução socialista, particularmente do papel a ser desenvolvido pela subjetividade, permaneciam vinculados ao reformismo. Os próprios reformistas percebiam no "massimalismo" uma contaminação mitológica a partir dos acontecimentos na Rússia. Para os reformistas, a revolução deveria fracassar na Rússia e na Itália e seria a própria fração "massimalista" a responsável por desviar a classe operária do único caminho factível, que seria o das reformas sociais e democráticas, obtidas na dura luta do cotidiano.

Desde fins de 1918, Amadeo Bordiga vinha organizando em Nápoles uma nova tendência no PSI, radicalmente crítica da ordem do capital. Para se opor

---

[46] Antonio Gramsci, "Dopo il Congresso", *Il Grido del Popolo*, 14 set. 1918, em *Scritti politici*, v. 1 (org. Paolo Spriano, Roma, Editori Riuniti, 1973), p. 215.

[47] Idem.

ao reformismo e ao "massimalismo", Bordiga retomou algumas das formulações de Marx sobre a inevitabilidade da crise capitalista e da revolução socialista, incorporando do bolchevismo a ideia do partido de vanguarda. O revolucionário napolitano insiste na cisão completa com a institucionalidade burguesa, sendo esse o caminho para propor a cisão com o reformismo e também com sua variante "massimalista", já que tal vertente teórico-política é vista como uma necessidade da própria ordem burguesa para sua reprodução.

Assim, já no Congresso de Bolonha, Bordiga se apresentou com uma proposta política autônoma, em nome de um agrupamento existente basicamente apenas em Nápoles. Logo após o Congresso, ao redor do semanário *Il Soviet*, se congrega a fração comunista chamada de "abstencionista", que desde cedo procuraria estabelecer um vínculo com a IC, tendo despertado um enorme entusiasmo entre os jovens socialistas[48].

Por outro lado, a fundação, em Turim, da revista *L'Ordine Nuovo*, por iniciativa de Antonio Gramsci, Palmiro Togliatti, Umberto Terracini e Angelo Tasca, cujo número inaugural saiu em 1º de maio de 1919, originou uma nova vertente da *cisão*. Com um suporte cultural muito diferente do positivismo que permeava o socialismo italiano, e exatamente aquele que daria estofo para a *cisão* e a refundação comunista, nesse momento inicial esse pequeno grupo permaneceu subordinado ao "massimalismo", não apenas na política partidária, mas na preocupação manifesta com o programa máximo e o perfil do futuro Estado socialista.

Uma guinada significativa ocorre em junho, quando, no sétimo número da revista, é publicado o editorial "Democracia operária", escrito por Gramsci, que então se questiona: "Como soldar o presente ao futuro, satisfazendo as urgentes necessidades do presente e utilmente trabalhando para criar e 'antecipar' o futuro?". Reafirmando sua manifesta postura de que o Estado revolucionário surge da própria atividade antagônica dos trabalhadores perante o capital, Gramsci parte do pressuposto de que

> o Estado socialista existe já potencialmente nas instituições de vida social características da classe trabalhadora explorada. Coligir entre si essas instituições, coordená-las e subordiná-las numa hierarquia de competências e poderes, centralizá-las fortemente, ainda que respeitando as necessárias autonomias e articulações, significa criar desde agora uma verdadeira democracia operária, em

---

[48] Paolo Spriano, *Storia del Partito comunista italiano: da Bordiga a Gramsci* (Turim, Einaudi, 1967), p. 29 e *passim*.

contraposição eficiente e ativa com o Estado burguês, preparada desde agora para substituir o Estado burguês em todas as suas funções essenciais de gestão e de domínio do patrimônio nacional.[49]

Apesar de reconhecer o papel do partido socialista e dos sindicatos, Gramsci entende que "a oficina, com as suas comissões internas, os círculos socialistas, as comunidades camponesas, são os centros de vida proletária nos quais é preciso trabalhar diretamente". Isso porque

quem quer o fim deve também querer os meios. A ditadura do proletariado é a instauração de um novo Estado, tipicamente proletário, no qual confluem as experiências institucionais da classe oprimida, no qual a vida social da classe operária e camponesa surge como sistema difuso e fortemente organizado.[50]

Pode-se observar aqui tanto os ecos da elaboração de Rosa Luxemburgo quanto as sementes da reflexão de Gramsci no cárcere, quando então aventa a gestação de uma sociedade civil que organiza a hegemonia operária em posição antagônica ao Estado do capital, dando origem a um novo Estado. Percebidas as potencialidades dos conselhos de fábrica, *L'Ordine Nuovo* surge como polo de agregação e expansão do movimento, quando este acabava de começar. Fazendo analogias com os *shop-stewards* ingleses, com os *räte* alemães e, principalmente, com os sovietes da Rússia, o movimento se insere no processo em curso da revolução socialista internacional.

Para Gramsci, o conselho de fábrica é o embrião da nova ordem social, mas sua expansão política exige uma reforma radical do sindicato (e do partido). É preciso que os sindicatos deixem de ser apenas uma instituição social da democracia burguesa e "surjam do próprio lugar da produção, com raízes capilares, para ser a expressão máxima e espontânea dos trabalhadores"[51].

A reflexão de Gramsci parte do processo produtivo como campo da ação política, isto é, parte dos fundamentos da produção capitalista tendo em vista a dissolução do poder do capital por meio do controle operário. De fato, para Gramsci

---

[49] Antonio Gramsci, "Democracia operaia", *L'Ordine Nuovo*, n. 7, jun. 1919, citado em Paolo Spriano, *L'Ordine Nuovo e i consigli di fabbrica* (Turim, Einaudi, 1971), p. 145-9.

[50] Idem.

[51] Idem, "Verso nuove istituzioni", *L'Ordine Nuovo*, n. 16, 1919, citado em Paolo Spriano, *L'Ordine Nuovo e i consigli di fabbrica*, cit., p. 174.

as organizações revolucionárias (o partido político e o sindicato profissional) nasceram no campo da liberdade política, no campo da democracia burguesa, como afirmações e desenvolvimento da liberdade e da democracia em geral, num campo em que subsiste a relação entre cidadão e cidadão: o processo revolucionário se efetiva no campo da produção, na fábrica, onde as relações são entre opressor e oprimido, entre explorador e explorado, onde não existe liberdade para o operário, onde não existe democracia.[52]

Portanto, ainda em relação ao conselho de fábrica,

o partido e o sindicato não devem postar-se como tutores ou supraestruturas já constituídas dessa nova instituição, na qual o processo histórico da revolução assume forma histórica controlável, mas devem postar-se como agentes conscientes da sua libertação das forças de compressão que se ordenam no Estado burguês, devem propor-se a organizar as condições externas gerais (políticas) nas quais o processo da revolução tenha a sua máxima celeridade, nas quais as forças produtivas liberadas encontrem a sua máxima expansão.[53]

E isso porque é no processo produtivo do capital que surgem a consciência e a solidariedade operária, e é na autogestão da produção que se encontra a emancipação do trabalho. Há aqui uma releitura de Sorel e um deslocamento em direção a Rosa Luxemburgo e, talvez, a Korsch, pois o processo produtivo não deve ser o campo da cisão absoluta diante da política e do Estado, mas deve sim ser politizado para que possa vir a ser o fundamento de uma reorganização geral das relações sociais e da fundação das instituições de um novo Estado. A inversão com o reformismo é assim completa.

O rápido crescimento dos conselhos de fábrica sugere interpretações diversas no seio do próprio PSI: os reformistas comparam o movimento das fábricas de Turim a uma nova forma de anarcossindicalismo; a direção política e sindical do partido não concorda com a participação do conjunto da massa proletária no movimento, incluindo os não filiados ao partido e ao sindicato. Os comunistas de esquerda de Bordiga observam no movimento uma atenção menor na questão do partido revolucionário e da tomada do poder estatal, assim como também indica sua inspiração soreliana.

---

[52] Idem, "Il Consiglio di fabbrica", *L'Ordine Nuovo*, n. 4, 1920, citado em Paolo Spriano, *L'Ordine Nuovo e i consigli di fabbrica*, cit., p. 260.

[53] Idem.

Amadeo Bordiga faz algumas críticas ao movimento que se desenrolava em Turim, críticas que serviam para demarcar os diferentes entendimentos sobre a estratégia revolucionária da classe operária. Antes de tudo, ele entendia que as instituições próprias do socialismo só poderiam ser definidas depois da tomada do poder e tentar fazer isso antes – como faziam os ordenovistas – seria incorrer no risco de resvalar para o reformismo. Na verdade, Bordiga entendia os conselhos como um órgão de representação política do proletariado em qualquer dimensão do espaço público, o que significa que o conselho pode se organizar na fábrica, mas também no território e que dele pode fazer parte qualquer homem ou mulher que viva do seu esforço laborativo. O sindicato continuaria a ser a instância de defesa de interesses específicos de determinada categoria profissional, enquanto o conselho teria um caráter político-administrativo. Bordiga preserva a separação entre economia e política e sintetiza assim o seu raciocínio:

> Somente até certo ponto pode-se ver o germe dos soviets nas comissões internas de fábrica: ou melhor, acreditamos que estas estejam destinadas a gerar os conselhos de fábrica encarregados de atribuições técnicas e disciplinares, durante e depois da socialização da própria fábrica; fica esclarecido que o soviete político da cidade poderá ser eleito onde for mais cômodo e, provavelmente, em reuniões não muito diferentes das atuais sedes eleitorais.[54]

Desde fevereiro de 1920, o grupo bordiguista dos comunistas "abstencionistas" apregoava a necessidade da *cisão* e a prioridade da construção do partido revolucionário. A ênfase dada na construção das instituições sociais da classe operária como embrião do novo Estado e horizonte da revolução socialista internacional fez com que o grupo comunista de *L'Ordine Nuovo* deixasse num plano inferior esse importante problema, tendo então permanecido envolvido pelo predomínio do "massimalismo" no interior do PSI e da variante bordiguista que se preparava para fundar o Partido Comunista na Itália. Quando, porém, precisaram do apoio ativo do partido e da organização sindical para fazer frente à ofensiva patronal, tal apoio lhes foi negado.

Em abril de 1920, a tentativa dos patrões de limitar a atuação dos conselhos de fábrica foi respondida com a greve geral, que se espalhou por toda a região

---

[54] Amadeo Bordiga, "O sistema de representação comunista", *Il Soviet*, Nápoles, 14 set. 1919, citado em Antonio Gramsci e Amadeo Bordiga, *Conselhos de fábrica* (São Paulo, Brasiliense, 1981), p. 48.

do Piemonte, abarcando diversas categorias de trabalhadores. Enquanto o Estado mobilizava o Exército para assegurar a ordem, a Confederação Geral do Trabalho (CGL) se opunha ao movimento. A reunião da direção nacional do PSI, marcada para Turim, foi transferida para Milão, antecipando a posição também contrária ao movimento grevista desencadeado pelos conselhos de fábrica. Com variados argumentos, todas as tendências do partido expuseram suas considerações contrárias à greve e às perspectivas que ela abria.

O isolamento levou o grupo de *L'Ordine Nuovo* e o movimento dos conselhos de fábrica à derrota. Tiveram sua existência reconhecida, mas dentro dos parâmetros definidos pelo capital, sem o almejado controle operário sobre a produção. A subestimação do problema da *cisão* estava cobrando seu preço, e coube à CGL encontrar uma saída para dar continuidade ao esforço de chegar a um acordo com o médio capital. O que não tinha ficado suficientemente claro então para os socialistas é que o grande capital decidira assumir a ofensiva, não apenas contra o mundo do trabalho, mas contra as próprias instituições liberais, já que estas não se mostravam capazes de garantir seus interesses de classe. Por isso era necessário utilizar o descontentamento da pequena burguesia e dos ex-combatentes diante da crise social para encaminhar uma nova situação que garantisse o seu predomínio.

Pouco antes da greve geral de abril, na reunião do Conselho Nacional do PSI, Gramsci apresentou um documento chamado "Por uma renovação do Partido Socialista", posteriormente publicado em *L'Ordine Nuovo* de 8 de maio, que esclarecia essa situação e dava um passo significativo rumo à cisão. Apontava a existência de uma situação revolucionária no país, uma vez que havia uma subjetividade social em expansão, na qual "os operários industriais e agrícolas estão profundamente determinados, em todo o território nacional, a pôr de modo explícito e violento a questão da propriedade dos meios de produção". Em contrapartida, "os industriais e proprietários de terra realizaram o máximo de concentração da disciplina e da potência de classe" e apelaram para o uso do terror, tendo ainda "o Estado burguês criado um corpo armado mercenário" (referindo-se então à Guarda Régia)[55].

Dessa forma,

a fase atual da luta de classes na Itália é a fase que precede: ou a conquista do poder político pelo proletariado revolucionário para a passagem de novos modos

---

[55] Antonio Gramsci, "Per un rinnovamento del Partito socialista", em *Scritti politici*, v. 2, cit., p. 102-8.

de produção e de distribuição que permitam uma retomada da produtividade; ou uma tremenda reação por parte da classe proprietária e governista.[56]

E mais,

nenhuma violência será deixada de lado para submeter o proletariado industrial e agrícola a um trabalho servil: procurar-se-á destroçar inexoravelmente os organismos de luta política da classe operária (Partido Socialista) e incorporar os organismos de resistência econômica (os sindicatos e as cooperativas) nas engrenagens do Estado burguês.[57]

É exatamente para evitar a realização dessa clarividente antecipação do que seria o fascismo que Gramsci dirige um verdadeiro ato de acusação contra a direção do PSI, suas contradições e inconsistências. O PSI não vinha se mostrando capaz de concentrar as forças operárias e camponesas por não perceber que se vivia um momento de revolução socialista internacional na qual a Itália estava inserida, permanecendo como um partido parlamentar agindo dentro da democracia liberal burguesa e ausente da política internacional do movimento operário. A adesão à IC não trouxe consigo as devidas implicações teóricas e práticas, tanto que a polêmica com o reformismo não fora sequer iniciada e,

enquanto a maioria revolucionária do Partido não teve uma expressão de seu pensamento e um executor de sua vontade na direção e no jornal, os elementos oportunistas, por sua vez, se organizaram fortemente e desfrutaram o prestígio e a autoridade do Partido para consolidar as suas posições parlamentares e sindicais.[58]

No limiar da cisão, Gramsci afirma que o cerne da questão política estava todo em se transformar efetivamente o PSI, orgânica e ideologicamente, num partido comunista, com a exclusão dos reformistas e a adoção de um programa e de uma prática revolucionárias, ou "a classe operária instintivamente tende a se constituir num novo partido", quando não se desloca para posições anarquistas, notoriamente opostas às organizações partidárias. Fosse pelo caminho da profunda renovação do PSI ou pela cisão, cuja implicação seria a fundação de

---

[56] Idem.

[57] Idem.

[58] Idem.

um novo organismo, o partido revolucionário necessário para a classe operária italiana naquela conjuntura deveria ser "um partido homogêneo, coeso, com uma doutrina própria, uma tática sua, uma disciplina rígida e implacável", o único capaz de encontrar soluções para os problemas postos pela realidade, de organizar "a criação dos conselhos de fábrica para o exercício do controle sobre a produção industrial e agrícola" e de "conquistar os sindicatos de modo orgânico". Esses seriam os primeiros passos para a emancipação das forças de produção e do trabalho[59].

A derrota da greve geral de abril, assim como o descarte do documento redigido por Gramsci na reunião do Conselho Nacional do PSI, provocou uma fragmentação ainda maior entre as tendências socialistas mais à esquerda. Gramsci parece ter optado por atuar nas duas vias que lhe pareciam possíveis para a evolução do PSI, tendo participado, em maio, na qualidade de observador, da convenção da fração comunista abstencionista, quando então a sua proposta de formação de uma fração comunista de caráter nacional e que não fizesse do abstencionismo uma questão de princípio foi recusada. Essa era a maneira vislumbrada por Gramsci para unificar as forças comunistas dispersas e compor uma forte corrente renovadora dentro do partido, que, em caso de derrota, poderia caminhar para uma *cisão* orgânica que aglutinasse parte significativa do proletariado.

Entretanto, dentro do próprio pequeno grupo de *L'Ordine Nuovo* vieram à tona diversas e sérias divergências, contrapondo o seu núcleo fundador. Enquanto Gramsci polemizava com Tasca na defesa dos conselhos de fábrica, Terracini e Togliatti se aliavam à direção partidária, juntamente com outros comunistas revolucionários, fazendo com que o diretor de *L'Ordine Nuovo* se visse isolado no seu projeto de renovação, acompanhado apenas de um pequeno grupo de operários. Assim, no interior da numerosa representação do movimento operário e socialista italiano presente no II Congresso da IC, entre sindicalistas, parlamentares e dirigentes, a posição de isolamento de Gramsci se tornou ainda mais sensível.

G. Serrati aparece como o nome mais conhecido e que inspirava maior confiança dentro da IC. Junto com Graziadei e Bombacci, foi um dos delegados oficiais no Congresso, indicando também a posição marginal de Bordiga, que falhara em compor uma corrente comunista de esquerda no campo internacional, mais homogênea e de caráter abstencionista. A delegação italiana

---

[59] Idem.

foi muito criticada e pressionada a romper com os reformistas. A surpresa se apresentou quando Lênin teceu elogios ao documento de Gramsci, dizendo:

> No que se refere ao PSI, o II Congresso entende que são substancialmente justas as críticas ao partido e as propostas práticas, publicadas como propostas ao Conselho Nacional do PSI, em nome da seção turinesa do partido, na revista *L'Ordine Nuovo* de 8 de maio de 1920, as quais correspondem plenamente a todos os princípios fundamentais da Terceira Internacional.[60]

Aqui já podem ser vislumbrados os fundamentos da futura estratégia de Gramsci para conseguir a direção do PCd'I: diante do isolamento no interior do partido, é preciso dar grande ênfase à política internacional dos comunistas, fazendo com que a questão nacional viva no contexto internacional. É essa perspectiva que permitiu a Gramsci perceber no fascismo a dimensão internacional de um fenômeno originalmente italiano e enunciar uma estratégia revolucionária para a Itália, sem nunca perder de vista o caráter internacional da revolução socialista.

O documento exarado pela IC sobre a questão italiana, em seguida ao II Congresso, em grande medida segue a leitura de Gramsci. Exibindo grande esperança na revolução italiana, embora considere "evidente a todos que hoje a burguesia italiana já não é tão impotente quanto há um ano", a IC insiste que "na Itália existem agora todas as condições fundamentais para uma grande revolução proletária vitoriosa, que abrace todo o povo", no exato momento em que a chama se apagava na maior parte do espaço onde havia aflorado a revolução socialista internacional[61].

Assim como em outros lugares, também na Itália a questão estava centrada na organização da subjetividade revolucionária, pois a "demasiada indecisão" do Partido Socialista indica sua incapacidade de configurar-se como organismo dirigente e unificador do movimento. Isso ocorre pela atuação de "reformistas e elementos liberal-burgueses" presentes nas fileiras partidárias, fortes principalmente na representação parlamentar e na direção sindical, que devem ser

---

[60] Citado em Antonio Gramsci, "Il giudizio di Lenin", *L'Ordine Nuovo*, 21 ago. 1920, em *Scritti politici*, v. 2, cit., p. 146.

[61] "Lettera del Comitato esecutivo al Comitato centrale e a tutti i membri del Partito socialista italiano", *Die Kommunistische Internationale*, n. 13, 1920, citado em Aldo Agosti, *La Terza Internazionale*, t. I, v. 1 (Roma, Editori Riuniti, 1974), p. 315-20.

afastados. Daí ser prioritária "a depuração do partido dos elementos reformistas, a colaboração do partido com a melhor parte proletária dos sindicalistas e dos anarquistas na luta revolucionária", reconhecendo o fortalecimento relativo dessas correntes, assim como também "o partido deve dedicar a mais viva atenção ao importante movimento dos conselhos de fábrica"[62].

Como que contemplando as expectativas revolucionárias da IC, a classe operária italiana reage com radicalidade à provocação patronal de fechamento da fábrica, ocorrida em Milão, no final de agosto, selando o fracasso das negociações entre capital e trabalho, que se arrastavam desde junho. A federação sindical metalúrgica (Fiom) decide então pela ocupação das fábricas, que acontece a partir de 1º de setembro. A reivindicação que vinha sendo defendida por Gramsci e por *L'Ordine Nuovo* se efetiva na forma de autogestão operária e de transferência de autoridade, constituindo-se numa ação revolucionária que se opõe ao capital e ao Estado, mas também ao reformismo instalado no sindicato e no partido socialista.

São precisamente essas instituições sociais da classe operária, instaladas no seio do Estado liberal, que se movem para evitar que o movimento de ocupação das fábricas, organizado na forma de conselhos, se difundisse de modo a gerar uma situação efetivamente revolucionária. Antes de tudo, buscou-se evitar que a federação dos trabalhadores braçais – forte na Emilia-Romagna – aderisse ao movimento, para em seguida, com grande pressão da CGL, o PSI tecer um acordo com o governo liberal de Giolitti, em torno da questão salarial e de uma futura forma de controle da produção. Ao atender, ao menos na aparência, a algumas das reivindicações originais dos trabalhadores, a aliança entre a tendência reformista do PSI e da CGL e o governo liberal esvaziou o movimento e tornou a *cisão* inevitável, diante da comprovação da incapacidade dos socialistas de arrancar a classe operária de sua situação de subalternidade.

Gramsci, numa trajetória análoga à de Rosa Luxemburgo, primeiro persistirá na defesa de uma necessária "renovação do partido socialista", como forma de potencializar o movimento operário, preservando sua unidade no que fosse possível. Mas, quando percebeu a impossibilidade dessa rota, constatada a vinculação das instituições sindical e partidária dos trabalhadores ao Estado liberal-burguês, passou a enfatizar a centralidade e a importância da organização autônoma e antagônica da classe operária. A justificativa dessa mudança

---

[62] Idem.

66 Os prismas de Gramsci

de rota em direção à cisão foi apresentada por Gramsci, não sem ironia, com a declaração de que os membros do grupo de *L'Ordine Nuovo*,

> temos simplesmente o defeito de acreditar que a revolução comunista possa ser feita apenas pelas massas, e que não possa fazê-la um secretário de partido ou um presidente da república a golpe de decreto; parece que era essa também a opinião de Karl Marx e de Rosa Luxemburgo e que seja a opinião de Lênin.[63]

Atingido já o ponto de declínio do movimento, a IC lança um apelo tardio para a extensão da ocupação das fábricas "até a insurreição geral", para o que "o partido socialista deve transformar-se em comunista no pleno sentido da palavra, isto é, um partido que conduz a insurreição e assume a direção"[64]. A derrota e a consequente decepção fizeram com que a IC exigisse urgência na avaliação e implantação da cisão. Dessa maneira, a direção do PSI passou à discussão das 21 condições de inclusão na IC, a qual foi aprovada em 1º de outubro. A aprovação da cisão como princípio teve um significado muito pequeno, já que a decisão deveria ser efetivamente tomada no Congresso partidário que se avizinhava.

3. A CISÃO ORGÂNICA DO MOVIMENTO OPERÁRIO E A FUNDAÇÃO DO PARTIDO COMUNISTA NA ITÁLIA

Três foram as correntes principais que se formaram tendo em vista o Congresso do PSI, que seria realizado em Livorno, e, por incrível que possa eventualmente parecer, nenhuma delas, nem mesmo a reformista Concentração Socialista, pregava a ruptura com a IC e a Rússia soviética. A majoritária corrente "massimalista" assumiu o nome de Comunista Unitária, definida como "centrista" pela fração Comunista Pura. Esta última foi formada oficialmente em Milão, numa conferência realizada em 15 de outubro, reunindo representantes de todos os agrupamentos que aceitavam incondicionalmente os 21 pontos estabelecidos pelo II Congresso da IC.

Com concessões feitas por todas as tendências, nessa conferência foi redigido um manifesto, assinado por Niccola Bombacci, Amadeo Bordiga, Bruno

---

[63] Antonio Gramsci, *L'Ordine Nuovo* (Turim, Einaudi, 1975), p. 489.

[64] "Appello del Comitato esecutivo al proletariato italiano (22/09/1920)", *Die Kommunistische Internationale*, n. 14, 1921, citado em Aldo Agosti, *La Terza Internazionale*, cit., t. I, p. 321-2.

Fortichiari, Antonio Gramsci, Francesco Misiano, Luigi Polano e Umberto Terracini, a ser difundido por toda a militância socialista. Os "abstencionistas" abriram mão de seu princípio de não participar nos embates eleitorais da institucionalidade liberal, mas tampouco se fez qualquer referência aos conselhos de fábrica. O documento está mais voltado para a ampliação de apoios dentro da massa de filiados, enfatizando a necessidade de programar as decisões tomadas no Congresso anterior e promover uma atualização programática, adequada às indicações do II Congresso da IC e à evolução do processo sociopolítico na Itália[65].

Por um momento ainda, pareceu prevalecer a tática da "renovação" proposta por Gramsci, que nesses mesmos dias identificava a cidade de Turim como a

sede de um preciso pensamento político que ameaça conquistar a maioria do Partido Socialista Italiano, que ameaça transformar o partido de órgão de conservação da agonia capitalista em órgão de luta e reconstrução revolucionária.[66]

Na convenção pré-congressual da fração comunista, realizada em Ímola, em 28 e 29 de novembro, a diversidade de experiências e de vertentes constitutivas, em maior medida, dificultou o consenso. Embora seja indiscutível que a hegemonia no processo pertencesse ao grupo de *Il Soviet* – o primeiro a defender a *cisão* e o único organizado nacionalmente –, outras tendências menores ou locais cumpriram um papel de monta na aproximação com o grupo turinês de *L'Ordine Nuovo,* importante principalmente pelo papel desempenhado na direção do movimento operário com a experiência dos conselhos de fábrica. Não apenas aqueles que vinham da corrente "abstencionista" de Turim, como Giovanni Parodi, mas também o grupo de Milão de Fortichiari e Repossi e o grupo da esquerda "massimalista" de Bombacci, Gennari e Misiano contribuíram para a viabilidade do novo partido que se anunciava. Notável a participação da juventude socialista, que aderiu em massa à fração comunista que se constituía.

Avaliando o que mudava para o grupo de *L'Ordine Nuovo,* alguns dias depois Gramsci escrevia que

---

[65] Antonio Gramsci, "Il programma di Milano", citado em Sergio Manes (org.), *La fondazione del Partito comunista: documenti e discorsi* (Nápoles, Laboratorio Politico, 1996), p. 21-8.

[66] Idem, "La reazione", *L'Ordine Nuovo,* 17 out. 1920, em *Scritti politici,* v. 2, cit., p. 165.

mesmo depois da constituição da fração comunista, que tem a missão histórica, quando se chamar partido, de organizar as energias revolucionárias capazes de conduzir à vitória a classe operária italiana e de fundar o Estado operário, não estará encerrada a tarefa específica de nossa revista e dos grupos de companheiros que seguem sua atividade com atenção e simpatia.[67]

Gramsci finalmente cedera à ideia da cisão defendida pelo prevalecente grupo de *Il Soviet*, mas a *L'Ordine Nuovo* caberia ainda a missão de educar a militância comunista e formar os elementos necessários para a construção do novo Estado, de contribuir para a ampla obra de reforma moral das massas trabalhadoras. Assim, entendia que "a constituição do Partido Comunista cria as condições para intensificar e aprofundar a nossa obra", pois "poderemos nos dedicar inteiramente ao trabalho positivo, à expansão do nosso programa de renovação, de organização, de despertar das consciências e das vontades"[68].

A IC e o próprio Lênin pressionavam pela cisão, elevando o tom da polêmica com Serrati, o qual pretendia adequar às circunstâncias italianas o cumprimento das 21 condições propostas pelo II Congresso da IC para o ingresso de novos partidos, na tentativa de preservar uma parte do aparato organizativo mantido pelos reformistas. É possível que a postura da IC em relação ao movimento operário italiano tenha estimulado o maior empenho de Gramsci na cisão na forma que esta se antecipava: com um corte bem mais à esquerda do que vinha ocorrendo em outros países desde a realização do II Congresso da IC, em julho de 1920. Polemizando com Serrati e com a tendência chamada de "unitária", responsabilizada pela crise e fragmentação do partido, Gramsci dizia que "é preciso refazer o Partido, é preciso desde hoje considerar e amar a fração comunista como um verdadeiro partido, como o sólido suporte do Partido Comunista Italiano"[69].

No momento mesmo em que se aproximava a consumação da *cisão* orgânica do movimento socialista italiano, Gramsci antecipa não só os fundamentos teóricos dessa mesma *cisão*, mas alguns elementos do roteiro que seguiria para a formulação da ideia de frente única e de toda a ciência política dos anos do cárcere. Gramsci assume o pressuposto de que

---

[67] Idem, "Coordinare volontà e azioni", *L'Ordine Nuovo*, 4 dez. 1920, em *Scritti politici*, v. 2, cit., p. 171-2.

[68] Idem.

[69] Antonio Gramsci, "Scissione o sfacelo?", *L'Ordine Nuovo*, 11 e 18 dez. 1920, em *Scritti politici*, v. 2, cit., p. 173-5.

a classe operária é classe nacional e internacional. Ela deve pôr-se à frente do povo trabalhador que luta para emancipar-se do jugo do capitalismo industrial e financeiro, nacional e internacionalmente. A tarefa nacional da classe operária italiana é fixada pelo processo de desenvolvimento do capitalismo italiano e do Estado burguês, que é sua expressão oficial.[70]

Gramsci vislumbra a particularidade do capitalismo italiano no processo de sujeição do campo pelas cidades industriais e do Sul e Centro do país pelo Norte, originando "o problema central da vida nacional italiana, a questão meridional", de modo que

a emancipação dos trabalhadores pode ocorrer só através da aliança dos operários industriais do Norte e os camponeses pobres do Sul para abater o Estado burguês, para fundar o Estado dos operários e camponeses.[71]

Daí que o conteúdo necessário da cisão se expressa no fato de

que a classe operária revolucionária se separa daquelas correntes degeneradas do socialismo que estão apodrecidas no parasitismo social, se separa daquelas correntes que procuravam desfrutar da posição de superioridade do Norte sobre o Sul, para criar aristocracias operárias, [...].[72]

Porém, para Gramsci, além de resolver uma questão histórica e social que tem uma expressão territorial, "a revolução operária italiana e a participação do povo trabalhador italiano na vida do mundo só podem se verificar nos quadros da revolução mundial", implicando que "a classe operária italiana sabe que não pode se emancipar e não pode emancipar todas as outras classes oprimidas e exploradas do capitalismo mundial, se não existe um sistema de forças revolucionárias mundiais que aspirem ao mesmo fim". O imenso valor que Gramsci percebe na Internacional Comunista está na sua clara

---

[70] Idem, "Il Congresso di Livorno", 13 jan. 1921, em *Socialismo e fascismo: L'Ordine Nuovo (1921-1922)* (Turim, Einaudi, 1974), p. 39-42. A partir de 1º de janeiro de 1921, *L'Ordine Nuovo* passa a circular diariamente.

[71] Idem.

[72] Idem. Parece bastante claro o equívoco de se afirmar que Gramsci percebe a importância da questão meridional e da aliança operário-camponesa somente a partir da ruptura com Bordiga, já em fins de 1923.

percepção de que os processos particulares ocorrem sempre no contexto da história do gênero humano, cuja tendência é a unificação sob o comunismo. Por isso ele via o Comitê Executivo da IC (Ceic) como "germe do governo mundial operário"[73].

Mas Gramsci insistia no vínculo entre produção e revolução, entre "economia" e "política", em que a perspectiva da unificação do trabalho industrial e agrícola, manual e intelectual, deveria atacar os próprios fundamentos da produção capitalista. A partir da transferência do processo produtivo fabril para o controle operário é que poderiam ser reorganizadas as relações sociais de produção e criadas as condições necessárias para a fundação de um novo Estado, sob a égide do conjunto do mundo do trabalho. Por isso,

> para os comunistas, abordar o problema do controle operário significa abordar o problema máximo do atual período histórico, significa abordar o problema do poder operário sobre os meios de produção e assim o problema da conquista do Estado.[74]

Para a abertura do XVII Congresso do PSI, o Comitê Executivo da IC enviou uma carta de saudação na qual expõe diretamente a posição de que

> a fração comunista italiana que há pouco tempo realizou uma assembleia em Ímola é a única que definiu o problema em termos precisos. Quem quer permanecer fiel à Internacional Comunista, deve sustentar tal fração.[75]

Além das três tendências principais, na tribuna do Congresso apresentou-se também uma corrente denominada Intransigente Revolucionária, que depois se aliou aos "unitários", e um grupo que decidira atuar contra a ruptura entre os comunistas "puros" e "unitários", o qual, diante do fracasso de sua autoimposta missão, optou por seguir o caminho da fração comunista "pura", entre os quais Marabini e Graziadei. Os oradores pelos "puros" foram Umberto Terracini e Amadeo Bordiga, que se empenharam em atrair o maior número possível de

---

[73] Idem.

[74] Antonio Gramsci, "Controllo operaio", 10 fev. 1921, em *Socialismo e fascismo*, cit., p. 67.

[75] Comitê Executivo da Internacional Comunista, "Indirizzo di saluto del Comitato esecutivo al Congresso del Partito socialista italiano a Livorno", *Die Kommunistische Internationale*, n. 16, 1920, citado em Aldo Agosti, *La Terza Internazionale*, cit., t. 1, v. 1, p. 328-9.

comunistas, amparando-se nas decisões do Congresso de Bolonha e nas indicações do II Congresso da IC, dirigindo suas críticas contra o reformismo social-democrata e contra o "centrismo" de Serrati.

Ao contrário da França e da Alemanha, países nos quais muito recentemente as frações socialistas "centristas" haviam aderido formalmente aos partidos comunistas e à IC (para deixá-los não muito depois), na Itália a *cisão* ocorreu numa linha bem mais à esquerda, contrariando a expectativa de alguns de atrair a maioria da classe operária organizada para as fileiras do novo partido. O apoio manifestado a Serrati pelo alemão Paul Levi, como delegado da IC, ofereceu combustível para que a polêmica se estendesse e o PSI continuasse a integrar a IC ainda por algum tempo, mas o fato é que a fração comunista organizada em Ímola pouco conseguiu ampliar seus consensos, tendo a sua moção alcançado cerca de um terço dos votos.

Foi o suficiente, contudo, para que, em 21 de janeiro de 1921, num Congresso à parte, realizado no teatro San Marco, de Livorno, fosse enfim fundado o Partido Comunista da Itália, tendo Amadeo Bordiga como principal dirigente e Antonio Gramsci apenas como suplente do Comitê Executivo. Esse é o preciso indício de que o grupo de *L'Ordine Nuovo,* no momento da cisão orgânica do movimento operário socialista, preferiu se submeter à direção teórica e política de Bordiga, que em muito diferia das anotações de Gramsci sobre a avaliação dos problemas nacionais e internacionais, notadamente no referente à função dos conselhos e à "questão meridional".

A IC, por sua vez, apesar de ter expedido uma sentença de exclusão dos socialistas, não perdeu a esperança de, num momento posterior, atrair ao menos uma parte dos "centristas", à semelhança do que ocorrera na Alemanha, já que em seguida o Congresso do PSI optou por preservar seu vínculo com a organização sediada em Moscou, apelando para uma reconsideração. Desse modo, por algum tempo, a IC contou com duas organizações políticas na Itália, mas estava claro que o PCd'I surgia no campo do comunismo de esquerda.

A fundação do PCd'I ocorreu num momento em que o processo de derrota do movimento operário diante da ofensiva do capital já se fazia sentir, quando a crise econômica já provocava desemprego e pressão sobre os salários e a crise política do bloco de poder e da ideologia liberal buscava solução no desencadeamento do processo de fascistização. Embora o fascismo tenha surgido no quadro urbano, a violência fascista iniciou-se nas zonas agrárias para em seguida se difundir pelas cidades, tendo por alvo as organizações operárias e seus dirigentes. Os comunistas, assim como os socialistas, viam no fascismo um instrumento de violência reacionária das classes dominantes, numa ação desesperada diante do que aparentava ser o declínio de sua dominação.

Um acúmulo de elementos que indicavam a derrota da revolução socialista internacional se precipitou em março de 1921, a exatos quatro anos do seu início em São Petersburgo. O fim da revolução e a necessária reorientação estratégica fizeram com que a Rússia voltasse a se configurar como um diferenciado Oriente revolucionário, tendo de fazer frente ao Ocidente imperialista, onde o capital retomara a iniciativa e a força ofensiva contra o mundo do trabalho, afetando assim o arco de decisões a serem tomadas pelos bolcheviques e pelos comunistas de todo o mundo.

Um desvantajoso acordo com a Polônia selou o fim da guerra civil e da intervenção imperialista na Rússia soviética. Obrigada a fazer grandes concessões territoriais, a Rússia viu-se diante de uma paisagem de devastação econômico--social sem precedentes, que estimulava focos de rebeldia camponesa. Penalizados durante o período da guerra de defesa da revolução pela consignação obrigatória da colheita ao novo Estado que surgia das ruínas do ex-império tsarista, os camponeses ameaçavam romper a aliança social que garantira a vitória revolucionária de novembro de 1917. O levante da base militar de Kronstadt, que cumprira papel dos mais importantes na epopeia revolucionária, foi um sinal a mais de que a desorganização do processo produtivo e a miséria poderiam levar a termo a destruição da obra de transformação que as armas imperialistas não tinham conseguido realizar. O X Congresso do Partido Comunista da Rússia (bolchevique) teve de enfrentar todos esses problemas indicando a guinada estratégica que o movimento comunista deveria empreender não apenas na Rússia, mas também no Ocidente e em outras partes do mundo.

Após o desencadeamento da revolução socialista no país mais atrasado da corrente imperialista e sua subsequente, embora momentânea, difusão em direção ao Ocidente, cujo ponto de inflexão pode ser observado no fracasso da greve política internacional de junho de 1919, houve ao mesmo tempo um refluxo para o epicentro russo e um espraiar para a zona periférica do imperialismo. Desse modo, uma maior abertura das lutas de emancipação dos povos do Oriente dominados pelo imperialismo assumiu o primeiro plano. Na Turquia, na Pérsia, na Índia e na China, o movimento anti-imperialista ganhou novo impulso, embora tenha predominado a direção política burguesa na revolução nacional.

O rotundo fracasso da insurreição proletária tentada pelo KPD, na chamada "ação de março", indicou o melancólico fim da estratégia da greve política de massas e do levante armado contra o Estado burguês, naquela etapa histórica em que o capital se recompunha, depois de se envolver na generalizada guerra imperialista e ter de encarar a revolução socialista. Embora a repressão ao movimento operário tenha sido significativa nos Estados liberal-imperialistas, tendo em vista o enquadramento do sindicalismo no processo de reestruturação produtiva, a ofensiva do capital e das classes dirigentes mostrou-se mais virulenta naqueles países que vislumbraram a possibilidade da revolução socialista.

O espaço da revolução socialista e da refundação comunista coincidiu com o espaço composto pelos Estados que realizaram revoluções burguesas pela via "passiva" ou mesmo que fracassaram nesse intento. A zona revolucionária era composta por Rússia, Alemanha, Áustria-Hungria e Itália, que configuravam a sequência dos elos mais frágeis da corrente imperialista (o próximo seria a Espanha). Por fim, a questão nacional (burguesa) se sobrepôs às investidas voltadas para um horizonte anticapitalista.

Na Alemanha, apesar da derrota, o movimento operário preservou a vitalidade ainda por alguns anos, suficientes para ocupar espaços governamentais e acossar a ordem burguesa, mantendo acesa a chama da revolução socialista. O surgimento de novos Estados, nascidos da desintegração do império austro-húngaro ou descolados do território do antigo império tsarista, teve o significado de uma revolução nacional-burguesa de caráter restaurador, pois, diante da emergência concomitante da revolução socialista, as burguesias viram-se obrigadas a compor com as classes dominantes tradicionais. O resultado, na maior parte dos casos, foi a emergência de instituições políticas liberais entrelaçadas com os poderes próprios do antigo absolutismo feudal.

O fato de esse rosário de novos Estados fazer fronteira com a Rússia soviética e ter estabelecido vínculos com o imperialismo levou à consolidação da tendência ao predomínio de regimes reacionários que buscavam legitimidade no antibolchevismo, no nacionalismo e na religião. Desde fins de 1920, por toda a Europa oriental e danubiana, prevaleciam forças sociais conservadoras e oligárquicas[76].

---

[76] Nos anos seguintes, os países que se descolaram da Rússia (Finlândia, Estônia, Letônia, Lituânia e Polônia) ou se formaram a partir da desintegração da Áustria-Hungria (Áustria, Hungria, Checoslováquia e Iugoslávia) tenderam a se conformar como campo de influência imperialista e fascista, com a fragmentação territorial tendo facilitado a retomada do desenho estratégico de expansão da Alemanha e da Itália, particularmente com o fortalecimento do corporativismo e do fascismo. A Checoslováquia foi uma notável exceção, tendo conseguido, a duras penas, preservar uma democracia liberal até 1938, quando foi ocupada pela Alemanha nazista.

Derrotado o impulso revolucionário na Itália, a crise do Estado liberal monárquico não se acalmou, pois foi seguida pela intensa atividade das "esquadras de ação" do movimento fascista, que, com estímulo das camadas proprietárias agrárias, desencadeou violenta campanha de destruição das instituições sociais do movimento operário, atacando as câmaras do trabalho, cooperativas, ligas camponesas e bibliotecas, com apoio das forças repressivas do Estado. Da região da Emilia, desde novembro de 1920, a obra destrutiva do fascismo se espalhou por todo o Norte e Centro do país, mantendo na defensiva as organizações sindicais e partidárias da classe operária, generalizando-se por onde houvesse organismos proletários e atingindo proporções massivas em abril do ano seguinte.

O recém-formado Partido Comunista da Itália, preocupado em organizar suas forças e se propor como nova vanguarda da classe operária, diante da ofensiva do capital, cujo aríete se manifesta no *squadrismo* fascista, procurou manter viva a esperança e a fé na inevitabilidade da revolução socialista. Sem se dar conta da derrota da revolução socialista internacional, inclusive (e principalmente) no setor italiano, os comunistas preferiram ver no fascismo um mero instrumento de reação burguesa e governamental, indicativo da debilidade do domínio das classes proprietárias, e não o início de uma ofensiva destinada a recompor o bloco de poder e alterar o próprio perfil da classe operária.

Esperavam, pelo contrário, que a onda fascista fosse passageira e que deixasse em seu lugar um governo de coalizão análogo ao da Alemanha, formado pelo componente liberal da burguesia e pela social-democracia, solução essa que deslocaria a classe operária para a influência da vanguarda comunista. Nessa leitura já se percebe a ligação entre o fascismo e a social-democracia, como possibilidade alternativa de recomposição do domínio de classe da burguesia.

Os escritos de Gramsci em *L'Ordine Nuovo* diário, ainda que limitados pela disciplina partidária, indicam uma autocrítica no que se refere ao momento da *cisão* que deu origem ao Partido Comunista, além de uma clara percepção de que o momento da reação fascista tenderia a ser mais profundo, difuso e duradouro do que pensava a maioria dos comunistas e socialistas. Sentindo o momento da derrota do movimento operário italiano, Gramsci exprime em tom de lamento que "a cisão de Livorno deveria ter ocorrido pelo menos um ano antes, para que os comunistas tivessem tido tempo de dar à classe operária a organização própria para o período revolucionário na qual vive"[77].

---

[77] Antonio Gramsci, "Socialisti e comunisti", 12 mar. 1921, em *Socialismo e fascismo*, cit., p. 103.

Gramsci observa assim – como voltaria a fazer inúmeras vezes – que a demora na cisão com o reformismo e a ausência de um partido revolucionário causaram danos irreparáveis à luta operária, não apenas no momento da ofensiva, mas também quando precisava se defender do ataque fascista. Não abandonou, no entanto, a confiança subjetiva na vitória da classe operária e da revolução socialista, persistindo ainda na concepção estratégica que orientou a *cisão* e a refundação comunista durante a guerra.

Gramsci percebia desde logo que o fascismo surgia como um fenômeno internacional e não como algo especificamente italiano, como foi visto com alguma frequência nos anos seguintes. Para ele, esse fenômeno "é a tentativa de resolver os problemas de produção e de troca com as metralhadoras e os tiros de revólver", por parte da pequena e da média burguesia, ao mesmo tempo que "esse estrato alimenta o fascismo, dá efetivos ao fascismo"[78].

Mas a Itália não era sequer o país precursor do fascismo, haja vista que a organização da pequena e média burguesia em grupos armados começara na Espanha em 1918, sendo, porém, "um caso exemplar", pois "representa uma fase que todos os países da Europa ocidental atravessarão, se as condições econômicas gerais se mantiverem como hoje, com as mesmas tendências hodiernas"[79]. Gramsci avisa que a situação era apenas o prelúdio de algo pior, mas que, já naquele momento, "o proletariado aprende, experimentalmente, o que significa a ditadura de uma classe que o explora e oprime" e, da mesma forma, "verifica qual é a função do Estado e do governo em regime de ditadura"[80].

Sem jamais dissociar a lúcida análise do movimento do real – ainda que aponte situações de extrema dificuldade – do anúncio do objetivo histórico da revolução socialista e da fundação de um Estado operário, Gramsci expressa sua tranquilidade e sua serenidade motivadas pela certeza de contar com uma orientação teórica segura:

> Nós estamos tranquilos, porque temos uma bússola, porque temos uma fé. Mesmo imersos na realidade mais sombria e atroz, acreditamos no desenvolvimento das forças boas do povo trabalhador, estamos seguros de que este triunfará sobre qualquer desmoralização, sobre qualquer obscura barbárie. Nossa concepção de

---

[78] Idem, "Italia e Spagna", 11 mar. 1921, em *Socialismo e fascismo*, cit., p. 101.

[79] Ibidem, p. 102.

[80] Idem, "Preludio", 22 mar. 1921, em *Socialismo e fascismo*, cit., p. 114.

mundo sintetiza-se na profunda persuasão de que o mal jamais conseguirá prevalecer.[81]

Ao lado dessa inabalável fé na vitória do proletariado, Gramsci – a exemplo da maior parte dos comunistas euro-ocidentais – parece persistir, não sem alguma contradição com suas intuições sobre a natureza do fascismo, na concepção estratégica da revolução socialista da primeira fase da refundação comunista, formulada notadamente por Lênin, logo após a eclosão da guerra imperialista. Gramsci sugere uma ligação entre as revoltas enfrentadas internamente pelo poder soviético, particularmente do Kronstadt, com a ocupação de alguns centros industriais da Alemanha por parte das forças imperialistas vencedoras da guerra. A destruição da revolução socialista na Rússia e a sujeição da Alemanha, com o enfraquecimento de sua capacidade produtiva, apenas confirmaria a recomposição do poder imperialista dos Estados liberais do Ocidente, neutralizando o antagonismo operário em seu próprio interior.

A Alemanha passaria então a ser o elo frágil da corrente imperialista caso fosse efetivamente garantido o poder soviético na Rússia, pois

> enfim também na Alemanha se impõe a escolha entre o poder dos capitalistas, que não consegue garantir a independência do país, e o poder dos operários, que pode determinar a aliança com a Rússia e a formação de uma formidável federação de Estados operários, que seria decisiva para a revolução mundial e a emancipação de todas as classes e de todos os povos oprimidos.[82]

A posição estratégica da Alemanha é, assim, novamente realçada por Gramsci quando, mesmo sem informações suficientes, analisa a "ação de março" desencadeada pelo KPD. Afirma que "o movimento teve origem em condições que são típicas, no momento atual, de quase todos os países em que a luta de classes chegou ao máximo de agudeza e da sua exasperação"[83]. Em seguida, faz uma apaixonada e correta analogia entre o levante espartaquista de janeiro de 1919 com a movimentação que então empreendia aquela parte do proletariado alemão identificado com os comunistas, o que sugere ainda uma vez o vínculo teórico-prático de Gramsci com o espartaquismo, particularmente com Rosa Luxemburgo.

---

[81] Idem, "I becchini della borghesia italiana", 7 mar. 1921, em *Socialismo e fascismo*, cit., p. 98.

[82] Idem, "Russia e Germania", 10 mar. 1921, em *Socialismo e fascismo*, cit., p. 101.

[83] Idem, "La rivoluzione in Germania", 30 mar. 1921, em *Socialismo e fascismo*, cit., p. 120.

O que Gramsci deixou de perceber foi não apenas o equívoco tático de ambos os enfrentamentos, que acabaram em séria derrota, mas também o fato de que as condições vigentes haviam se alterado profundamente diante da ofensiva do capital. É possível então notar que ele segue a orientação política "esquerdista" predominante no partido comunista não só da Itália, mas em quase todo o Ocidente, a qual alimenta a esperança de uma breve retomada do movimento revolucionário. Mas, ao mesmo tempo, Gramsci sugere a novidade do fascismo como movimento reacionário de massas e a dramaticidade da derrota do movimento operário.

Na avaliação do PCd'I e, em grande medida, também de Gramsci, numa analogia com o que sucedia na Alemanha, o processo político se encaminhava para uma coalizão entre socialistas e liberal-democratas e não para algum tipo duradouro de ditadura, pois, apenas cumprido seu papel repressivo, o fascismo seria abandonado pela burguesia. Até por isso mesmo, os comunistas estavam mais preocupados em consolidar a *cisão* – vista como necessário momento preparatório para a retomada da revolução proletária –, dirigindo seus ataques contra o PSI, do que em entender a especificidade do fenômeno fascista. Ao não reconhecer que a classe operária enveredara por um processo de derrota estratégica diante da ofensiva do capital, os comunistas não tiveram como contribuir para a reversão do processo de fascistização e de reorganização do bloco de poder. O equívoco e a insuficiência na leitura do movimento do real levaram à irreversibilidade da derrota.

Um sintoma apareceu nas eleições parlamentares de 15 de maio de 1921, quando os comunistas, com sua linha de "processo ao partido socialista" e com a trajetória "abstencionista" de parte significativa de sua militância, tiveram uma votação muito inferior à esperada diante dos resultados do Congresso Socialista de Livorno. O resultado eloquente do PSI em relação ao relativo fracasso comunista ofereceu um novo argumento para Serrati insistir no equívoco que teria sido a cisão e a posição da IC. Entre os 15 comunistas eleitos não estava Gramsci, candidato em Turim, enquanto os fascistas, integrando uma coalizão intitulada Bloco Nacional, que reuniu os agrupamentos liberais e conservadores, elegeram 35 deputados, inclusive Mussolini como o mais votado em Milão.

Destoando da análise prevalecente no PCd'I e vislumbrando outras possibilidades, Gramsci considerava com aflição a possibilidade de o fascismo chegar ao poder, já que esse é o objetivo de qualquer movimento político. O risco de um golpe de Estado fascista ser vitorioso existia "porque só uma insurreição das grandes massas pode despedaçar um golpe de força reacionário", embora não houvesse nenhuma preparação para essa ação, pois os socialistas não consideravam tal possibilidade. Apesar de Gramsci não o afirmar explicitamente, o PCd'I tampouco levava essa possibilidade a sério e sua palavra de ordem da insurreição armada visava à imediata tomada do poder, ao passo que a deposição da burguesia se mostrava abstrata, não sendo prevista como uma ação de massas capaz de reverter o processo de fascistização. De todo modo, Gramsci estava certo ao afirmar que "o golpe de Estado dos fascistas, isto é, do Estado-maior, dos latifundiários, dos banqueiros, é o espectro mais ameaçador que envolve essa legislatura desde o início"[84].

Desde junho vinha sendo considerado um acordo entre socialistas e fascistas, a fim de fazer cessar a violência vigente no espaço público e incorporar os fascistas ao jogo parlamentar, abrindo-se assim a possibilidade de uma eventual participação socialista no governo. Num primeiro momento, Gramsci encarava como natural um acordo entre socialistas e fascistas, pois "uns e outros não têm mais uma função a cumprir no país justamente por terem se transformado em partidos de governo e de 'realização'"[85].

Dias depois, ele reafirma essa leitura dizendo que

desenvolver-se-á na Itália o mesmo processo que se desenvolveu em outros países capitalistas. Contra o avanço da classe operária ocorrerá a coalizão de todos os elementos reacionários, dos fascistas aos populares, aos socialistas.[86]

Num passo sucessivo, Gramsci avaliava, de um modo muito diferente, que "a própria possibilidade de uma colaboração socialista com o governo aumenta o perigo de um golpe de mão fascista", já que "é certo também que o fascismo não desejará perder a posição de predomínio que hoje ocupa em tantas regiões"[87]. Prosseguindo nessa direção, logo depois afirmava que

existem hoje na Itália dois aparelhos repressivos e punitivos: o fascismo e o Estado burguês. Um simples cálculo de utilidade induz a prever que a classe dominante quererá a certo ponto amalgamar oficialmente também esses dois aparelhos

---

[84] Idem, "Socialisti e fascisti", 11 jun. 1921, em *Socialismo e fascismo*, cit., p. 186-8.

[85] Idem, "I capi e le masse", 3 jul. 1921, em *Socialismo e fascismo*, cit., 1974, p. 224-6.

[86] Idem, "Bonomi", 5 jul. 1921, em *Socialismo e fascismo*, cit., p. 226-7.

[87] Idem, "Sviluppi del fascismo", 21 jul. 1921, em *Socialismo e fascismo*, cit., p. 246-8.

e que despedaçará as resistências opostas da tradição do funcionamento estatal com um golpe de força dirigido contra os organismos centrais de governo.[88]

Assim, podemos observar que Gramsci, como de resto todo o movimento comunista, não conseguia estabelecer a correta relação existente entre o fascismo e as massas pequeno-burguesas, por um lado, e o grande capital e as instituições estatais, por outro. E isso, sobretudo, porque o fascismo era visto exclusivamente na sua dimensão repressiva e violenta, não se percebendo seu alcance como movimento capaz de possibilitar a reorganização do bloco de poder e o estabelecimento de um regime com base de massa. Sem isso, não seria possível reconhecer a necessidade de a classe operária precisar empreender uma retirada estratégica.

Essa reflexão de Gramsci ocorria enquanto em Moscou se realizava o III Congresso da IC, durante o qual a delegação italiana se alinhou às tendências da esquerda comunista e se opôs à tentativa de uma nova aproximação entre a IC e o PSI, cujos delegados retornaram convencidos a ampliar sua própria base de aderentes sobrepondo-se à obtida pelo PCd'I em Livorno. O PCd'I foi criticado por concentrar sua ação na consolidação da cisão, desferindo ataques permanentes ao "centrismo". A compreensão de que o PCd'I deveria constituir a vanguarda revolucionária organizada da classe operária, mas não necessariamente a maioria dessa classe, fez com que a invocação final do Congresso, instando os partidos comunistas a ir em busca das "massas", fosse vista com muita reticência pela delegação italiana.

A decisão do Ceic de enviar observadores ao XVIII Congresso do PSI, realizado em outubro de 1921, desagradou sobremaneira à direção comunista, que divergia da tática política aprovada no III Congresso da IC e sentia uma crítica velada à decisão, tomada em Livorno, de fundar o novo partido. Ainda que a fração socialista "terceiro-internacionalista", fundada por Lazzari, tenha tido uma expressão limitada, a maioria "massimalista" de Serrati avaliou que o Estado burguês caminhava para a desintegração e que a classe operária e o PSI tinham de preservar as forças para o momento adequado. Na prática, essa posição não era muito diferente da do PCd'I, mas inviabilizou o movimento dos reformistas do partido em direção a um acordo com os liberais, para governar o país, e com os fascistas (que tinham se transformado em partido poucas semanas antes), para cessar a violência, incluindo o desmantelamento

---

[88] Idem, "Colpo di Stato", 27 jul. 1921, em *Socialismo e fascismo*, cit., p. 257-60.

dos *arditi del popolo*, organizações de resistência armada ao fascismo que vinham surgindo nos meses anteriores e de forma "espontânea".

Estariam criadas condições políticas para uma ação unitária do movimento operário contra o fascismo, se tanto o PCd'I quanto o PSI não continuassem a pressupor a proximidade da revolução proletária, sem se dar conta da aceleração do processo de fascistização e da ofensiva do capital. Ao contrário, o PCd'I entraria em rota de confronto com a IC, exatamente em virtude da política de frente única, e o PSI não conseguiria conter sua dinâmica de fragmentação.

4. Origens da política de frente única na Internacional Comunista

Após o assassinato de Rosa Luxemburgo e de Karl Liebknecht, em janeiro de 1919, por medida do governo republicano social-democrata, Paul Levi assumiu a condução do KPD, num período de grande mobilidade ideológica da classe operária alemã. Fiel às concepções de Rosa Luxemburgo, empenhou-se em isolar a tendência "anarcossindicalista" e "esquerdista" do partido, que foi marginalizada no Congresso de Heidelberg, realizado em outubro daquele ano, quando quase metade dos militantes deixaram o partido. Em abril de 1920 foi fundado o Partido Operário Comunista da Alemanha (KAPD), que foi aceito como simpatizante da IC, mas não conseguiu se consolidar, sofrendo logo uma diluição, com muitos de seus quadros voltando ao KPD.

Enquanto isso, o KPD tentava uma aproximação com a imponente base operária do USPD, que se deslocava para a esquerda e para a solidariedade com a Rússia soviética, tendência demonstrada pelo fortalecimento, no Congresso partidário de Leipzig, realizado em dezembro de 1919, daqueles que se mostravam favoráveis à saída da Segunda Internacional. Em outubro do ano seguinte, consolidou-se no USPD a nova maioria favorável à IC, preparando o Congresso de unificação dos comunistas para dezembro de 1920, que por algum tempo levou o nome de Partido Comunista Unificado da Alemanha (VKPD), depois da incorporação da esquerda da USPD. O que restou do USPD em 1922 retornou ao antigo leito do SPD.

Agora o KPD podia contar com uma significativa base operária e popular, que permitia defender novamente a bandeira da unidade operária, a partir da qual os comunistas poderiam disputar a direção do conjunto do movimento. No entanto, uma forte tendência do partido continuava a postular a chamada "teoria da ofensiva", insistindo que, enquanto persistisse a situação revolucionária, seria preciso adotar uma tática ofensiva, independentemente de se contar ou não com a maioria da classe operária[89].

Em 7 de janeiro de 1921, o KPD enviou uma carta aberta, redigida por Paul Levi e Karl Radek, a todas as organizações sindicais e aos partidos operários da Alemanha, que naquele momento eram o KAPD, o USPD e o SPD, propondo uma ação comum em defesa das condições de vida da classe operária, pela dissolução das organizações paramilitares, pela libertação dos presos políticos e pelo estabelecimento de relações diplomáticas com a Rússia soviética. Esse início de política de frente única, proposta pelo KPD, foi recusado pela maioria das organizações destinatárias, além de ter sofrido pesadas críticas no interior do próprio partido pelos defensores daquela que ficaria conhecida como a "teoria da ofensiva".

O próprio Paul Levi, coerente com a concepção da unidade operária como objetivo, ao representar o KPD no Congresso de Livorno do PSI, que selou a cisão comunista na Itália, no mesmo mês de janeiro de 1921, expôs sua discordância por não se incluir a maioria "massimalista" do movimento operário. Ao contrário do que ocorrera nos meses subsequentes ao II Congresso da IC, quando a tática da cisão forçada com os reformistas dera bons frutos na Alemanha, na França, na Checoslováquia e na Suécia, na Itália a cisão deixara os comunistas isolados, quando os "massimalistas" optaram pela unidade com os reformistas.

Embora tenha obtido apoio da direção executiva central do KPD, Paul Levi ficou em minoria na reunião plenária do Comitê Central, o que levou a sua demissão da direção, juntamente com outros que sustentaram a política sugerida na "Carta aberta". Levi foi substituído por Heinrich Brandler, e opositores daquela tática tomaram o lugar dos demissionários. Os defensores da "teoria da ofensiva" ganharam espaço não apenas no KPD, mas na IC como um todo. Na Alemanha, iniciou-se um esforço de aproximação do KPD com o KAPD, visando a uma eventual fusão entre essas organizações, que por fim não ocorreu.

Sem uma linha política definida e sofrendo uma pressão que envolvia uma disputa no interior do Ceic, o KPD não teve condições de conduzir a efervescência operária da segunda quinzena de março. Divididos entre duas orientações políticas contrastantes e possivelmente estimuladas pelos representantes do Ceic, particularmente por Béla Kun, os comunistas responderam com a

---

[89] Um processo análogo envolveu a SFIO, quando, em fevereiro de 1920, uma significativa fração "centrista" optou pela incorporação nas fileiras da IC, juntando-se a tendências extremistas e sindicalistas revolucionárias, resultando num híbrido Partido Comunista da França.

greve e a tentativa insurrecional à chegada da polícia na região da Saxônia, por ordem do governo social-democrata. Os confrontos armados terminaram com a derrota do intento revolucionário e o abandono em massa de inscritos, oferecendo então a oportunidade para que Paul Levi desferisse sua dura crítica sobre os desencontros da direção do KPD, ainda que a "ação de março" tivesse sido saudada pelo Ceic, num sinal de apoio à direção do partido.

Em carta a Paul Levi e Clara Zetkin, Lênin dizia estar de acordo com a nova tática esboçada na "Carta aberta", mas discordava da saída da direção do partido, além de duvidar que uma interferência direta de Béla Kun tivesse precipitado a "ação de março", ao defender uma tática demasiadamente à esquerda. O fato de Paul Levi ter exposto suas divergências recorrendo a canais alheios aos meios partidários acabou provocando sua suspensão e sua posterior saída do movimento comunista[90].

O certo é que o recém-fundado PCd'I viu com bons olhos o levante da fração comunista alemã, depositando esperanças não apenas em encontrar uma justificativa imediata para a cisão de Livorno, mas também em incentivar uma rápida retomada do movimento revolucionário na Itália. Gramsci, indo ao encontro da "teoria da ofensiva", afirmava então que "os comunistas negam que o período atual possa ser considerado 'reacionário': sustentam, pelo contrário, que o conjunto dos acontecimentos em curso é a documentação mais evidente e abundante da definitiva decomposição do regime burguês"[91].

Ao mesmo tempo que o KPD expedia a "Carta aberta" – que expunha as divergências crescentes nos partidos comunistas ocidentais (incluindo a polêmica sobre a forma e a ocasião da fundação do PCd'I) –, Bukhárin argumentava na Rússia em favor da "teoria da ofensiva", entrando em conflito com a orientação de Lênin. Na verdade, duas estratégias diferentes tomavam forma diante do refluxo da revolução socialista internacional. O comunismo de esquerda entendia que a revolução socialista internacional estava sofrendo um pequeno recuo, mas que seu sucesso era irreversível, e a ofensiva da classe operária deveria ter continuidade, aproveitando-se da recente incorporação de novas massas ao movimento comunista do Ocidente.

Lênin, pelo contrário, notava que o ímpeto revolucionário se exauria após as derrotas do Exército Vermelho diante da Polônia e do movimento operário

---

[90] Aldo Agosti, *La Terza Internazionale (storia documentaria)*, t. I, v. 2 (Roma, Editori Riuniti, 1976), p. 344-5.

[91] Antonio Gramsci, "Reazione?", 23 abr. 1921, em *Socialismo e fascismo*, cit., p. 145.

italiano. Passava a ser fundamental então a consolidação dos partidos comunistas com a conquista de novas levas e a utilização das contradições interimperialistas, tendo em vista a defesa e a sobrevivência da Rússia soviética. Assim, era preciso evitar ações precipitadas que pudessem provocar o isolamento dos comunistas no seio do movimento operário e da Rússia no campo internacional. A derrota de Paul Levi implicou o fortalecimento do comunismo de esquerda no seio da IC e serviu de elemento complicador para as decisões que deveriam ser tomadas na Rússia, no momento em que se encerravam a guerra civil e a intervenção imperialista.

No início de 1921, fortes sinais de descontentamento surgiram na Rússia entre os sujeitos da vitória revolucionária. A revolta camponesa na região de Tambov, a greve e a manifestação de protesto dos operários de Petrogrado, decorrente da redução da cota alimentar, e, por fim, o levante de Kronstadt levaram os bolcheviques a perceber que uma mudança nos rumos da revolução se fazia urgente. O X Congresso do PCR(b), realizado no mês de março, marcou a virada para recompor a aliança operário-camponesa e, ao mesmo tempo, colocar em ação uma política diplomática que aproveitasse as contradições entre as potências imperialistas, no momento em que tinha início a ofensiva do capital contra o mundo do trabalho.

Medidas como o estabelecimento de um imposto *in natura* em substituição à requisição forçada da colheita, o restabelecimento das relações monetárias e de mercado e a atenuação no ritmo das nacionalizações representaram os primeiros passos do que viria a ficar conhecido como Nova Política Econômica (NEP). Essas medidas, somadas ao tratado comercial com a Alemanha, no mesmo mês de março, e a assinatura de tratados de amizade com a Pérsia, o Afeganistão e a Turquia, significavam o reconhecimento tácito da derrota da revolução socialista internacional, tanto no Ocidente quanto no Oriente, embora se imaginasse apenas um curto período antes de uma nova ofensiva revolucionária.

Enquanto não ocorresse a retomada da revolução socialista, as concessões aos camponeses na Rússia e a utilização das armas da diplomacia seriam inevitáveis. O significado da guinada política foi muito mais profundo e duradouro do que poderia parecer naquele momento, tendo mesmo dado início a uma segunda fase de desenvolvimento da refundação comunista, que encontrou dificuldades insuperáveis para se impor, e cujo aspecto mais importante giraria em torno da fórmula política da frente única.

Desde logo, houve uma resistência aberta ou surda do comunismo de esquerda, temendo uma atenuação da postura anti-imperialista da Rússia e uma possível restauração capitalista embutida nas concessões ao campesinato. Persistia-se na ideia de que uma revolução no Ocidente, a qualquer custo, deveria ser levada à vitória, mantendo-se os comunistas sempre na ofensiva e na vanguarda, eventualmente lançando-se à luta antes da classe operária, tendo em vista romper sua passividade. Essa perspectiva predominava entre os comunistas de esquerda russos e na direção da IC, presidida por G. Zinoviev.

A trajetória tortuosa e oscilante do movimento operário e do comunismo alemão, particularmente, e a força do comunismo de esquerda no conjunto do Ocidente dificultaram sobremaneira a passagem da refundação comunista para um novo estágio de desenvolvimento, desdobrado da derrota da revolução socialista internacional. A nova orientação política foi aprovada no X Congresso do PCR(b) mais em virtude da situação de emergência do país do que da convicção da necessidade de uma mudança estratégica profunda. Para muitos bolcheviques afinados com o comunismo de esquerda, tratava-se apenas de algumas concessões passageiras ao campesinato, que cessariam tão logo eclodisse uma revolução no Ocidente.

Apenas em perspectiva histórica é possível notar que a derrota da revolução socialista internacional e a ofensiva do capital tinham uma profundidade insuspeitada, que o Oriente russo voltava a se particularizar e que a questão nodal voltava a ser o fortalecimento da aliança operário-camponesa. Em países atrasados como a Rússia, a revolução socialista só poderia alcançar a vitória com a ajuda do proletariado industrial e agrícola dos países imperialistas ou então seria necessária uma aliança estratégica entre o poder proletário e a amplamente majoritária massa camponesa, à qual seria preciso fazer muitas concessões. No Ocidente, por sua vez, o fulcro da questão passava a ser a necessidade de novas formas de unidade operária contra a ofensiva do capital.

Enquanto a revolução socialista não retomasse impulso, na Rússia só poderiam ser dados os primeiros passos da transição socialista, sob a forma de um capitalismo monopolista de Estado, voltado para a construção da grande indústria, para o aumento da produtividade do trabalho (inclusive com a adoção do método taylorista de "organização científica do trabalho") e para a lenta passagem da pequena produção familiar para a produção em grande escala no campo. As medidas essenciais para dar início a esse processo seriam o restabelecimento das relações mercantis no campo e o sistema de concessões na indústria, estabelecendo relações com o mercado mundial.

Essas medidas seriam necessárias para selar a frente única (embora tal expressão ainda não fosse utilizada) entre a classe operária e o campesinato no período inicial da transição, que teria na Inspeção Operária e Camponesa a forma institucional de controle sobre o partido e sobre o Estado operário. Assim, os primeiros passos da transição socialista na Rússia ocorreriam necessariamente na forma de um capitalismo monopolista de Estado, mais atrasado do que os países imperialistas, mas com um poder político capaz de defender os interesses da classe operária contra a burguesia[92].

Em alguns de seus últimos escritos, Lênin procurou aprofundar essa concepção do capitalismo de Estado como fase inicial da transição num país atrasado. Nesses escritos, ele destaca a importância da organização dos camponeses em cooperativas, que deveria conviver com a empresa privada e a empresa pública socialista. Tomado o poder do Estado pela classe operária, Lênin afirma que, "agora, o centro de gravidade se desloca para o trabalho pacífico de organização 'cultural'"[93]. Esse trabalho cultural deve estar voltado para refazer a administração pública tomada da época tsarista e para organizar os camponeses em cooperativas, já que "o regime dos cooperativistas cultos é o socialismo"[94].

Lênin percebe que a reconstrução da administração pública e a manutenção da aliança operário-camponesa eram elementos necessários para todo o período de transição. O controle de uma nova burocracia por parte da aliança operário-camponesa elevada em seu padrão cultural e organizada de forma coletiva possibilitaria o avanço do socialismo na Rússia, mas teria seu ritmo condicionado tanto pela capacidade de o PCR(b) se manter unido e prevenir a cisão da frente única das duas classes quanto pelo andamento da revolução mundial.

A contrapartida dessa orientação seria, no Ocidente e nos países da periferia imperialista, a política de frente única, ainda que dificuldades insanáveis tenham inviabilizado sua prática e seu aprofundamento teórico, antecipando o enorme limite que a segunda fase da refundação comunista encontraria e que implicaria a sua derrota histórica. A complexidade da situação esteve indicada na polêmica em torno da "Carta aberta" do KPD e da subsequente expulsão de Paul Levi, acusado pelo Ceic, entre outras coisas, de querer criar uma espécie

---

[92] Vladímir Lênin, "Informe sobre la gestión política del CC del PC(b) de Rusia, presentado el 8 de marzo", em *Obras escogidas en doce tomos* (Moscou, Progresso, 1976), t. XII, p. 4-29. Seguem-se outros textos que reforçam o argumento. Nesses escritos, Lênin aprofunda a tese exposta em "La catastrofe que nos amenaza" e "Poderán los bolcheviques se mantener en el poder?", de 1917, e "Las tareas immediatas del poder soviético", de 1918, retomada em "La enfermedad infantil del 'izquierdismo' en el comunismo", de 1920.

[93] Idem, "Sobre las cooperativas", em *Obras escogidas en doce tomos*, cit., t. XII, p. 383.

[94] Ibidem, p. 381.

de ala direita da Internacional Comunista, e na diferenciada compreensão do significado da NEP, que persistiria durante toda sua existência, até 1929.

A refundação comunista e a fórmula política da frente única tinham de superar o desafio de se estabelecer entre o comunismo de esquerda (ou extremismo), que se manifestou na "ação de março" e na "teoria da ofensiva", e a possibilidade real de uma reaproximação com a esquerda social-democrata, articulada ao redor dos chamados "austromarxistas", pejorativamente identificada como Internacional 2 ½, para onde transitou Paul Levi. Nota-se, então, que a fundação do PCd'I ocorreu numa conjuntura de redefinição estratégica diante da derrota da revolução socialista internacional e do início da ofensiva do capital, quando então o PSI recuou de sua adesão à IC e voltou à política de "colaboração de classes"[95].

O III Congresso da IC, transcorrido entre 22 de junho e 12 de julho de 1921, assistiu a um acirrado debate entre a esquerda comunista, defensora da "teoria da ofensiva", e aqueles que entendiam que uma nova tática deveria ser proposta a fim de enfrentar a situação de ofensiva do capital, que de fato era considerada apenas um enfraquecimento momentâneo do processo revolucionário. A esquerda comunista contava com forte representação no Ocidente: França, Áustria, Hungria, Holanda, Checoslováquia e Itália, além da Alemanha. Na Alemanha e na Checoslováquia, em contraposição profunda a esse comunismo de esquerda, surgiram argumentos defendendo que qualquer iniciativa revolucionária poderia provocar uma reação desastrosa para a classe operária, uma vez que os comunistas eram minoritários.

Mesmo na Rússia as tendências de esquerda estavam representadas em nomes importantes como Zinoviev e Bukhárin, que foram, no entanto, persuadidos por Lênin da importância de a delegação russa se apresentar unida, antes de tudo para explicar as implicações da Nova Política Econômica, que começara a ser adotada. Esse elemento decidiu a contenda contra a expressiva delegação da esquerda, presente no Congresso. Enquanto Lênin explicou o

---

[95] Passado um ano do caso Paul Levi e da fundação do PCd'I, Lênin reconheceu que se equivocara em relação a Levi e Serrati, passando a considerá-los "modelo contemporâneo da ala de extrema esquerda da democracia pequeno-burguesa". Vladímir Lênin, "Nota de un publicista", em *Obras escogidas en doce tomos*, cit., t. XII, p. 262. Nesse mesmo texto, Lênin defende a obra de Rosa Luxemburgo da tentativa de manipulação perpetrada por Paul Levi ao publicar uma coletânea de seus escritos, tentando justificar seu afastamento do movimento comunista. Paul Levi, após se distanciar do movimento comunista, militou na ala esquerda do SPD, vindo a morrer em 1928.

significado da NEP no contexto de refluxo da revolução socialista, Karl Radek esboçou a nova tática, voltada para a defesa dos interesses imediatos da classe operária e para a conquista das massas, as quais deveriam ser educadas para a conquista do poder[96].

Como não poderia deixar de ser, o III Congresso da IC encerrou-se com uma situação de compromisso, apesar de se reconhecer que o processo revolucionário teria de se prolongar por um período mais longo, durante o qual os comunistas deveriam conquistar a maioria da classe operária, através da luta por reivindicações parciais com capacidade de organização, e envolver todas as camadas exploradas de trabalhadores do campo e da cidade. Os debates dos temas relacionados a essa nova tática concentraram-se não em torno de um aprofundamento teórico maior e necessário, que explicitasse as dificuldades da nova fórmula política de enfrentamento da ofensiva do capital, mas em torno dos problemas nacionais da Checoslováquia, da Alemanha e da Itália.

O documento final do III Congresso da IC entendia que o comunismo se transformara num movimento capaz de "ameaçar o capital", mas que só seria possível romper seu domínio "quando a ideia comunista tomar corpo com incontido ímpeto na grande maioria do proletariado guiado pelas massas comunistas". Por ora, a burguesia era capaz não apenas de bloquear com as armas qualquer sublevação como de, se necessário, "provocar insurreições prematuras do proletariado que se prepara para a luta e de derrotá-lo antes que tenha conseguido constituir uma invencível frente comum"[97].

Para poder constituir a frente única do proletariado apontava-se a necessidade de se "subtrair as amplas massas de trabalhadores da influência dos partidos social-democratas e da burocracia sindical traidora", e isso só poderia ser feito no campo da luta cotidiana por melhores condições de vida e trabalho. O movimento sindical era visto como um espaço decisivo nesse empenho, considerando ser essa a "luta pela conquista das posições inimigas no nosso próprio campo; é o problema da constituição de uma frente de luta diante da qual o capital mundial seja obrigado a ceder". A fórmula política da frente única aparece claramente como uma maneira de se debruçar sobre o problema e sobre "o perigo que reside na estratégia aperfeiçoada da classe dominante e

---

[96] As semelhanças com algumas das formulações de Rosa Luxemburgo ainda são bastante notáveis!

[97] "Manifesto del Comitato esecutivo ai proletari di tutti i paesi (17 luglio 1921)", citado em Aldo Agosti, *La Terza Internazionale*, cit., t. I, v. 2, p. 471-8.

possuidora e na estratégia – ainda no primeiro estágio de formação – da classe operária que luta pelo poder"[98].

A frente única do proletariado é vista, portanto, como um meio de se contrapor à ofensiva do capital e de estabelecer uma nova estratégia revolucionária. Não indica, porém, que a fase revolucionária estava concluída e que era preciso amadurecer essa estratégia teórica e praticamente à medida que se enfrentassem as penosas tarefas propostas, dentre as quais a disputa pela direção política e cultural do movimento operário. Assim, esse importante evento internacional, que estabeleceu a fórmula política da frente única como ponto distintivo da segunda fase da refundação comunista, deu por encerrado o momento da *cisão*, consagrou a palavra de ordem "às massas" e conclamou a formação da "frente única do proletariado", mas expressou com toda a clareza que essa fórmula nascia sob o signo da debilidade e da indefinição.

---

[98] Idem.

II
O PARADOXO ENTRE CISÃO COMUNISTA E FRENTE ÚNICA

1. A CONSOLIDAÇÃO DA CISÃO COMUNISTA NA ITÁLIA ENTRE O CONTRASTE COM A INTERNACIONAL COMUNISTA E A OFENSIVA FASCISTA

Mesmo depois do III Congresso da IC, Gramsci continuava vendo uma situação favorável à revolução socialista internacional. Alimentava esperanças de que a grave crise social na Polônia levasse ao colapso o regime antissoviético reinante, criando condições vantajosas nas quais

> o proletariado dos países onde a situação é objetivamente mais revolucionária – a Alemanha, a Checoslováquia e a Itália – terá um ambiente internacional mais favorável para se reorganizar e organizar vitoriosamente o regime sovietista sobre as ruínas do imperialismo.[1]

Na política italiana, Gramsci dedicou muita atenção à polêmica contra o PSI e seu dirigente, G. Serrati, indicando também nesse aspecto que a nova política aprovada no III Congresso da IC, com sua implícita percepção de que uma nova fase da luta operária se iniciara e de que uma nova política era necessária, ainda não fora bem assimilada. Gramsci e sobretudo o núcleo dirigente do PCd'I continuavam investidos de uma concepção teórica na qual prevalecia o momento da *cisão* e da ofensiva revolucionária.

A política de frente única com os socialistas não poderia ser assumida, já que, para Gramsci, "o Partido Socialista é um partido contrarrevolucionário"[2]

---

[1] Antonio Gramsci, "Polonia e Russia", *L'Ordine Nuovo*, 13 set. 1921, em *Socialismo e fascismo*, cit., p. 334-6.

[2] Idem, "Un partito inerte", *L'Ordine Nuovo*, 24 dez. 1921, em *Socialismo e fascismo*, cit., p. 433.

e, portanto, a "frente única tem só um significado: reagrupamento das grandes massas trabalhadoras em torno de um programa concreto de ação imediata, no terreno sindical". Isso se justificaria pelo fato de o sindicalismo italiano aparecer menos como organismos de defesa de interesses corporativos e mais "como organização dos simpatizantes de determinadas finalidades políticas"[3].

Essa orientação política baseava-se numa leitura plausível da orientação final do III Congresso da IC e numa certa interpretação do processo de luta de classes na Itália, cujo "ponto central da visão histórica é o incessante esforço de determinadas camadas governantes para incorporar à classe dirigente as personalidades mais eminentes das organizações operárias"[4]. Nessa sugestão metodológica está contida, em embrião, não apenas a noção de transformismo, mas também a de hegemonia, que seriam importantes fios condutores da reflexão de maturidade de Gramsci.

O Estado e o regime político na Itália se constituíram, para Gramsci, no modo como os capitalistas do Norte se sobrepõem burocraticamente às classes agrárias do Centro e do Sul. O desenvolvimento do capital industrial e financeiro na região setentrional estimulou um rearranjo das alianças, deixando-se em segundo plano a aliança entre as classes proprietárias do Norte e do Sul, em troca de uma aliança com o proletariado urbano, como fundamento de uma democracia parlamentar, possibilitando o fortalecimento de organizações sindicais e cooperativas. Contudo,

> o sistema das cooperativas e todas as outras organizações de resistência, de previdência e de produção da classe operária italiana não tinham surgido por um impulso de criação original e revolucionário, mas dependiam de toda uma série de compromissos na qual a parte do governo representava a parte dominante.[5]

Não foi de outra forma que a burguesia configurou um sistema de alianças que forjou um estrato pequeno-burguês no seio da classe operária, com interesses constituídos dentro da ordem vigente. Mas aquilo que a burguesia permitiu que crescesse, sempre sob seu controle, passou a ser enfrentado depois de 1919, quando o Partido Socialista pareceu ameaçar o seu domínio, de forma que

---

[3] Idem, "Unità con un ufficio di corrispondenza?", *L'Ordine Nuovo*, 14 jan. 1922, em *Socialismo e fascismo*, cit., p. 439.

[4] Idem, "Un anno", *L'Ordine Nuovo*, 15 jan. 1922, em *Socialismo e fascismo*, cit., p. 441-4.

[5] Idem.

o fascismo vem a ser, assim, o instrumento para chantagear o Partido Socialista, para determinar a cisão entre a pequena burguesia incrustada tenazmente aos interesses da classe operária e o resto do Partido Socialista que se limitava a se alimentar de fórmulas ideológicas.[6]

Assim, de um lado, utilizando a violência fascista sem envolver diretamente as instituições do Estado e, de outro, "intensificando até o absurdo a política de compromissos, que é a política tradicional das classes dirigentes italianas, a burguesia conseguiu obter aquilo que em vinte anos pacientemente havia preparado", ou seja, a progressiva incorporação do proletariado reformista à burguesia. Nenhuma razão mais forte para proceder à cisão efetivamente perpetrada em Livorno, pois, "para que o proletariado pudesse vir a ser uma classe independente, era necessário que se desagregasse o edifício da falsa pre-potência econômica construído em vinte anos de compromissos", apesar das consequências negativas para o próprio proletariado[7].

O desafio era descobrir como o processo político vinha provocando "uma série de transformações de caráter substancial", cuja base podia ser localizada na

tentativa de fazer aderir ao Estado italiano estratos profundos das massas traba-lhadoras das cidades e dos campos e libertar, desse modo, o Estado da crise que o atinge; instrumentos dessa ação, os dois partidos "social-democratas" típicos: o popular e o socialista.[8]

Ademais, esses partidos, na avaliação de Gramsci, "estão cumprindo uma obra em comum: a de preparar as bases do futuro Estado social-democrático italia-no". A própria violência fascista é vista então como um meio para se atingir essa finalidade, lembrando ainda que "hoje, mesmo no partido fascista, encontram--se os sintomas evidentes da podridão social-democrata". As recorrentes crises parlamentares, assim como a violência fascista, "são elementos de uma fase de acomodação" durante a qual "os socialistas não pedem mais do que poder oferecer sua contribuição para a obra comum de reconstrução e fortalecimento do Estado"[9].

---

[6] Idem.

[7] Idem.

[8] Idem, "La sostanza della crisi", *L'Ordine Nuovo*, 5 fev. 1922, em *Socialismo e fascismo*, cit., p. 453-5.

[9] Idem.

A reflexão de Gramsci sobre os desdobramentos da derrota do movimento operário autônomo estava correta, na medida em que percebia que a ofensiva do capital e a crise do Estado liberal só poderiam ser resolvidas com a configuração de um novo regime político de massas, contraposto à revolução socialista. A base de massa do novo regime deveria ser oferecida pela pequena burguesia incrustada no PSI e pelo campesinato representado pelo Partido Popular, cuja aliança poderia incluir também os fascistas, em fase de redefinição de identidade, e oferecer assim uma solução para a crise.

Ora, se é verdade que o intrincado e rápido processo político agravou a crise do PSI e debilitou o partido católico, enquanto o fascismo estendia sua influência na pequena burguesia e se fortalecia estreitando sua aliança com o grande capital, não significa que essa nova força política e suas possibilidades tenham sido subestimadas. O essencial é que um Estado capitalista com um regime reacionário de massas pequeno-burguesas, frontalmente contrárias à autonomia operária e à revolução socialista, era a única solução para a crise nos quadros do domínio burguês, e isso foi visto por Gramsci e pelo PCd'I[10].

Com o relatório sobre a atuação da direção, apresentado em reunião plenária do mês de dezembro de 1921, as teses congressuais para debate puderam ser difundidas pelo partido, tendo as assembleias locais preparatórias do II Congresso do PCd'I se reunido no mês de fevereiro de 1922. Com a exposição de abertura de Gramsci, a seção de Turim aprovou por unanimidade a orientação política geral proposta pela direção partidária. A assembleia foi cautelosa em

---

[10] A maior parte da literatura que aborda a história do comunismo italiano e a trajetória intelectual de Gramsci tende a enfatizar o equívoco fatal que teria sido a subestimação do fascismo, como se fosse possível no calor da hora descortinar a forma concreta que o regime fascista consolidado teria alguns anos depois, assim como sua específica forma de organizar o Estado e as massas. Não parece correto dizer que o PCd'I tenha estabelecido um conúbio fascismo-democracia, ideia difundida em setores da esquerda comunista internacional. Desde as análises de Trótski sobre o fascismo, no início dos anos 1930, essa percepção da subestimação tendeu a se generalizar de modo equivocado na literatura dedicada aos estudos sobre o PCd'I e o fascismo. Na verdade, o ponto no qual os comunistas italianos insistiam, naquela conjuntura, como também, a seu modo, fazia Croce, era no conúbio fascismo-liberalismo, não no fascismo-democracia. O que se faz, em geral, é prospectar uma frente única antifascista para o momento em que a classe operária estava derrotada e dividida, e o processo de fascistização avançava a galope da ofensiva do capital. O risco dessas interpretações é se confundir com certa estratégia política vigente no PCd'I nos anos 1960-1970, e com a concepção de que democracia é a democracia liberal. Para Gramsci, em particular, quando não prevalece o silêncio, sobra somente a indulgência de ter tido algumas intuições sobre o caráter do fascismo.

relação à tática da frente única como orientação emanada da IC e sobre a experiência alemã, que então se desenvolvia, afirmando que

> existem condições de tempo e lugar nas quais o Partido Comunista pode e deve fazer compromissos com outros partidos que gozam da confiança das camadas mais atrasadas da classe operária e camponesa e deve insistentemente incitar esses partidos a romper qualquer relação com a burguesia para constituir uma coalizão política no terreno exclusivo das classes trabalhadoras.[11]

Essas condições só seriam oferecidas quando estivessem constituídas as instituições do futuro poder proletário e houvesse um deslocamento das massas à esquerda. Mas, como "nos países da Europa central e ocidental acabou-se de entrar na fase inicial desse processo histórico" e o proletariado sofreu uma derrota na Itália, "a única tática possível e útil hoje é a da frente única sindical"[12].

Quase ao mesmo tempo, no decorrer do I pleno do Ceic, de fevereiro de 1922, uma vez mais o PCd'I consolidou sua oposição à política da frente única que vinha se gestando na IC, tendo a seu lado os espanhóis e os franceses na recusa em estabelecer contatos com dirigentes socialistas. Ao mesmo tempo, o PCd'I se preparava para a realização de seu II Congresso nacional, que ocorreria em Roma a partir de 20 de março. Trótski e Radek, logo após o pleno, tiveram a oportunidade de examinar as teses congressuais do PCd'I, inicialmente propondo sua rejeição, uma vez que a orientação política nelas contida contrariava as determinações do III Congresso da IC, assim como a linha política já definida e apenas confirmada, que atribuía aos comunistas a tarefa de se transformarem em maioria no interior do proletariado por meio da tática da frente única. Finalmente chegou-se a um acordo de que as teses seriam debatidas a título de contribuição para o IV Congresso da IC, a ser realizado em novembro do mesmo ano, postergando-se assim o previsível conflito.

Mas o fato é que o grupo dirigente emerso do encontro de novembro de 1920 da fração comunista, que selara o acordo entre o comunismo de esquerda de Amadeo Bordiga e o grupo de *L'Ordine Nuovo*, além de outros grupos menores, manteve-se firmemente ancorado na linha política definida naquela

---

[11] Partido Comunista da Itália, "La tattica del Partito comunista discussa nella sezione di Torino", *Il Comunista*, 19 fev. 1922, citado em Antonio Gramsci, *Socialismo e fascismo*, cit., Appendice I, p. 497-8.

[12] Idem.

ocasião, tornando apenas mais explícitas as suas concepções, que, apesar de suas peculiaridades, confluíam para a seara do comunismo de esquerda, bastante ponderável em muitos partidos. Fundamentalmente, o PCd'I não se dava conta da mudança de fase ocorrida a partir de março de 1921, cujas conclusões possíveis foram depois apreendidas pelo III Congresso da IC, ainda que sem a necessária profundidade. Mas, talvez seja melhor observar que, pela leitura da crise capitalista e pela concepção de revolução socialista pela qual se orientavam, para os comunistas italianos esse não era o fulcro do problema e sim a organização da subjetividade antagônica no interior do partido revolucionário, indispensável para tomar o poder.

Pela análise feita da situação italiana, a revolução socialista teria ainda um longo percurso a cumprir, já que a situação de recuo da classe operária, a exemplo do que ocorrera na Alemanha, deixava antever uma particular solução "social-democrática" para a crise do Estado liberal-burguês, fincada numa coalizão católico/socialista. Como insistiu Gramsci, no entanto, não seria possível descartar um golpe de força reacionário, a exemplo do golpe de Kapp em 1920, também na Alemanha. Nesse contexto, o fascismo é visto como elemento constitutivo da ofensiva do capital, destinado a romper a autonomia operária e sua subordinação às instituições estatais. Uma vez vencida a resistência operária, o fascismo poderia ser assimilado pelas instituições estatais no próprio quadro da solução "social-democrática", não havendo, portanto, uma oposição fundamental entre as possibilidades que a burguesia tinha diante de si, pois se tratava sempre do enquadramento do movimento operário nos parâmetros do Estado burguês. Essa análise parecia ser corroborada pela transformação do fascismo em partido e pela sua disposição em disputar eleições parlamentares.

Entre a solução "social-democrática" e um golpe reacionário, que poderia eventualmente levar o fascismo ao poder, os comunistas investiram sua avaliação na primeira variante possível para a ação do capital. Com isso, aceitaram apenas a perspectiva de uma frente única operária nos locais de trabalho e nos sindicatos, obedecendo à tática política indicada pela IC, já que esta se enquadrava na concepção da variante do comunismo de esquerda então predominante no PCd'I e na sua leitura do processo sociopolítico. A luta contra o PSI transformou-se num combate contra o instrumento pelo qual o capital tencionava alcançar o seu objetivo naquele momento e pela defesa intransigente da autonomia política operária, sem que se percebesse que o progressivo agravamento da crise do PSI e também do Partido Popular ampliava as possibilidades de o fascismo vir a se constituir em regime reacionário de massas, absorvendo as bases sociais daqueles grupos políticos.

É no movimento sindical que os comunistas buscam programar sua política particular de frente única, atuando em todos os organismos de defesa da classe operária diante do fascismo e da ofensiva capitalista, pregando a unidade sindical em torno da CGL e sua filiação à Internacional Sindical Vermelha. As teses congressuais sobre esse tema, redigidas por Gramsci e Tasca, recordam a importância de superar o sindicato como forma de organização operária, apontando para a necessidade dos conselhos de fábrica e para o controle da produção.

Uma oposição relativamente pequena e heterogênea começou a tomar forma no PCd'I após o III Congresso da IC, contando com Angelo Tasca, que já se envolvera em séria polêmica com Gramsci na época dos conselhos de fábrica, e Antonio Graziadei, que se propusera servir de elemento de preservação da unidade dos partidários da Terceira Internacional no Congresso socialista que definiu a cisão. Ainda que de maneira cautelosa, defenderam a orientação política da IC e a tática da frente única também no terreno político, assim como outros militantes mais enfáticos, mas menos capazes de expor suas ideias. Ainda que contasse com o estímulo e a simpatia dos delegados da IC, Humbert-Droz e Kolarov, essa postura não conseguiu maior representatividade.

A intervenção de Gramsci no debate congressual, sobre a questão da frente única, confirmava a convergência com as teses propostas por Bordiga e Terracini, manifestando-se contra a incorporação, na orientação tática do partido, de qualquer "fórmula genérica" que sugerisse a admissão da possibilidade da "frente única política". Gramsci declarava-se então

> persuadido de que não só o Partido Popular como também uma parte do Partido Socialista devem ser excluídos da frente única proletária, segundo a concepção das teses aprovadas pelo Comitê Executivo Ampliado (do PCd'I), porque fazer um acordo com eles equivaleria a fazer um acordo com a burguesia.[13]

Para Gramsci, portanto, não era possível uma aliança nem com o Partido Popular, uma vez que este tinha como base o campesinato, nem com o Partido Socialista, devido à natureza ambígua desse partido, que buscava

---

[13] Antonio Gramsci, "Interventi al II Congresso del Partito comunista (II)", *L'Ordine Nuovo*, 28 mar. 1922, em *Socialismo e fascismo*, cit., Appendice I, p. 520-1.

representar tanto o operariado quanto o campesinato. Como a aliança com o campesinato só poderia ocorrer se este se confrontasse com o Estado, mas não quando "a luta que conduzem se inspira em motivos que se inserem no âmbito do código civil burguês"[14], como a defesa da propriedade privada, entendia-se que essas alianças seriam concessões inaceitáveis, considerando-se ainda o esforço da burguesia em ampliar sua base social para resolver a crise política em que estava envolvida.

Como podemos observar, para Gramsci, a única frente única aceitável é a que engloba o proletariado industrial e agrícola, tendo em vista o programa da revolução socialista, de modo que o objetivo não poderia ser outro senão atrair a base operária do PSI para uma ação comum, já que o PCd'I era o único partido essencialmente operário. A influência de Bordiga, nesse momento, provocava uma elisão das mediações analíticas e um quase cancelamento da perspectiva da aliança operário-camponesa[15].

Outra seria a avaliação da situação na Alemanha, país que contava na ocasião com três partidos de base operária, pois "a tática de frente única só tem valor para os países industrializados, onde os operários atrasados podem esperar exercer uma ação de defesa através da conquista de uma maioria parlamentar", que na Itália não seria possível em virtude da predominância de trabalhadores do campo. Dessa maneira, "a frente única sindical, por sua vez, tem um fim que é um pressuposto para a luta política na Itália", uma vez que esse seria o único lócus adequado para realizar a frente única operária, sem por isso cair em equívocos "sindicalistas"[16].

Amadeo Bordiga teve oportunidade de expor essas conclusões do II Congresso do PCd'I, ao participar do encontro das três organizações internacionais do movimento operário, ocorrido em abril. Além de se manifestar contra as concessões feitas pela IC, as divergências com a orientação do Ceic explicitaram-se num encontro para discussão sobre a situação italiana. Esse encontro antecipou o confronto político que se desenrolaria no II pleno ampliado do Ceic, marcado para junho de 1922, em Moscou.

Junto com Graziadei e Gramsci, que fora indicado pelo Congresso para representar o partido na IC, Bordiga integrou a delegação italiana que se dirigiu a Moscou, somando-se a Ersilio Ambrogi, que os aguardava na capital russa.

---

[14] Idem.

[15] Que, como foi visto, não era estranha ao entendimento de Gramsci sobre a realidade italiana. Ver nota 10 deste capítulo.

[16] Antonio Gramsci, *Socialismo e fascismo*, cit., p. 520-1.

O PARADOXO ENTRE CISÃO COMUNISTA E FRENTE ÚNICA   97

Entre as atividades do II pleno estava a avaliação da "questão italiana", tarefa para a qual foi indicada uma comissão específica, coordenada pelo próprio Zinoviev, então presidente da IC, que se reuniu com os delegados do PCd'I. O Ceic, como esperado, entendeu que as teses do PCd'I estavam erradas e não se coadunavam com as resoluções tomadas pela IC desde o III Congresso mundial.

Uma resolução confidencial, bastante mais dura que aquela tornada pública, foi redigida por Zinoviev e encaminhada aos comunistas italianos. Esse documento exige "que o PCd'I acabe imediata e categoricamente com suas hesitações na questão da tática da frente única", acrescentando que "em nenhum caso se pode admitir uma distinção de princípio entre a frente única no campo da luta econômica e a frente única no campo da luta política"[17].

Está claro, para além de qualquer outra consideração, que a IC não levou na devida conta a argumentação de Gramsci sobre a particularidade da situação italiana, afiançando que a única forma política possível de levar a termo a frente única na Itália seria por meio da frente única sindical, tendo em vista o caráter e a tradição não economicista do sindicalismo italiano. Gramsci insistia assim na percepção de que a unidade proletária deveria ser forjada na fábrica e nas organizações de defesa dos interesses imediatos dos trabalhadores. O fato de o PSI ter se configurado como elemento constitutivo do Estado burguês impedia a efetivação de tal aliança política.

Outra exigência era que o PCd'I assumisse e difundisse a palavra de ordem do "governo operário", quando os italianos julgavam que tal situação só seria possível com a proximidade da efetiva tomada do poder pelo proletariado. Deve-se observar, contudo, que o significado dessa palavra de ordem era motivo de muita discussão e estava longe de representar qualquer consenso na IC. Na exposição de Zinoviev, portanto, apareceu a concepção de frente única e de governo operário oposta àquela proposta na Alemanha, onde se via a possibilidade de uma coalizão de partidos operários chegar ao governo do Estado e dar início à transição socialista. Mas para Zinoviev, de fato, nesse momento,

> entende-se que essa ideia do governo operário não deve ser considerada uma combinação parlamentar, mas a mobilização revolucionária de todos os operários para a derrubada do domínio burguês.[18]

---

[17]   "La risoluzione confidenziale del CE dell'IC", citado em *Relazione del Partito comunista d'Italia al IV Congresso dell'Internazionale Comunista* (Appendice) (Milão, Iskra, 1976), p. 114-5.

[18]   Idem.

Uma última exigência era que "o PCd'I tome a iniciativa da organização da frente única proletária contra o fascismo"[19], questão que suscitava divergências de forma e conteúdo, uma vez que, para o PCd'I, essa frente deveria ser realizada como frente única do proletariado industrial e agrícola, aproximando, nos sindicatos, os comunistas e a esquerda socialista de Maffi, e não, como pensava a IC, por meio de uma aproximação com o conjunto do PSI, principalmente com Serrati, e mesmo com o Partido Popular. A radicalidade sem mediações da política do PCd'I priorizava a luta direta contra o capital e contra o poder político da burguesia, condensado no Estado.

Embora fosse evidente que acatar as determinações da IC geraria uma grande confusão na militância, sabia-se que o contrário poderia levar a uma tomada de posição da IC contra a direção partidária, causando igualmente grandes males, e por isso decidiu-se manter a atitude que vinha sendo seguida até então, que era a de absorver apenas formalmente a linha política definida pela IC, adaptando-a àquela leitura da realidade italiana efetuada pelas lentes daquele específico "comunismo de esquerda". A importância da manutenção da disciplina internacional ganhava peso ao se considerar que uma nova cisão estava no horizonte do PSI e que a IC esperava uma fusão dessa fração com o PCd'I, semelhante à que ocorrera na Alemanha entre a maioria do USPD e o KPD. A resistência do PCd'I e de Gramsci, que permanecera em Moscou, foi tenaz, mas não impediu o apoio explícito da IC à fração de Maffi, Lazzari e Riboldi no Congresso do PSI que se avizinhava.

Enquanto, a partir de julho, o PCd'I passava a difundir a palavra de ordem do "governo operário", o fascismo acentuava sua ofensiva e a resistência operária investia suas últimas energias em greves gerais regionais no Piemonte e na Lombardia. Diante do fracasso das tentativas de formação de um governo de coalizão de liberais, católicos e socialistas, em defesa da legalidade e do controle da violência política, e que poderia incluir até mesmo os fascistas, no início de agosto a ala reformista do PSI, com Turati, decidiu conclamar uma greve geral pela legalidade, por meio da Alleanza del Lavoro. Contrários a todas as conclamações anteriores dos comunistas, quando a resistência mostrava maior vitalidade, os reformistas convocaram e fizeram cessar a greve num momento em que as linhas de defesa da classe operária já estavam cortadas, tendo apenas aberto caminho para o ataque decisivo do fascismo em combates de rua que duraram vários dias.

---

[19] Idem.

Enquanto se aguardava o desenlace da derrota do movimento operário, nos primeiros dias de outubro o XIX Congresso do PSI reuniu-se apenas para selar a cisão, enfim dada como fato consumado. A possível fusão da ala "massimalista" do PSI com o PCd'I ainda era considerada uma vitória importante da tática de frente única da IC. Tendo em vista esse objetivo, o Ceic enviou uma carta-apelo ao Congresso socialista, dirigida aos "massimalistas", na qual invocava que

> o dever mais elementar e mais urgente na Itália está nisto: reunir, assim que possível, todas as forças revolucionárias e com essas opor o bloco proletário ao bloco das forças reformistas, fascistas e imperialistas.[20]

Os reformistas, tendo ficado em ligeira minoria, saíram para fundar o Partido Socialista Unitário (PSU), enquanto a reaproximação dos massimalistas de Serrati com os "terceiro-internacionalistas" de Maffi garantiu a sobrevivência do PSI, que de imediato teria de enfrentar a questão da fusão com o PCd'I, conforme auspiciava a IC. Reiterando a decisão de aderir à IC, o PSI logo enviou uma delegação para participar do IV Congresso mundial, esperando mostrar-se como o mais fiel seguidor da linha política da frente única, enquanto o PCd'I entendia que a pressão a que estava sendo submetido pela IC, impelindo à fusão, colocava em xeque a legitimidade do grupo dirigente no contexto internacional.

A visita de uma delegação da IC, conduzida pelo húngaro Rakosi, cuja missão era preparar a fusão entre os dois partidos, antecipou os conflitos que a delegação do PCd'I enfrentaria em Moscou, embora as resistências à fusão estivessem presentes também no seio do PSI. Para o PCd'I permanecia o dilema entre a disciplina obrigatória e a coesão do grupo dirigente, enquanto para o PSI estava entre sacrificar ou não sua identidade histórica.

Poucas semanas depois, o fascismo, por fim, ascende ao poder com a missão de sanar as contradições no interior do bloco de poder e garantir a passagem para o predomínio do capital financeiro, com o aval de um regime de base de massas da pequena burguesia. Em Moscou, Gramsci escreveu um artigo mostrando a origem do fascismo e do governo de Mussolini a partir da ofensiva do

---

[20] Comitê Executivo da Internacional Comunista, "Apello del Comitato esecutivo al Partito socialista italiano", citado em Aldo Agosti, *La Terza Internazionale*, cit., t. I, v. 2, 1974, p. 589-91.

capital iniciada em março de 1920 com a criação da Confederazione Nazionale dell'Industria (CNI). Com o retorno de Giolitti ao governo, seu ministro da Guerra, Bonini, promoveu a desmobilização de cerca de 60 mil oficiais, que seriam remunerados por mais quatro anos, desde que se alistassem aos *fasci di combatimento*, os quais "até aquele momento constituíam uma pequena organização de elementos socialistas, anarquistas, sindicalistas e republicanos, favoráveis à participação da Itália na guerra ao lado da Entente"[21].

Começava aí a aproximação dos grandes proprietários agrários com os industriais, assim como a atividade do *squadrismo* fascista. Infelizmente, porém, essa análise de Gramsci não teve continuidade, provavelmente devido à precariedade das suas condições de saúde naquele momento, exatamente quando se preparava para abordar o processo de fascistização.

2. A política de frente única na Internacional Comunista e na União Soviética: debilidade teórica e derrota política

Na Alemanha, o próprio processo sociopolítico, que expunha a ofensiva do capital, com o declínio do poder aquisitivo dos trabalhadores e o ataque contra as instituições liberal-democráticas, impulsionou a tática de frente única empreendida pelos comunistas. Estes se dispuseram a apoiar de fora um governo de coalizão SPD-USPD na região da Turíngia, além de vários apelos para manifestações em comum e de solidariedade internacional. A nova orientação foi praticada por dirigentes que anteriormente discordavam, mas, mesmo assim, uma nova ala esquerda do KPD continuou a se contrapor à tática de frente única como aliança com a social-democracia. Dificuldades de monta permearam a adoção da nova tática em quase todos os países da Europa, em cujos partidos comunistas havia resistências em graus variados.

O problema central que se colocava agora para os comunistas estava na interpretação do conteúdo e do significado da fórmula política da frente única, cuja contrapartida era a questão da NEP. Adotando uma posição que fazia concessão à esquerda comunista, que continuava a rejeitar a nova orientação política, Zinoviev entendia estar próxima a retomada da revolução socialista internacional, de maneira que a política de frente única teria o efeito de comprovar diante das massas as hesitações das lideranças social-democratas.

---

[21] Antonio Gramsci, "Le origini del gabinetto Mussolini", *La Correspondence Internationale*, n. 89, 20 nov. 1922, em *Socialismo e fascismo*, cit., p. 528-30.

O PARADOXO ENTRE CISÃO COMUNISTA E FRENTE ÚNICA 101

Aqueles – como Radek e, muito provavelmente, Lênin – que consideraram mais duradouro e profundo o refluxo do movimento operário como um todo, conseguiram chegar mais perto de ver na fórmula política da frente única uma nova estratégia de luta socialista. Claro que em cada uma dessas leituras a relação política com o reformismo implicava um conteúdo diferente e quase que de sinal contrário. Essa ambiguidade não explicitada na orientação política da Internacional Comunista alimentou a desconfiança da social-democracia em relação à possibilidade de um trabalho conjunto com os comunistas, limitando o alcance concreto de uma variante dessa fórmula, aquela que mais valorizava as condições da democracia burguesa.

Além da ambiguidade da formulação teórica e prática da nova política, uma expressiva oposição se apresentou desde o primeiro momento. Na Rússia, em parte devido à decisão do X Congresso do PCR(b) de impedir a formação de frações, por algum tempo a oposição aberta à NEP não pôde se expressar com veemência. Depois, é notório que grande parte da direção partidária via na NEP apenas um movimento de retirada momentânea (e não uma estratégia para a transição socialista) que deveria ser aprofundada e articulada com a estratégia da revolução socialista internacional, acoimada na fórmula política da frente única. Os desdobramentos da disputa político-ideológica na União Soviética, aberta pouco antes da morte de Lênin, comprovam essa assertiva.

A oposição aberta ou sub-reptícia à nova tática esteve presente com maior ou menor visibilidade em todos os partidos comunistas dos países mais importantes para a IC. Na Alemanha, na Checoslováquia, na França e na Itália, a política de frente única era vista com desconfiança ou então mutilada na sua aplicação. Os partidos comunistas resistiam a passar do momento da cisão para a política de frente única com o reformismo, antes de tudo pelo temor de ver sacrificada sua recém adquirida identidade, mas também pela incapacidade de amadurecer essa mesma identidade num confronto de outro tipo com as outras vertentes culturais e políticas do movimento operário e socialista. Mas essa resistência à nova orientação política também trazia embutida a consciência das particularidades do Ocidente em relação à Rússia. Temia-se uma dissolução da IC se esta reconhecesse que as análises dos austromarxistas sobre as tendências da reorganização do capitalismo embutidas na ofensiva política da burguesia tinham parcelas de razão em relação às análises tendencialmente catastrofistas da IC.

A ambiguidade e a dificuldade em definir com clareza o conteúdo estratégico da fórmula política da frente única apareceram desde cedo nos debates no KPD. Karl Radek, então representante do Ceic no KPD, na sequência do

III Congresso da IC defendeu a utilização da via democrático-parlamentar para se chegar a um "governo operário", cujas medidas, caso afetassem os interesses do capital, poderiam provocar a reação burguesa, que catalisaria a formação dos conselhos operários e a luta pela ditadura proletária. Os comunistas deveriam participar de um governo desses sempre que houvesse a decisão efetiva de se travar a luta contra o capital.

Essa concepção de frente única e de governo operário como coalizão parlamentar foi recusada por August Thalheimer e Clara Zetkin, em nome da maioria da direção do KPD, que considerava inconcebível a participação dos comunistas num governo de maioria parlamentar, ainda que formado por partidos reformistas de base operária, já que a natureza de tal governo seria a de última defesa da ordem capitalista e de último estágio da democracia burguesa. Os comunistas certamente poderiam apoiar um governo social-reformista, de fora, desde que este tomasse medidas favoráveis aos trabalhadores ou fosse ameaçado por forças políticas nitidamente burguesas ou reacionárias. Para a maioria da direção do KPD, portanto, a participação no governo só poderia ocorrer quando se estivesse no umbral da ruptura com a institucionalidade burguesa e da instauração da ditadura dos conselhos operários, quando a maioria da classe operária já estivesse disposta a romper com o domínio do capital. Para uma vertente ainda mais à esquerda, era indesejável qualquer acordo com a social-democracia, pois esta passaria definitivamente para o campo político da burguesia, de modo que a luta pela unidade operária só poderia ser efetivada no campo da produção e da luta pelo poder operário.

Em dezembro de 1921, numa reunião do Ceic, a tática da frente única passou a ser vista como a chave para a conquista das massas por parte dos comunistas, mas as restrições aos dirigentes dos partidos social-democratas continuaram muito grandes. Procurando contornar as resistências à nova política, o documento exarado nesse encontro afirmava que se estava no "início de um deslocamento para a esquerda" por parte das massas operárias, mas que, "de outro lado, sob a influência dos ataques cada vez mais fortes do capital, surgira entre os operários uma tendência espontânea à unidade literalmente impossível de se conter"[22].

---

[22] Comitê Executivo da Internacional Comunista, "Tesi del Comitato esecutivo sul fronte unico dei lavoratori e sui rapporti coi lavoratori che aderiscono alla Seconda Internazionale, alla Internazionale due e mezzo e alla Internazionale di Amsterdam, nonché i lavoratori che appogiano le organizzazioni anarco-sindacaliste", citado em Aldo Agosti, *La Terza Internazionale*, cit., t. 1, v. 2, p. 521-31.

A frente única operária poderia incluir acordos com os partidos social-democratas, desde que não afetassem a autonomia e o direito de crítica dos comunistas, e deveria ser aplicada de acordo com a realidade de cada país. Um apelo pela formação da frente única proletária do Ceic, em conjunto com a Internacional Sindical Vermelha, abriu o ano de 1922. A justificativa expondo a necessidade da frente única apresentava como importante novidade a sugestão implícita de que tal política poderia definir toda uma fase, mais ou menos longa, de luta pela conquista da maioria da classe operária em favor da revolução socialista. O documento reconhece "o quanto ainda são fortes as correntes do passado, as influências exercidas pela escola capitalista, pela imprensa, pela Igreja", e o quanto a classe operária está distante da revolução. Mas, se ainda não ousam empreender a luta pelo poder, os operários devem se unir "ao menos pela vida pura e simplesmente, na luta por um pedaço de pão, na luta pela paz"[23].

Nesse documento, enfim, é reconhecida a necessidade da luta cotidiana sociocultural para que os comunistas alcancem a capacidade de direção no conjunto do movimento de massas. Ao começar com barrar a ofensiva do capital e com desenvolver a luta por reivindicações cotidianas, a política de frente única poderia então se transformar numa estratégia ofensiva numa perspectiva de maior alcance. Essa sugestão, no entanto, estava ainda muito distante de se enraizar na IC.

Pouco depois, entre 21 de fevereiro e 4 de março de 1922, realizou-se uma reunião plenária do Ceic (a primeira de uma série histórica), para tentar esclarecer a nova tática e vencer as resistências. A tática da frente única e as conclusões do III Congresso da IC foram reafirmadas, mas não se procedeu ao aprofundamento teórico da nova política, não apenas pela continuidade das fortes resistências, mas também porque a leitura do momento histórico estava permeada de sérios equívocos, e a fórmula política da frente única, em todo seu alcance, só poderia se transformar numa nova práxis revolucionária e numa nova subjetividade caso estivesse vinculada a uma leitura adequada do conflito social. Mais uma vez, nesse encontro, o delegado do PCd'I, Umberto Terracini, falou em nome da vertente contrária à tática da frente única, representando ainda os comunistas franceses e espanhóis, mas ao fim, ainda que sem convicção, todos se comprometeram formalmente a seguir a linha política ali reafirmada.

---

[23] Idem, "Appello degli Esecutivi dell'IC e dell'ISR per il fronte unico proletario", citado em Aldo Agosti, *La Terza Internazionale*, cit., t. 1, v. 2, p. 532-8.

A política de frente única contou com inúmeras resistências, desde as alas de esquerda dos partidos comunistas até os partidos social-democratas, que limitaram sua prática e seu alcance, embora tenham sido obtidos alguns êxitos localizados e pontuais. A conferência de Berlim entre as três organizações políticas internacionais dos trabalhadores mostrou tanto as dificuldades quanto as possibilidades dessa orientação. Apesar de ter sido pouco alvissareiro, o resultado do encontro de certa forma fortaleceu a tendência favorável à sua implantação nos próprios partidos comunistas, marcadamente da Alemanha, da Checoslováquia e da Polônia. Resistências importantes continuavam vindo da França e da Itália, por motivos e de formas diferentes. Enquanto o PCF assistia à cristalização de tendências internas conflitantes, o PCd'I reagia quase que em bloco contra as tentativas da IC de impor a linha política deliberada no III Congresso.

O II pleno do Ceic, realizado em junho, optou por aguardar o andamento do Congresso do PCF, que seria realizado em outubro, mas o PCd'I já concluíra seu Congresso, definindo uma política muito diferente da preconizada pelas instâncias centrais da IC, que investiam numa nova cisão no PSI, antes ainda da abertura do IV Congresso da IC, marcado para novembro. Uma nova aproximação na rota de colisão entre a IC e o PCd'I ocorreu com um documento confidencial redigido nesse encontro, cobrando a organização da frente única.

À medida que se aproximava o compromisso do IV Congresso da IC, o debate sobre a eventualidade de um "governo operário" surgiu como um aprofundamento e desdobramento da fórmula política da frente única. Esse problema vinha sendo posto de forma intermitente na Alemanha, desde a luta contra o golpe de Kapp, em 1920, quando foi proposta pelos sindicatos[24]. O apoio externo por parte do KPD a governos regionais conduzidos pelo SPD e USPD levou a discutir a possibilidade da participação efetiva dos comunistas, assim como a possibilidade de um governo operário nacional. No fim de 1921, depois que o KPD recebeu o aval do Ceic para a concepção de frente única e de "governo operário" tal como entendida por Radek, os comunistas da Checoslováquia também encararam essa questão, aprovando a palavra de ordem do "governo operário" em setembro de 1922, sem deixar de observar as peculiaridades do país.

Depois que o comunismo de esquerda perdeu terreno e a resistência à tática da frente única restringiu-se quase que exclusivamente ao PCd'I, transferindo-se para questões de conteúdo prático dessa fórmula política, o problema do

---

[24] Em março de 1920, uma tentativa de golpe militar filo-monarquista foi barrada pela imediata ação da classe operária, particularmente do movimento sindical alemão.

"governo operário" passou a ser o ponto central do IV Congresso da IC. Mas, assim como a ala esquerda tendeu a interpretar a política da frente única como nova forma de se opor aos dirigentes reformistas, estabelecendo alianças apenas "pela base", em vez de acolhê-la como uma política voltada para a unidade das forças políticas da classe operária, o mesmo ocorreu com a questão do "governo operário". Para estabelecer uma linha de massa pelos comunistas, de modo a barrar e reverter a ofensiva do capital, além de criar as condições passíveis de elevar à direção do movimento os partidos vinculados à IC, havia duas leituras da fórmula política da frente única em foco, tanto quanto da ideia de "governo operário", que aparecia como um de seus desdobramentos.

Para a esquerda do movimento comunista, "governo operário" só poderia ser a aplicação da "ditadura proletária", embora essa esquerda não fosse homogênea, uma vez que alguns de seus integrantes aceitavam alianças e entendimentos pontuais com a social-democracia, ao passo que outros persistiam na política da cisão. A formulação mais nuançada de Zinoviev, tentando um ponto de equilíbrio entre as opiniões presentes, também foi derrotada, vindo a predominar a concepção de Radek, que indicava um vínculo possível entre frente única, formas diversas de governo operário e início da transição socialista. O governo operário, objetivo estabelecido para a frente única, seria não apenas uma forma entre outras de conter a ofensiva do capital, mas o possível início de um contra--ataque estratégico. Nessa medida, aventava-se a possibilidade de a revolução socialista ser iniciada com a eleição de um governo operário de coalizão entre as forças socialistas respaldadas em amplo movimento de massas. Estava claramente sendo sondada uma estratégia alternativa para a revolução socialista no Ocidente, embora não tenha passado despercebido, mais uma vez, o risco de se ir ao encontro de algumas formulações presentes no austromarxismo[25].

Diante do impacto da ascensão do fascismo ao poder na Itália, o IV Congresso da IC arriscou uma primeira abordagem do problema caracterizando o novo regime como produto da "reação agrária", formulação depois atenuada no debate entre aqueles que, como o próprio Bordiga, viam no fascismo uma forma de reação capitalista subsequente a uma crise revolucionária e os que, como Radek, percebiam elementos de novidade num movimento político da

---

[25] Essa estratégia ganhou força e se consolidou no movimento comunista nas novas condições oferecidas pela derrota do nazifascismo ao fim da Segunda Guerra Mundial, tendo alcançado momentos de destaque na formulação da "via italiana ao socialismo", por iniciativa de Togliatti, e no "eurocomunismo" de Berlinguer.

pequena burguesia. A dificuldade em se identificar a natureza específica da ditadura fascista sempre esteve associada à questão mais geral de não se perceber que o movimento operário estava procedendo a uma retirada estratégica diante da ofensiva do capital, do qual o fascismo era expressão e produto.

A não identificação da correlação de forças impediu uma retirada ordenada e a correta preparação da contra-ofensiva, movimento eventualmente a ser possibilitado pela fórmula política da frente única. Os limites teóricos e culturais que impediram o aprofundamento dessa fórmula e a descaracterização impressa pelas resistências só fizeram agravar o processo de derrota do movimento revolucionário, que se anunciava desde fins de 1920.

Assim como as possibilidades de a revolução socialista internacional ser vitoriosa depois de 1917 dependiam, em grande medida, da ascensão ao poder, num tempo relativamente curto, da classe operária da Rússia e da Alemanha, o sucesso da fórmula política da frente única também estava condicionado pelos resultados da NEP e pelo andamento da situação alemã. No entanto, o Congresso do KPD, realizado em fins de janeiro de 1923 na sequência da ocupação do vale do Rhur por tropas franco-belgas, assistiu a um grave embate sobre os temas da frente única e do governo operário.

O setor majoritário da direção central, na qual se encontravam Brandler, Thalheimer, Clara Zetkin e outros seguidores da herança espartaquista, aceitaram sem convicção a concepção de Karl Radek e do Ceic, que então entendia que a frente única deveria incluir todo o SPD (ainda que sua esquerda fosse o principal aliado) e que os comunistas deveriam participar de governos de coalizão regional na Turíngia e na Saxônia, fazendo uma política operária no âmbito e com os instrumentos da democracia burguesa, a fim de chegar ao governo com o apoio do movimento de massas. A oposição de esquerda, que tinha amplo respaldo em algumas regiões mais industrializadas do país, por meio de Thälmann, Maslow e Ruth Fischer, defendia uma frente única apenas "pela base" e via o "governo operário" como sinônimo de "ditadura proletária", surgida de um processo insurrecional.

Um recrudescimento da ofensiva do capital não apenas agravou a situação da classe operária, particularmente na Alemanha, como também implicou um renovado esforço de isolamento da União Soviética. Ao fortalecimento das tendências nacionalistas e fascistas na Alemanha somou-se o golpe de Estado na Bulgária, que depôs o governo da União Camponesa. O III pleno do Ceic, em junho de 1923, abordou a situação sem deixar de reverberar o debate já em curso na União Soviética sobre as dificuldades e perspectivas da

NEP. Com a preocupação de ampliar as alianças sociais, assim como de se referir aos países mais atrasados na cadeia imperialista, foi aprovada a palavra de ordem de "governo operário-camponês", ao mesmo tempo que se percebia o aumento das dificuldades de convergência com a social-democracia, uma vez que a incorporação da Internacional de Viena na Internacional Socialista de Amsterdã debilitava a posição da ala esquerda da social-democracia, que vinha fazendo a ponte entre os extremos do movimento operário.

A ocupação estrangeira, o fracasso do golpe fascista de Hitler e a deterioração da situação socioeconômica criaram condições muito positivas para o desenvolvimento da política de frente única na Alemanha. Embora a proposição feita por Radek para que a política de alianças dos comunistas se ampliasse de modo a alcançar as bases sociais do nacionalismo e do fascismo – ou seja, a pequena burguesia – tenha contribuído para o crescimento do partido e sua saída do isolamento, não conseguiu selar a unidade operária e menos ainda preparar um movimento insurrecional em condições de ser vitorioso. A falta de uma clara e decidida orientação política de massas, que promovesse efetivamente a hegemonia dos comunistas, estabelecendo uma interlocução prioritária dotada de um sentido nítido com a social-democracia e atuando em todas as dimensões da vida sociocultural e estatal, tornou possível uma prática meramente epidérmica e politicista da frente única.

A jornada antifascista de 29 de julho, realizada em lugares fechados, devido à proibição governamental, pareceu calibrar o eixo da política de frente única. As greves induzidas pelos comunistas, mas sem apoio dos sociais-democratas, em 9 e 10 de agosto, contra as precárias condições de vida, levaram o governo à renúncia. O indício mais seguro de que a política de frente única não conseguia se impor como alternativa estratégica é que o Ceic, que até então se esforçara para moderar os impulsos da esquerda do KPD, passa também a avaliar a situação como propensa à revolução socialista, ao mesmo tempo que o SPD negocia seu ingresso na coalizão governamental. Apesar da resistência da ala esquerda dos sociais-democratas, toma posse um governo republicano de ampla coalizão, que inclui também o SPD, em busca de condições para contornar a crise financeira e negociar as reparações de guerra contra a França. O desdobramento dessa movimentação foi o refluxo do movimento de massas.

A continuidade da política de frente única, nessas circunstâncias, tal como fora definida por Radek e pelo IV Congresso, deveria convergir para a formação e o fortalecimento de governos operários nas regiões e para a ação comum com os sociais-democratas, cobrando as promessas de penalização fiscal das grandes empresas e o desmantelamento das organizações paramilitares fascistas e monarquistas. Outra opção seria a luta pelo fortalecimento da organização operária nas fábricas e do movimento de massas a fim de aumentar a pressão sobre os governos dos quais participavam os sociais-democratas, condicionando o apoio externo às ações governamentais concretas, como propunham Brandler e Thalheirmer.

O agravamento da crise fez com que elementos promissores da fórmula da frente única fossem deixados de lado, tanto a variante de Radek, que apostava nas virtualidades da democracia burguesa, como a de Brandler e Thalheimer, que investia na auto-organização das massas e no ressurgimento dos conselhos. O resultado só poderia ter sido o fracasso de uma tentativa que, no fim das contas, expôs um caráter golpista derivado da indefinição estratégica diante da democracia burguesa.

Enquanto a IC e o KPD agora preparavam confiantes a insurreição na Alemanha, em setembro, na Espanha e na Bulgária, ocorrem os golpes reacionários que afetaram profundamente as já combalidas organizações comunistas. Em outubro, os comunistas entraram nos governos regionais da Saxônia e da Turíngia, mas o governo central e o Exército (com a aquiescência da social-democracia) exigiram a dissolução das "centúrias proletárias", força recém--formada com a qual se contava para auxiliar na insurreição.

Quando em 21 de outubro, na conferência dos conselhos de fábrica, o KPD propõe a greve geral insurrecional, os sociais-democratas permanecem estáticos, obrigando os comunistas a recuar. Mesmo assim a tentativa insurrecional foi levada a termo em Hamburgo, sem sucesso, de maneira que, em 29 de outubro, o Exército ocupava as principais cidades da Saxônia, depondo o governo operário, logo substituído por um governo social-democrata alinhado ao governo central.

A nova derrota da insurgência comunista teve efeitos duradouros e irreversíveis para o movimento comunista, num país fundamental para a estratégia revolucionária de então, coincidindo ainda com a emergência da primeira crise da NEP na União Soviética. A situação social de emergência, primeiro, e o sucesso relativo inicial da NEP, depois, além da autoridade de Lênin, por algum tempo garantiram a unidade do PCR(b) e a aplicação da política de frente única nas condições e necessidades do Oriente russo revolucionário. Traindo sua concepção rasa da NEP e da política de frente única, já no XII Congresso do PCR(b), realizado em abril de 1923, Trótski expressou sua contrariedade com o desequilíbrio que observava em benefício da produção agrícola e do campesinato em detrimento da necessidade da industrialização e de um planejamento mais amplo que levasse à superação da NEP.

Ainda que suas observações tenham tido pouca acolhida, Trótski persistiu em suas opiniões, acoplando ainda suas críticas à burocratização do partido e do Estado e às restrições à "democracia operária". Ele tratou de abrir a luta logo depois do fracasso da insurreição operária de outubro na Alemanha, com um documento assinado por 46 militantes de destaque, por meio do qual procurou dar repercussão a suas ideias. A disputa de Trótski contra a maioria, que defendia a continuidade da política até então praticada, era movida pelas reivindicações de um desenvolvimento industrial mais acelerado e por uma maior democracia no partido, que permitisse o retorno das frações.

Derrotado na XIII conferência do PCR(b), realizada poucos dias antes da morte de Lênin, no início de 1924, e que reafirmou a importância da aliança operário-camponesa, Trótski encaminhou-se cada vez mais para a cisão do grupo dirigente que fizera a revolução em 1917, reordenando a vertente do comunismo de esquerda do período que precedeu a NEP. As dificuldades da NEP, sua contestação aberta ou velada por parte de diferentes setores do partido bolchevique, a derrota da tentativa insurrecional na Alemanha e em outros países mais a morte de Lênin foram elementos que contribuíram para enfraquecer sobremaneira a política de frente única.

3. Gramsci em Moscou e a solução do contraste do PCd'I com a Internacional Comunista

Logo no início do IV Congresso da IC, inaugurado em 5 de novembro de 1922, passada apenas uma semana da ascensão do fascismo ao governo italiano, fez-se uma tentativa de interpretação bastante rudimentar e equivocada do fenômeno fascista. Em comparação, a avaliação dos comunistas italianos, Gramsci em particular, estava muito mais próxima da essência desse novo movimento sociopolítico do que a apresentada na IC.

Numa carta-apelo aos operários e camponeses italianos, a IC afirmava que

os fascistas são, sobretudo, uma arma nas mãos dos agrários. A burguesia industrial e comercial segue com ânsia a experiência da reação desenfreada, que considera uma espécie de bolchevismo negro.[26]

---

[26] Comitê Executivo da Internacional Comunista, "Appello del IV Congresso agli operai e contadini italiani", citado em Aldo Agosti, *La Terza Internazionale*, cit., t. 1, v. 2, p. 615-7.

O relatório do PCd'I apresentado ao Congresso, por sua vez, atualizava as teses do II Congresso partidário até algumas semanas antes da ascensão do fascismo ao poder. O documento, escrito por Bordiga, descartava qualquer possibilidade de restauração do Estado liberal, enfatizando que

> a situação tende a dois desenlaces bem diferentes: ou ao achatamento do proletariado e de seus sindicatos e a um regime de exploração negreira; ou a uma resposta revolucionária das massas que, em tal caso, contra si encontrará a coalizão do fascismo, do Estado e de todas as forças que defendem o fundamento democrático das atuais instituições.[27]

O programa de ação exposto pelo PCd'I no IV Congresso da IC estabelecia três objetivos fundamentais a serem alcançados e destruídos a fim de debelar o poder estatal da burguesia:

> o aparato estatal, com todos os seus recursos de força política e militar; o fascismo, com a sua potente organização contrarrevolucionária; a social-democracia, que, com sua predicação pacifista, retira uma imensa parte do proletariado da luta revolucionária.[28]

Para o desenvolvimento do PCd'I, considerava-se imprescindível a gradativa passagem dos efetivos de outros partidos de base operária para sua organização, de modo que qualquer projeto de fusão com o PSI deveria ser recusado, sendo aceitável, por ora, apenas o ingresso individual dos socialistas pertencentes à fração "terceiro-internacionalista". Era também claramente negativa a resposta à interrogação sobre se "entre as reivindicações do PC pode ser incluída uma solução do problema do regime estatal, que não seja ainda a ditadura proletária?". Isso porque, para o PCd'I, "não existem outras forças dispostas à luta direta antifascista que não aquelas dispostas à luta revolucionária contra o Estado: comunistas e libertários"[29].

Assim, o objetivo não poderia ser outro senão "um governo dos operários e camponeses. Com essa palavra tendo o mesmo sentido de ditadura proletária"[30].

---

[27] Idem, "Relazione del Partito comunista d'Italia al IV Congresso dell'Internazionale comunista – novembre 1922", citado em Aldo Agosti, *La Terza Internazionale*, cit., t. 1, v. 2, p. 30.

[28] Ibidem, p. 41.

[29] Ibidem, p. 54.

[30] Ibidem, p. 51.

A influência e a inserção no seio das massas seriam obtidas em detrimento de socialistas, populares e republicanos na luta contra a reação fascista e na luta pela unidade sindical revolucionária, especificando-se que

> a frente única proletária pelas reivindicações que se opõem à ofensiva patronal é a plataforma fundamental da presente ação do Partido Comunista na Itália e o caminho para a conquista do primeiro lugar na direção do proletariado italiano.[31]

A chave da linha política do PCd'I estava no entendimento de que a crise do capitalismo e do Estado italiano não tinha solução nos âmbitos vigentes e que a burguesia só poderia recompor seu poder com formas instáveis, fosse por meio de uma coligação partidária liberal-católico-reformista ou por uma aberta ditadura fascista, derivando daí a concepção de que a frente única deveria estar voltada, sem mediações, diretamente para a revolução e a ditadura proletária.

Embora, no IV Congresso da IC, Zinoviev tenha se afastado dessa concepção, o fato é que em diversas ocasiões, antes e depois, se manifestou pela sinonímia entre governo operário e ditadura proletária, porque acreditou sempre numa breve retomada do movimento revolucionário, sendo a fórmula política da frente única um expediente tático de duração limitada, em parte dirigida à denúncia dos dirigentes social-democratas. Essa observação ajuda a compreender a subsequente diferenciação de posições políticas na direção do PCR(b).

Há, portanto, pontos de contato entre Zinoviev e o PCd'I que não foram explorados porque o líder bolchevique se preocupava em manter certo equilíbrio no seio da IC e, nesse momento, havia forte tendência ao isolamento das esquerdas comunistas. O desdém com que Zinoviev encarou as possibilidades do fascismo expunha sua perspectiva da crise e da ofensiva do capital, enquanto Radek garantia que a derrota da revolução socialista internacional era mais profunda e deveria durar por mais tempo, o que tornava necessário um investimento duradouro e sistemático na política de frente única. Daí a percepção mais nuançada do fascismo como produto de uma aliança entre o grande capital e o movimento reacionário de massas da pequena burguesia[32].

De todo modo, as posições majoritárias do PCd'I, representadas por Amadeo Bordiga, receberam críticas incisivas na tribuna do Congresso nas

---

[31] Ibidem, p. 54.

[32] Citado em Paolo Spriano, *Storia del Partito comunista italiano: da Bordiga a Gramsci*, cit., p. 240.

intervenções de Zinoviev, Trótski, Bukhárin, Klara Zetkin e outros, além da própria minoria da delegação italiana, entre os quais Tasca e Graziadei. O ponto central da discórdia, como era previsível, veio a ser a questão da fusão com o PSI, sobre a qual pesavam as diferentes concepções de frente única e do papel da social-democracia naquele momento histórico. A comissão congressual aprovara a fusão imediata do PCd'I e do PSI, de modo que a maioria alinhada a Bordiga foi posta perante um fato consumado, reforçado ainda por uma carta assinada pelos dirigentes do partido russo, cuja implicação política tampouco era difícil de discernir: uma nova maioria estava prestes a se formar na convergência entre a minoria comunista e os "massimalistas", alinhando o PCd'I entre as tendências mais à direita da IC e criando uma instabilidade interna que tornaria o partido incapaz de resistir ao fascismo.

Diante desse risco, mais que Bordiga, Gramsci decidiu operar a resistência de acordo com a proposta de Scoccimarro, transferindo a questão para as condições e os modos da fusão. Os termos apresentados pelo PCd'I foram tão restritivos que, na prática, se retornava às condições expostas no relatório do PCd'I ao IV Congresso, que aceitava apenas a adesão individual dos membros da corrente "terceiro-internacionalista" do PSI. Chegou-se, por fim, a uma solução intermediária, mas a delegação socialista também apresentou condicionantes e justificativas para a necessidade de um aceite da direção nacional do PSI. As resistências apresentadas de parte a parte, somadas a uma nova onda repressiva do fascismo, tornaram a fusão impossível e agravaram a situação interna tanto do PCd'I quanto do PSI. O lance da IC, estimulando a fusão, com a esperança de contar com um partido mais forte e que levasse a termo a política de frente única, redundou, de fato, numa maior debilidade da resistência operária diante do fascismo.

A violência fascista se institucionalizou com o novo regime e passou a atuar de maneira coordenada com as forças repressivas estatais, ambas obedecendo agora a um mesmo comando. Embora o esquadrismo fascista não tenha diminuído de intensidade, no início de 1923 empreendeu-se uma ofensiva do regime recém instalado contra as instituições do movimento operário autônomo que ainda resistiam. Uma onda de atentados contra jornais, sedes sindicais e partidárias, espancamentos e assassinatos vitimou anarquistas, comunistas e socialistas. A repressão atingiu com força a organização do PCd'I, com o encarceramento da maioria da direção central, inclusive Amadeo Bordiga, da maior parte das direções regionais e de cerca de 5 mil militantes, quase um quarto do partido.

O PARADOXO ENTRE CISÃO COMUNISTA E FRENTE ÚNICA 113

Tendo que enfrentar a pressão da IC para que consumasse a fusão com o PSI e adotasse a orientação política aprovada no IV Congresso e ainda fazer frente ao ataque fascista, o grupo dirigente originário do PCd'I sucumbiu, vindo à tona uma clivagem que já se apresentara momentaneamente em Moscou no seio da delegação italiana. A maioria se dividiu entre aqueles que, como Bordiga, recusavam qualquer ingerência da IC, preferindo passar para a oposição no campo internacional, tentando unificar o comunismo de esquerda, e aqueles que entendiam que o vínculo com o Ceic era essencial, apesar das divergências, para que se pudesse enfrentar o fascismo, como era o caso de Gramsci. Em março, pela pena de Ruggiero Grieco, foi encaminhado ao Ceic o pedido de demissão coletiva da direção, com o argumento da impossibilidade de se atuar naquelas condições sem uma clara definição tática. Por não estar de acordo com a linha induzida pela IC, esse grupo dirigente do PCd'I se afastava para facilitar a fusão com o PSI e a implantação da nova política[33].

Gramsci se preparava para retornar à Itália junto com a comissão para a fusão entre comunistas e socialistas, quando tomou ciência de que fora expedida uma ordem de prisão por parte do regime fascista contra vários dirigentes do PCd'I, inclusive ele mesmo. Desse modo, teve de permanecer em Moscou até que nova decisão fosse tomada a seu respeito, sobre os encargos que deveria assumir. Embora Gramsci estivesse empenhado em levar a termo a tarefa da fusão, entendendo ser um acontecimento inevitável, que abriria uma nova fase na vida do partido, agora tendo que enfrentar o fascismo como ocupante do Estado burguês, entendia que a luta, malgrado tudo, passava a ser controlar o processo de fusão evitando a inserção do PCd'I junto aos setores mais à direita da IC, caso provável se a iniciativa fosse deixada a Tasca e aos "massimalistas".

Em carta enviada de Moscou, em março, Gramsci chamava a atenção para o risco de que, diante da resistência do PCd'I à fusão e, particularmente, das debilidades apresentadas ante a onda repressiva do fascismo, "seja valorizada a esquerda do Partido Socialista e que esta venha a ser o centro das esperanças da IC". Ademais, "seria desastroso dar a sensação de falência daquilo que foi deliberado num Congresso mundial [da IC] e que, portanto, é preciso conti-nuar no trabalho de fusão", mesmo com prorrogação dos prazos[34]. Gramsci comunica também que o Ceic decidira criar um secretariado de luta contra o

---

[33] Ibidem, p. 257-8.

[34] Antonio Gramsci, "Mosca, 15 marzo 1923", em *Lettere (1908-1926)* (org. Antonio A. Santucci, Turim, Einaudi, 1992), p. 503.

fascismo com uma sede em Berlim e outra em Viena. O secretariado de Viena ficaria encarregado especificamente da coordenação do trabalho do PCd'I, para "o qual deveria ser indicado o companheiro Gennari"[35].

Com o esfacelamento do partido diante do ataque fascista, Gramsci começa a perceber os limites da estratégia política que dera vida ao partido e o guiara até ali, compreendendo o ângulo de visão da IC e encarando que, diante da difícil situação, "a única tática possível passa a ser a da Internacional". A pressão conjugada da IC e da realidade do fascismo fez com que Gramsci concedesse à ideia de fusão entre PCd'I e PSI, ainda que sob condições bem determinadas, e, por conseguinte, assumisse a política de frente única que então se desenvolvia e ganhava nitidez em vários partidos comunistas. Para colocar em prática essas ideias ainda muito mal consolidadas, Gramsci propôs a criação de um periódico quinzenal, que poderia levar o nome de *Senso Comum*, a exemplo de uma publicação inglesa. Tal sugestão traz à mente os nomes de Tom Paine (possível inspirador dos editores ingleses), mas também o de George Sorel. Por isso, talvez, Gramsci afirma que, mais que apenas um título, esse nome poderia expressar "um programa", aquele designado pela IC de se imiscuir entre as massas[36].

Gramsci percebe com uma clareza cada vez maior que o vínculo com a IC e a aplicação das determinações do IV Congresso eram imprescindíveis para a sobrevivência do partido e para garantir que a *cisão* consumada em Livorno não permanecesse um evento "doutrinário", mas adquirisse efetivamente as condições de uma nova *tradição* apta a levar o proletariado ao poder. Enquanto isso, Bordiga optava por denunciar publicamente a ingerência da IC e recusar a fusão com o PSI, como melhor forma de defender o grupo dirigente original. Para enfrentar a iminente ruptura no seio do grupo dirigente, Gramsci entende que é hora de agrupar os companheiros do antigo *L'Ordine Nuovo*, até para impedir a exploração daquela tradição pela ala direita de Tasca e que esta assumisse a direção junto com os "massimalistas", que se preparavam para se incorporar ao partido. Nesse caso, haveria uma regressão do grupo de *L'Ordine Nuovo* ao período precedente à cisão, quando se mantivera organicamente preso ao "massimalismo".

Sentia então que era preciso "criar, no interior do partido, um núcleo, que não seja uma fração, de companheiros que tenham o máximo de homogeneidade ideológica e por isso consigam imprimir à ação prática um máximo de unicidade diretiva". O erro de se evitar "levar às extremas consequências os

---

[35] Idem, "Mosca, 20 marzo 1923, al PCd'I", em *Lettere (1908-1926)*, cit., p. 509.

[36] Idem, "Mosca, 29 marzo 1923, lettera al PCd'I", em *Lettere (1908-1926)*, cit., p. 114.

dissídios ideais e práticos", que vinha sendo a prática do grupo de *L'Ordine Nuovo*, teria de ser superado para que se esclarecessem as diferenças teóricas e práticas em relação à vertente de Bordiga. No que se refere ao problema do PSI, Gramsci reconhece as raízes profundas da social-democracia e que, por meio da frente única, "é necessária uma ampla e cuidadosa ação política, que desagregue, dia a dia, essa tradição, desagregando o organismo que a encarna. A tática da Internacional é adequada para isso"[37].

Gramsci estava então ciente de que o fundamental era a criação de um novo grupo dirigente, ancorado na tradição de *L'Ordine Nuovo*, para atrair as massas que seguiam o PSI, educá-las para uma nova *tradição,* para um novo *senso comum,* que culminasse na desagregação do velho partido operário. Nesse momento, o essencial era evitar que o PCd'I recaísse no leito histórico da social-democracia, risco presente nas concepções da "fração de direita" de Angelo Tasca. As relações com a IC e a correta compreensão de sua política eram elementos essenciais dessa estratégia, o que levou Gramsci a observar:

> Estamos numa posição discutível, dada a situação internacional. A tática da frente única, apresentada com bastante precisão pelos companheiros russos, tanto teoricamente como direcionamento geral, pelas suas aplicações práticas não encontrou em nenhum país partido e homens que soubessem aplicá-la.[38]

Parecia assim se esclarecer para Gramsci o significado da fórmula política da frente única e não só: para o revolucionário sardo também se iluminava a percepção de como a experiência de *L'Ordine Nuovo* e dos conselhos de fábrica era um pequeno afluente que desembocava num movimento político e cultural que tinha o significado histórico de uma verdadeira *refundação comunista*, fenômeno nacional/internacional. As observações sobre questões de organização, da necessidade do esclarecimento a fundo de divergências ideológicas e o reconhecimento inicial do significado da fórmula política da frente única aproximavam sobremaneira Gramsci de Lênin.

A repressão fascista, a demissão da direção do PCd'I e a vitória dos opositores da fusão no XX Congresso do PSI, realizado em meados de abril de 1923, foram elementos que contribuíram decisivamente para o fracasso do acordo

---

[37] Idem, "Mosca, 18 maggio 1923, lettera a Palmiro Togliatti", em *Lettere (1908-1926),* cit., p. 118-23.

[38] Idem, *La costruzione del Partito comunista (1923-1926),* cit., Appendice I, p. 457.

de Moscou, selado entre os dois partidos que se colocavam no âmbito da IC. Em junho, durante o III pleno ampliado do Ceic, Angelo Tasca apresentou a tendência majoritária do PCd'I como responsável pelo fracasso da fusão e da política indicada pela IC, tendo recebido o aval da fração socialista favorável à fusão. Diante disso, todos os dirigentes da maioria se uniram, incluindo Gramsci, em defesa do partido.

Era mais importante, naquele momento, se opor a Tasca, já que a confirmação da demissão da direção era muito provável, abrindo espaço para um novo grupo a ser forjado. A posição majoritária continuava sendo a que observava contradições insanáveis no governo fascista e em sua base de sustentação social e política, as quais criariam novas possibilidades para o movimento revolucionário. O próprio Gramsci, que fora acusado de dubiedade por Zinoviev, afirmava nesse encontro, com um pouco de cautela, que "depois do período do governo fascista se entrará no período da luta decisiva do proletariado pela conquista do poder. Esse período chegará num tempo mais ou menos distante"[39].

O relatório da Comissão Executiva do PCd'I apresentado no III pleno ampliado do Ceic, ao menos em boa medida escrito e sistematizado por Gramsci, fez uma análise das dificuldades do fascismo no seu desígnio de unificação das classes dominantes italianas e de preservação da base social de apoio da pequena burguesia, além de apontar a existência de problemas na execução da conquista do Estado. Mas a dificuldade maior estava precisamente em fazer valer para setores do médio capital a aliança estabelecida com o capital financeiro. Isso explica por que

a oposição ao fascismo, conduzida pelos maiores jornais da burguesia, sob a bandeira do liberalismo, é expressão e reflexo de um processo agora só no início, mas que no futuro se desenvolverá, de progressiva restrição da base social do fascismo.[40]

O Partido Nacional Fascista era identificado como um partido de massa da pequena burguesia, que, ao se apossar do poder, tentou realizar a unidade política da classe dominante, o que provocou tensões e descontentamentos no

---

[39] Citado em Paolo Spriano, *Storia del Partito comunista italiano: da Bordiga a Gramsci*, cit., p. 279.

[40] Antonio Gramsci, citado em Giovanni Somai, "Gramsci al Terzo Esecutivo Alargato (1923): i contrasti con l'Internazionale e una relazzione inedita sul fascismo", *Storia Contemporanea*, ano XX, v. 5, Bolonha, Il Mulino, out. 1989, p. 819.

seio da própria pequena burguesia e mesmo na massa de filiados, possibilitando um deslocamento para as posições do liberalismo, como também uma diferenciação no interior do fascismo. Analisadas as contradições do fascismo e estimulados pela esperança de que o regime não conseguisse se consolidar, o documento finalizava indicando, entre as tarefas imediatas do PCd'I, "agir sobre o terreno político geral para suscitar contra o fascismo todas as forças sociais que possam ser voltadas para tal finalidade; [...]; provocar uma estreita unidade revolucionária dos operários e camponeses; [...]"[41].

A partir desse documento, que expressa um momento de transição na direção política do PCd'I, mas no qual ainda prevaleceu a determinação unitária da maioria do grupo dirigente, é possível notar que a leitura feita a propósito do fascismo era bastante complexa, buscando identificar a base social do regime, os interesses aos quais estava vinculado, seus objetivos e suas contradições. É possível observar certa continuidade na elaboração da análise do processo político e da questão do fascismo, não tendo sido abandonada a ideia de que a crise do capital poderia desembocar tanto numa ditadura fascista aberta quanto num regime liberal reformista, do qual até mesmo o fascismo poderia fazer parte, dependendo do desenvolvimento de suas contradições internas e das contradições das classes dominantes. Desse modo, uma brecha para o soerguimento do movimento operário deveria ser sempre considerada.

Embora não faça nenhuma referência explícita à política de frente única, ela está indicada e particularizada para a situação concreta, nas tarefas do partido. Assim, ao contrário de certo "senso comum", que sugere uma diluição do fascismo como uma forma de violência reacionária manipulada pelos grandes proprietários agrários e industriais, os comunistas procuraram entender o fenômeno, suas contradições e suas particularidades, e certamente foram muito além dos documentos exarados na IC.

Nas resoluções finais do III pleno, o Ceic exigia a aplicação efetiva de suas decisões, particularmente a aplicação da tática de frente única, de acordo com as condições italianas. Decidiu-se também pela nomeação de uma nova Comissão Executiva do PCd'I, a ser composta por três membros da maioria e dois da minoria. Sem dúvida, tratou-se de um ganho de posições para a fração de direita, sobretudo diante da insistência de alguns componentes da maioria em recusar essa solução, de acordo com a orientação de Bordiga (que permanecia no cárcere). Para Bordiga, passar para a oposição era a melhor forma de resistir

---

[41] Ibidem, p. 817.

tanto à ala direita e aos "massimalistas", quanto à interferência da IC, derivando daí a necessidade de se organizar uma fração. Por coerência, Bordiga entendeu que a direção deveria passar às mãos da ala direita e que deveria se demitir do CC, o que foi feito em agosto, sendo seguido por Grieco e Fortichiari.

A ação persuasiva de Gramsci fez com que Togliatti, Scoccimarro e Gennari (que substituiu Fortichiari) aceitassem o encargo, já que sua estratégia de luta interna exigia que o maior número de posições fosse ocupado, a fim de se evitar o avanço da ala direita de Tasca e Graziadei e também dos "fusionistas" do PSI, os quais contestavam a própria legitimidade da cisão de 1921, agora que estavam diante da vitória do fascismo e tirando proveito das decisões da IC. Mas o fato é que a desagregação do movimento operário de tradição socialista continuava, assim como o grupo dirigente originário do PCd'I também corria o risco de se desintegrar, completando a vitória do fascismo.

Gramsci insistia em mostrar que o foco da questão não estava na fusão com o PSI, mas sim "se o PCd'I compreendeu ou não a situação geral italiana e se está em condições de guiar o proletariado; [...] se o grupo dirigente assimilou a doutrina política da Internacional Comunista, [...]". Trata-se de atrair elementos do PSI, ajudando-os a superar a crise em benefício da classe operária, considerando que

> o movimento socialista italiano dos últimos trinta anos foi um aparelho para selecionar novos elementos dirigentes do Estado burguês. Idem para os populares. O fascismo é o último e mais decisivo desses movimentos, que tenta absorver todo o novo estrato social que se formou, desfazendo os vínculos entre chefes e massas.[42]

Logo, o fulcro do problema não deve passar por questões jurídicas de fusão orgânica, mas por uma ação efetiva de unificação autônoma do proletariado, que deveria transcender a tradição do socialismo italiano, resgatando o "espírito de cisão" e criando uma nova moral e uma nova cultura do trabalho. E esse objetivo não pode ser dissociado da formação de um grupo dirigente vinculado à IC e à concepção teórica de que é portadora, ainda que ciente de sua autonomia nacional.

A pressão da IC se exerceu também sobre o PSI, que teve mais um momento importante de sua crise, em agosto-setembro, com a expulsão da ala terceiro-internacionalista. Logo em seguida, numa nova onda repressiva, a nova CE

---

[42] Antonio Gramsci, "Mosca, agosto 1923", em *Lettere (1908-1926)*, cit., p. 126-8.

do PCd'I é presa, agravando a crise do grupo dirigente original. Enquanto isso, Gramsci noticiava desde Moscou a decisão da direção da IC de que fosse criado na Itália um novo periódico voltado ao movimento operário, no qual houvesse espaço para todas as vertentes que permaneciam no âmbito da luta de classe: anarquistas, republicanos e sindicalistas, mesmo que fosse preciso compartilhar a direção entre os comunistas e terceiro-internacionalistas, sempre com o cuidado de evitar que eles instrumentalizassem o jornal para travar uma luta particular contra a direção do PSI.

Assim, o novo cotidiano deveria ser um órgão da política de frente única, daí a sugestão de se intitular *L'Unità* (que, ademais, lembrava também o periódico que fora dirigido por Salvemini). Além da busca da unidade operária no terreno da luta de classe, o nome se justificava como referência à unidade nacional, pois, acrescentava Gramsci:

> Creio que, depois da decisão do executivo ampliado sobre o governo operário e camponês, precisamos nos concentrar sobretudo na questão meridional, isto é, na questão em que o problema das relações entre operários e camponeses se põe não apenas como um problema de relação de classe, mas também e especialmente como um problema territorial, ou seja, como um dos aspectos da questão nacional.[43]

Desse modo, por intermédio de uma nova diretiva da IC, Gramsci retomava a reflexão exposta às vésperas do Congresso de Livorno, indicando agora que um debate sobre a questão meridional nas páginas do jornal, sugerindo a palavra de ordem da "República federal dos operários e camponeses", poderia surtir algum efeito "nos estratos mais à esquerda dos populares e dos democráticos, que representam as tendências reais da classe camponesa e que sempre teve em seu programa a defesa da autonomia local e da descentralização"[44].

A fórmula política da frente única começava a plasmar-se na realidade da formação social italiana, e a ideia de que, na Itália, tal política só poderia ter expressão prática nos sindicatos já havia sido abandonada. Agora se tratava de vasculhar na concretude da formação social italiana os elementos que deveriam compor a frente única, de modo que o conhecimento da realidade do país, das lutas sociais e das particularidades regionais passava a ser imprescindível para combater o fascismo e construir um novo Estado.

---

[43] Idem, "Mosca, 12 settembre 1923", em *Lettere (1908-1926)*, cit., p. 129-30.

[44] Idem.

A política de frente única deveria, assim, contar com uma forte marca nacional, que exigiria um profundo conhecimento da realidade sócio-histórica do país. Mas Gramsci notava que tudo estava por ser feito, já que reconhecia, referindo-se aos comunistas:

> Não conhecemos a Itália. Pior ainda: faltam-nos instrumentos adequados para conhecer a Itália, assim como é realmente, de modo que nos encontramos na impossibilidade de fazer previsões, de nos orientarmos, de estabelecer linhas de ação que tenham certa probabilidade de serem exatas. Não existe uma história da classe operária italiana. Não existe uma história da classe camponesa.[45]

As derrotas políticas da IC, particularmente na Alemanha, o início da disputa pelo poder na União Soviética e a absolvição de Bordiga no processo que o mantivera preso desde fevereiro abriram uma nova conjuntura política, que se de um lado penalizou as possibilidades de avanço teórico e prático da fórmula da frente única, por outro lado assistiu à consolidação dessa orientação estratégica no PCd'I. Foi precisamente em meio às dificuldades práticas antepostas pela consolidação da base de massa do fascismo e pelas contendas no seio do grupo dirigente bolchevique que Gramsci pôde apresentar a fórmula política da frente única para além de um mero expediente tático, fazendo surgir a complexa articulação entre a resistência antifascista e a transição socialista.

4. Gramsci entre a refundação comunista e a regressão teórica do bolchevismo

Em Moscou, Gramsci adquirira um ponto de observação internacional, que lhe permitira encarar com uma nova e penetrante visão não apenas a experiência revolucionária da Rússia, mas toda a trajetória do movimento operário e socialista italiano e de suas possibilidades. Durante esse período, ele pôde perceber que a universalidade presente no bolchevismo estava precisamente em sua capacidade de apreensão do particular, que a revolução socialista internacional dependia da mais correta e profunda análise das particulares situações nacionais e populares. A implicação teórica política mais evidente – e que antes já não era estranha a Gramsci – é que a particularidade do PCd'Id'I só poderia se explicitar no

---

[45] Antonio Gramsci, "Che fare?", em *Per la verità. Scritti (1913-1926)* (org. R. Martinelli, Roma, Editori Riuniti, 1964), p. 268-9.

contexto da IC, não fora dela ou em oposição a ela, assim como a forma social italiana só poderia ser entendida efetivamente no contexto europeu e mundial. Por isso, somente depois de sua estada na Rússia e da definitiva derrota da revolução alemã, Gramsci envereda pela linha da refundação comunista, dimensionada pela resistência ao fascismo e pela fórmula política da frente única[46].

Gramsci adentra então pela vertente da refundação comunista que, nesse momento, se manifestava no núcleo formulador da política da IC, particularmente Lênin, mas também Trótski, Radek, Bukhárin, Zinoviev e outros. No entanto, o Lênin que Gramsci incorpora não é tanto aquele da teoria da revolução democrática, nem mesmo aquele da *cisão* (ponto ao qual chegara por outros caminhos), mas o que abre uma nova fase da refundação comunista, ocupando-se dos problemas teórico-práticos da transição e das novas formas de luta operária e anticapitalista após a derrota da onda inicial da revolução socialista emanada da Rússia. Assim, o Lênin de Gramsci é o que tematiza a fórmula política da frente única, não apenas como um movimento tático defensivo, mas como uma estratégia de conquista e manutenção do poder, tendo em vista a transição socialista.

No entanto, o conjunto do movimento comunista entrava numa fase de regressão teórica, principalmente em virtude da doença e morte de Lênin, do início do processo de cisão do grupo dirigente bolchevique e dos limites intrínsecos da transição socialista isolada num quadro de extremo atraso das condições materiais. A reflexão de Gramsci parte de um amplo arco de influências teóricas que se mesclam – dentre as quais parecem se destacar, na cultura italiana, os nomes de Maquiavel, Vico e Labriola –, para definir os nexos de uma refundação comunista, ancorada em Marx e em Lênin. Considere-se ainda que, mesmo que de modo bastante crítico, as contribuições de Sorel e de Rosa Luxemburgo nunca foram abandonadas[47].

Os problemas concretos – saliente-se ainda uma vez – eram aqueles de definir uma linha de resistência ao fascismo que, ao mesmo tempo, preparasse a classe operária para a retomada da ofensiva revolucionária. A fórmula política da frente única englobava uma série de questões à primeira vista díspares ou fragmentadas: o modo pelo qual se poderia preservar a centralidade da fábrica

---

[46] Para a reflexão contida neste item, particularmente, é muito conveniente a consulta de Leonardo Paggi, *Le strategie del potere in Gramsci*, cit.

[47] Para a relação de Gramsci com Rosa Luxemburgo, ver Marcos Del Roio, *Gramsci e a emancipação do subalterno* (São Paulo, Editora Unesp, 2018), cap. 1 e 2.

e das relações sociais depodução na fundamentação da ação política e, ao mesmo tempo, demonstrar a necessidade de se projetar para fora da fábrica, para a conquista de aliados sociais entre outras camadas de trabalhadores, principalmente no campo, para a esfera das subjetividades e de suas representações materiais como o sindicato e as instituições culturais.

A perspectiva da totalidade seria dada pelo partido político revolucionário do proletariado. Ou, de outro modo, a construção do partido operário, com sua capacidade de unificar a classe e formar um arco de alianças, coincide com a construção de uma força capaz de conduzir o processo histórico da perspectiva da totalidade, a qual, por sua vez, só se configura plenamente em meio à transição socialista. A fórmula política da frente única define a estratégia a ser seguida para a consecução desse objetivo histórico de longo alcance.

Munido de um renovado instrumental teórico e político, Gramsci passa a criticar as variantes do comunismo de esquerda presentes na Itália, com manifestações tanto na experiência de *L'Ordine Nuovo,* quanto, principalmente, na corrente conduzida por Bordiga. Na ponderável presença do comunismo de esquerda na Alemanha e na Itália, Gramsci localiza as fragilidades e dificuldades da política de frente única nesses países e no Ocidente, mais em geral.

Não que o comunismo de esquerda não percebesse que a particularidade do Ocidente exigia uma estratégia política diferente da Rússia para a conquista do poder, pelo contrário. Na verdade, o problema era de particularização das condições sócio-históricas do Ocidente, com a perda dos aspectos universais da revolução proletário-socialista, coincidindo nisso com a leitura social-democrata. A "maturidade" do capitalismo apontaria para um exclusivismo operário no processo revolucionário, sendo outra a forma e o ritmo da revolução, pois levaria algum tempo para que a classe revolucionária se identificasse no seu partido de vanguarda.

A complexidade e o ritmo mais lento do processo revolucionário no Ocidente, ditado pela presença de sólidas instituições sociais da classe operária atuando dentro da ordem, não eram o ponto de desacordo essencial entre o comunismo de esquerda e a refundação comunista. A questão nodal, e que distingue toda a vertente teórica da refundação, desde alguns escritos juvenis de Lênin, é a da hegemonia do proletariado no processo revolucionário[48].

---

[48] Sobre a origem do conceito de hegemonia na tradição marxista, pode ser visto Perry Anderson, "As antinomias de Antonio Gramsci" (1976), em Perry Anderson et al., *Crítica marxista: a estratégia revolucionária na atualidade,* cit., p. 16-8.

Falar em hegemonia implica definir uma linha de atuação política que incida sobre o conjunto da formação social e que ultrapasse a mera contradição trabalho *versus* capital em sua forma abstrata. Significa redefinir a relação entre economia e política, perscrutando as formas da subjetividade que mantêm o poder do capital na produção e observando a materialidade da supraestrutura. Significa também voltar os olhos para o papel que os intelectuais e a cultura cumprem na preservação da ordem. Ora, a hegemonia se exerce sobre aliados, daí a necessidade de se definir alianças sociais duradouras, que, nos casos da Rússia e da Itália, só poderiam se constituir com o proletariado agrícola e com o campesinato pobre.

A luta pela hegemonia do proletariado requer, portanto, uma forma de partido revolucionário diferente daquele que o comunismo de esquerda erigia como vanguarda. Era preciso um partido que fosse parte da classe e não a sua abstração, e que agisse em todas as determinações sociais e políticas em oposição radical ao aparato do Estado burguês, não somente dentro da dimensão própria ao mundo do trabalho fabril. A fórmula política da frente única apareceu então para Gramsci como a mais adequada do ponto de vista teórico e prático para chegar à conquista e manutenção do poder e também como a que possibilitava estabelecer o nexo entre o universal e o particular da revolução socialista, na Rússia e no Ocidente. Impossível não perceber então os fortes ecos da problemática da ciência política posta por Maquiavel!

Na Itália, a fórmula política da frente única comporia a estratégia de luta para enfrentar tanto o liberalismo quanto o fascismo, já que se percebia uma clara relação simbiótica entre essas formas de poder burguês, e também para construir a hegemonia do proletariado. No momento em que Gramsci concebe a conexão existente entre o tema da hegemonia e do partido revolucionário da classe operária, afasta-se de Sorel para se aproximar de Lênin, ultrapassando a fase intermediária da aliança com Bordiga. Ocorre então uma redefinição do próprio conceito de cisão e de política. Mantido o "espírito de cisão" em relação à ordem do capital, próprio de Sorel, agora é preciso reconhecer, como Lênin, a necessidade de outra política, uma política revolucionária, dotada de estratégia, voltada para a derrubada da própria ordem do capital e de seu sistema de poder.

De suma importância é observar que Gramsci envereda pela vertente da refundação comunista e pelo caminho do aprofundamento teórico da fórmula política da frente única, incorporando as decisões do III e IV Congressos da IC e dos três primeiros plenos do Ceic, além da literatura política produzida nesse período pelos principais dirigentes bolcheviques, no momento mais elevado da elaboração produzida pela Internacional e que precede o início de uma regressão significativa. Trata-se de uma regressão teórica, que resgata aspectos de economicismo e do voluntarismo[49], presente na tradição social-democrata e no comunismo de esquerda, e que afeta os mesmos atores principais que com Lênin haviam desenvolvido a formulação precedente.

Iniciada no contexto de outubro de 1923, tal regressão teórica, como já observamos, encontra seu fundamento na derrota da revolução socialista internacional, no isolamento da Rússia em situação de extremo atraso das forças produtivas e no deslocamento da centralidade da luta revolucionária da contradição capital *versus* trabalho para os movimentos nacionais de base camponesa. Sua essência está na visão objetivista da economia que, diante do atraso das forças produtivas e da impossibilidade real de que o trabalho associado (ou seja, aquele efetivamente socialista) surgisse como o fio condutor do processo revolucionário e da transição, faz emergir a perspectiva na qual a dimensão da subjetividade, própria da esfera do político, se eleva a uma posição de centralidade, fazendo crer que a realidade deveria adequar-se aos desígnios socialistas[50].

Essa difícil situação objetiva pode explicar por que a segunda fase da refundação teórica do comunismo ocupou-se – particularmente com Gramsci e Lukács – principalmente da materialidade da dimensão subjetiva. A variação apresentou-se nas formas como esse processo poderia ter se expressado. Assim, enquanto Gramsci percebe na fórmula política de frente única uma dimensão universal e um caminho a ser trilhado e aprofundado, não apenas para garantir a manutenção do poder soviético, mas para compreender e derrotar o fascismo,

---

[49] De fato, ocorre uma regressão da dialética e da práxis como elementos fundantes do comunismo marxiano e da refundação leniniana, com uma nova irrupção de formas de pensamento que cindem a subjetividade da objetividade do ser social. Como marco final de uma época de grande fecundidade teórica podem ser citados dois trabalhos, ambos publicados na Rússia, em 1924: Evguiéni Pachukanis, *Teoria geral do direito e marxismo* (trad. Paula Vaz de Almeida, São Paulo, Boitempo, 2017), e Isaak Illich Rubin, *A teoria marxista do valor* (São Paulo, Brasiliense, 1980).

[50] Trata-se, na verdade, de graus diferentes de radicalidade revolucionária que se retroalimentam: o predomínio no núcleo do Ocidente da contradição capital *versus* trabalho propicia, em tese, a revolução do trabalho associado e o desencadeamento de uma transição socialista mais avançada, enquanto as revoluções anti-imperialistas de base camponesa e de caráter nacional--democrático-burguês no máximo possibilitam o capitalismo monopolista de Estado como fase embrionária da transição. A derrota da revolução socialista internacional, em 1921, alterou a situação concreta da Rússia revolucionária, deixando-a reclusa nessa segunda perspectiva.

construindo a hegemonia proletária socialista na Itália e no Ocidente, na União Soviética e na IC se enevereda pelo caminho que levaria ao esvaziamento de suas potencialidades, criando-se assim um paradoxo e uma fratura teórica na cultura marxista entre Ocidente e Oriente. A prisão de Gramsci e a vitória fascista, por um lado, e as condições objetivas que levaram a União Soviética ao socialismo de Estado, de outro, provocaram o esgotamento da refundação comunista que viera à luz na região dos países de revolução burguesa "passiva" ou malograda[51].

Do ponto de vista histórico concreto, a regressão teórica teve início no entrelaçar dos desdobramentos da primeira crise da NEP e no encaminhamento da cisão do grupo dirigente bolchevique, com as repercussões da derrota do outubro alemão no seio da IC (agravada com as derrotas na Polônia e Bulgária). Teve lugar, então, uma ampla redefinição de alianças e de posições políticas, tanto na União Soviética quanto na IC e em muitas de suas seções, tendo predominado um acentuado deslocamento e recuo na formulação teórica e na prática política da frente única, em razão das análises realizadas da crise capitalista e, nesse contexto, do papel do fascismo e da social-democracia.

Na União Soviética, os problemas suscitados pela crise da NEP estimularam o debate sobre as questões atinentes à transição socialista, tais como o desenvolvimento das forças produtivas, a aliança operário-camponesa, a burocracia e a democracia operária. Esse debate, contudo, ocorreu num contexto de derrota da revolução socialista internacional e de grande atraso das forças produtivas, elementos que alavancaram a recomposição objetiva de formas socioculturais e econômicas capitalistas e pré-capitalistas, que corroem o substrato material da refundação comunista emersa no processo revolucionário, induzindo a regressão teórica e cultural, que se expressa como subjetivismo. Assim, a cisão do grupo dirigente bolchevique, com uma redefinição permanente de alianças táticas

---

[51] Nessa leitura, obviamente, não cabe o enquadramento de Gramsci como expoente do chamado "marxismo ocidental". Por esse termo pode ser entendida a produção teórica advinda de intelectuais que não estiveram envolvidos com a práxis revolucionária do movimento operário, como os nomes mais destacados da Escola de Frankfurt, ou, no limite, aqueles que estiveram vinculados aos partidos operários da Europa ocidental, quando essa região se particularizou no decorrer da Guerra Fria. Apenas por antonomásia, "marxismo oriental" pode ser definido como a ideologia de Estado que surgiu na União Soviética e se espalhou por outros países e pelo movimento comunista. As inovadoras elaborações produzidas no decorrer da Revolução Chinesa, por exemplo, não podem ser incluídas nesse caso. Ainda que com uma abordagem um pouco diferente, pode ser visto Domenico Losurdo, *O marxismo ocidental: como nasceu, como morreu, como pode renascer* (trad. Ana Maria Chiarini e Diego Silveira Coelho Ferreira, São Paulo, Boitempo, 2018).

e cada um tentando se apropriar de um aspecto da reflexão de Lênin, tendo em vista a luta pelo poder, não só expressam a regressão, como bloqueiam o emergir de uma nova síntese teórica.

O problema inicial era, no entanto, alcançar novamente os níveis econômicos anteriores ao início da guerra, o que foi conseguido, em geral, apenas em 1927. Em relação à indústria, logo se tomou ciência da necessidade do planejamento, motivo pelo qual foi criada uma instância estatal específica, não só para garantir o crescimento continuado, mas também certa harmonia entre os ramos produtivos. A necessidade do planejamento e da "organização científica do processo de trabalho" reforçou a posição dos administradores técnicos oriundos do antigo regime, assim como a direção unipessoal das unidades produtivas, em detrimento da autogestão e dos soviets.

Na imensa zona agrária, suspensa a situação bélica e instaurada a NEP, em formas diversas assistiu-se a um notável florescimento da tradicional comuna agrária, organizada em torno da produção familiar voltada para o autoconsumo e com o excedente em circulação no mercado, estabelecendo um vínculo frágil com as cidades. A partilha da terra, própria da tradição comunal, seria feita a cada nove anos, segundo a legislação estabelecida, a fim de minimizar as tendências à acumulação capitalista. Nas regiões da Ásia central, as relações sociais agrárias haviam preservado diferentes características das formas sociais turco-orientais. A insuficiência da produção industrial para contemplar as necessidades do campo deu força e visibilidade para a nascente pequena burguesia mercantil (o chamado "nepman"), o que foi identificado pelo comunismo de esquerda como indício de fortalecimento de tendências capitalistas na União Soviética.

Para se manter como organismo dirigente da vida social e condutor da transição socialista, o PCR(b) entendeu que deveria arregimentar uma porção da classe operária que lentamente se reconstituía e sobre essa base ampliar a materialidade do Estado, com um crescente número de novas instâncias administrativas e repressivas. Os limites dos fundamentos sócio-históricos da transição socialista na União Soviética encontram-se no atraso material, conjugado com o predomínio da esfera subjetiva e o fortalecimento do Estado e do partido, em detrimento de um impossível predomínio da autogestão sobre a administração e da sociedade civil sobre o Estado político, única garantia de avanço do processo de transição.

Pode-se então perceber como a hegemonia da classe operária mostrou-se impossível e tornou necessária alguma forma de organização social e política que tivesse outro fundamento. O ingresso no Estado de quadros profissionais técnico-administrativos formados no antigo regime, assim como as claras deficiências culturais e teóricas das massas que aderiram ao partido, são elementos que contribuíram não apenas para comprovar os limites históricos da refundação comunista, mas para legitimar uma sua regressão teórica na União Soviética e na IC[52].

Derrotada em fins de 1923, na XIII conferência do PCR(b), a oposição de Trótski, centrada na reivindicação de maior controle da burocracia e de uma "democracia operária" mais ampla, se retraiu por algum tempo, talvez porque se sentisse parcialmente contemplada com a decisão de se engrossar significativamente a base operária do partido ou porque aguardasse uma melhor definição na situação da IC após o "outubro alemão". As observações de Trótski sobre os problemas do andamento da transição, na aparência, haviam sido absorvidas ou neutralizadas, mas de fato havia sido apenas o episódio inicial da cisão que estava germinando. Esquivando-se de empreender luta aberta no XIII Congresso do PCR(b), realizado em maio de 1924, e também no V Congresso mundial da IC (junho-julho de 1924), Trótski voltou ao debate em outubro, publicando uma coletânea de textos com o título de *Lições de Outubro*[53].

Trótski recuperou e desenvolveu alguns aspectos de sua formulação teórica pré-bolchevique, com destaque para a ideia da "revolução permanente", que enfatizava o desenvolvimento pouco mediado do processo revolucionário. Ocorre então um claro esforço de diferenciação e particularização teórica, com o resgate de sua teoria da revolução permanente, originalmente formulada em 1905, ao mesmo tempo que busca preservar a ligação com a elaboração leniniana. Percebe que a

---

[52] A bibliografia sobre a União Soviética é muito extensa. Como obras de referência podem ser destacadas: Charles Bettelheim, *A luta de classes na União Soviética* (trad. Bolívar Costa, Rio de Janeiro, Paz e Terra, 1979-1983), 2 v.; E. H. Carr, *Historia de la Rusia Soviética* (Madri, Alianza, 1977); Giuseppe Boffa, *Storia dell'Unione Sovietica* (Milão, Mondadori, 1976); Jean Ellenstein, *Storia dell'URSS* (Roma, Editori Riuniti, 1976) e muitas outras. Uma discussão teórica muito útil sobre a questão da transição socialista pode ser vista em Luciano Cavini Martorano, *A burocracia e os desafios da transição socialista* (São Paulo, Xamã, 2002). Como exemplos de diferentes tendências historiográficas atuais sobre a União Soviética e a IC pode-se consultar François Furet, *O passado de uma ilusão: ensaios sobre a ideia comunista no século XX* (trad. Roberto Leal Ferreira, São Paulo, Siciliano, 1995); Vários autores, *Il secolo dei comunismi* (Milão, Marco Tropea, 2001); Aldo Agosti, *Bandiere Rosse: um profilo storico dei comunismi europei* (Roma, Editori Riuniti, 1999); Domenico Losurdo e Ruggero Giacomini (org.), *URSS: bilancio di un'esperienza* (Nápoles, Istituto Italiano per gli Studi Filosofici, 1999).

[53] León Trótski, *As lições de Outubro* (trad. Olinto Beckerman, São Paulo, Global, 1979).

ofensiva do capital e a reorganização da produção que enseja deveriam ampliar a disparidade no desenvolvimento das forças produtivas da União Soviética em relação aos Estados Unidos, que despontava como a grande potência capitalista. Por outro lado, conforme notava, não havia possibilidade de fazer avançar a transição a não ser criando uma classe operária numerosa e uma indústria forte.

Essas observações, somadas à convicção de que a revolução socialista internacional deveria retomar fôlego em curto prazo, levam Trótski a concluir que na União Soviética deveria haver uma industrialização e recomposição acelerada da classe operária, para induzir as bases materiais da transição e até para poder existir uma "democracia operária", ainda que a expensas do campesinato e da aliança que promovera a revolução em 1917. E isso especialmente porque a classe operária da Alemanha e, logo, também da China seriam as principais aliadas na transição socialista na União Soviética, indelevelmente articuladas à revolução socialista internacional. Com essa reavaliação teórica, Trótski tende a se deslocar do leito da refundação comunista, ao qual esteve ligado por pouco tempo, de volta para o comunismo de esquerda, ainda que retomando os pontos de contato que havia no seu pensamento político com os mencheviques, entre os quais a dificuldade do reconhecimento das particularidades nacionais e da importância do campesinato na transição socialista iniciada em países atrasados[54].

Pode-se dizer que Trótski percebe a enormidade dos limites históricos da transição socialista na União Soviética, localizados tanto no atraso das forças produtivas quanto, principalmente, na propensão à acumulação capitalista presente na pequena produção agromercantil. Para Trótski, que destacava a energia com que o capital se desenvolvia nos Estados Unidos, era inevitável, no interesse da transição socialista, o choque com o campesinato russo em nome do urgente desenvolvimento das forças produtivas – sem o qual não haveria um proletariado industrial forte e um Estado operário –, assim como era indispensável o vínculo com a classe operária mundial, localizando então o fulcro do problema na reativação da revolução socialista internacional. Da correta constatação dos limites histórico-concretos da transição no Oriente russo, Trótski se projeta para o subjetivismo na avaliação da correlação de forças, principalmente na arena internacional, prendendo-se ainda à essencialidade do desenvolvimento das forças produtivas.

---

[54] Podem ser consultados Vittorio Strada, "Lenin e Trockij", e Baruch Knei-Paz, "Trockij: rivoluzione permanente e rivoluzione dell'arretratezza", em Vários autores, *Storia del marxismo*, cit., t. III, v. 1, p. 116-30 e p. 131-65.

O PARADOXO ENTRE CISÃO COMUNISTA E FRENTE ÚNICA   129

Trótski entendia que a fórmula política da frente única era adequada para um período de retirada do movimento operário, mas a ocupação do vale do Rhur na Alemanha, sendo "como uma curta revivescência da guerra imperialista", o levou a observar que "em 1923, com efeito, a situação na Alemanha evolui brusca e radicalmente para a revolução", de modo que aquela política deixou de ter sentido. Com a revolução alemã teria começado um novo período, cuja característica principal seria a "chegada ao poder de elementos democrático-pacifistas da sociedade burguesa", já que "o fascismo não pode ser de longa duração; não pode ser um estado normal da sociedade burguesa"[55].

O período reformista no qual a Europa ingressava após a derrota supostamente temporária da revolução alemã era, na análise de Trótski, garantido pelo "fator capital da história contemporânea da humanidade: os Estados Unidos"[56]. Esse país, que vinha consolidando seu imperialismo desde 1898, contava com uma considerável reputação "pacifista", oferecendo-lhe um meio de se inserir nos assuntos europeus e avançar no seu projeto de instauração da supremacia sobre todo o planeta. Ainda que, para Trótski (e para o conjunto da IC), a contradição interimperialista fundamental fosse a que opunha Estados Unidos e Inglaterra, era de crucial importância em sua análise o fato de que os partidos da social-democracia da Europa "se educam e se esforçam para educar as massas operárias na religião do americanismo; dito de outra maneira, elas fazem do americanismo, do papel do capital americano na Europa, uma nova religião política"[57].

Assim, na leitura de Trótski, como estava claro que a América "veio à Europa para instaurar a ordem e não para acumular ruínas", um vínculo duradouro entre o americanismo e o reformismo social-democrata estava se formando, mas o início de uma nova fase de guerras acentuaria a resistência operária, que seria capaz de superar "o evangelho do americanismo", tanto na Europa como na China. A Inglaterra, antes de qualquer outro país, deveria enfrentar o dilema entre ir à guerra ou tornar-se congruente com o Império Americano, dependendo de como viessem a se resolver os conflitos de interesse que colocavam essas duas potências em oposição, principalmente na América Latina[58].

O mesmo dilema estaria diante da Europa como um todo: se o capital europeu se decidisse pelo enfrentamento com a América incorreria na guerra,

---

[55] León Tróstki, *Europe et Amerique* (Paris, Anthropos, 1971), p. 13-5.

[56] Ibidem, p. 19.

[57] Ibidem, p. 28.

[58] Ibidem, p. 30.

mas se capitulasse inteiramente teria de enfrentar a revolução. No entanto, o elemento realmente decisivo para a revolução mundial estava localizado na própria fortaleza do americanismo, com o reformismo sob sua forma mais acabada. Trótski chamava a atenção para o surgimento, nos Estados Unidos, de novas formas de corporativismo, como meio de organização da "aristocracia operária", cuja implicação é "uma espécie de oportunismo social, em meio ao qual se reforça automaticamente a servidão da classe operária"[59].

Esse reformismo garante o apoio interno ao imperialismo americano, ao mesmo tempo que este só é possibilitado em virtude do enorme poder do capital. Trótski (como outros antes dele) não deixa de perceber que a natureza da forma social americana propiciava a experimentação e a inovação, assim como a mecanização do trabalho e a tendência a substituir o homem pela máquina. Ele observa que, graças à forma de organização do trabalho fordista,

> a América não conhece mais a aprendizagem: não perde mais seu tempo para aprender, pois a mão de obra é cara; a aprendizagem é substituída por uma divisão do trabalho em partes ínfimas que nada ou pouco exigem de aprendizagem. E quem reúne todas as partes do processo de trabalho? É a cadeia sem fim, a transportadora. É ela que ensina. Em muito pouco tempo, um jovem camponês da Europa meridional, dos Bálcãs ou da Ucrânia é transformado num operário industrial.[60]

Essa é a explicação para a superioridade da América e "eis por que o socialismo europeu aprenderá a técnica da escola da América"[61], a qual é beneficiada ainda pela composição racional entre produção e demografia. Mas a revolução mundial, na avaliação de Trótski, só atingirá a América numa segunda onda, forçada por uma vitória revolucionária na Europa e na Ásia, ainda que mais atrasadas do ponto de vista das forças produtivas. Como se sabe, grande parte das previsões de Trótski não se consumou, mas o que realmente importa é a percepção clara da tendência expansiva do americanismo e do fordismo, como bases do reformismo e do imperialismo mais poderosos do século XX.

Gramsci nutriu grande respeito intelectual por Trótski durante o período em que esteve em Moscou e em Viena, até o momento em que a questão da fórmula da frente única, da aliança operário-camponesa e da concepção de partido os

---

[59] Ibidem, p. 54.

[60] Ibidem, p. 56.

[61] Ibidem, p. 57.

afastou. As análises de Gramsci sobre as conjunturas italiana e europeia convergem com as de Trótski durante certo tempo, particularmente no que se refere à persistência de uma fase revolucionária e uma opção democrático-pacifista por parte da burguesia. Gramsci compartilhava ainda com Trótski a análise de que a social-democracia seria melhor instrumento para a americanização da Europa do que o fascismo. Além disso, é imperativo observar como a formulação do tema do americanismo e do fordismo, mantida relativamente à margem na IC, foi abordada por Trótski e retomada por Gramsci, no período do cárcere, com a preservação de muitos pontos em comum.

Note-se também que a avaliação da social-democracia como instrumento possível do americanismo foi também abordada por Lukács, algum tempo depois, em 1928, quando da redação das teses para o II Congresso do KPU, que seria realizado no ano seguinte. Lukács observa que, nos Estados Unidos,

> a burguesia conseguiu criar formas de democracia nas quais são dadas todas as possibilidades ao livre desenvolvimento, à acumulação e à ampliação de capitais, e nas quais as formas exteriores de democracia são asseguradas, mas as massas operárias não podem exercer qualquer influência sobre a direção política propriamente dita. A América, não só economicamente, mas também politicamente, é um ideal da atual burguesia dominante.[62]

Da mesma forma, "a social-democracia [...] tende a estimular a edificação de uma democracia de tipo americano em todos os Estados da Europa"[63]. Lukács vislumbra ainda uma tendência geral à fascistização dos sindicatos na época imperialista, entendendo por isso, de modo bastante genérico, a subordinação das instituições sindicais ao Estado do capital. No entanto, a solução dada pelo fascismo italiano afronta os interesses de setores da burocracia sindical, não sendo a mais adequada para os desígnios das burguesias europeias e das burocracias sindicais vinculadas à social-democracia. A opção mais desejável seria a da mediação dos conflitos pela interferência estatal, com a manutenção da democracia política.

Embora tanto a burguesia europeia quanto a burocracia sindical quisessem se aproximar do ideal americanista, a tradição de luta da classe operária e a

---

[62] György Lukács, "Tese de Blum: a ditadura democrática" (extratos), *Temas de Ciências Humanas*, São Paulo, LECH, n. 7, 1980, p. 23.

[63] Ibidem, p. 23.

menor capacidade expansiva do imperialismo europeu dificultavam esse intento. Ainda que de maneira marginal, pode-se perceber que a reflexão sobre a importância do americanismo incidiu sobre a cultura comunista e que o interesse demonstrado por Gramsci em seus escritos carcerários é parte importante de uma preocupação um pouco mais ampla, ainda que muito insuficiente, mas não uma inteira novidade.

Entrementes, a polêmica sobre os fundamentos da NEP, sobre a aliança operário-camponesa e sobre a transição socialista continuou se desenvolvendo na União Soviética, opondo, particularmente, Preobrajenski, expoente da vertente dos comunistas de esquerda – que havia convergido com Trótski –, a Bukhárin, que contava com o respaldo da maioria da direção do partido, mas que era originário também da vertente de esquerda do bolchevismo[64].

Para Preobrajenski, como a Rússia era um país que iniciava o processo de transição a partir de um patamar de atraso significativo, seria necessária uma acumulação socialista originária, que alimentasse a economia urbano-industrial estatizada, o verdadeiro fundamento da transição socialista. A fonte dessa acumulação originária só poderia ser o excedente produzido pela economia mercantil camponesa e pela pequena burguesia mercantil, derivando daí a necessidade de uma relação desigual entre os dois grandes setores econômicos do imenso país. Ademais, era preciso impedir que o fortalecimento da economia mercantil impulsionasse a formação de uma burguesia agrária que viesse a reivindicar o poder estatal, em possível aliança com o capital imperialista.

Assim, a particularidade da transição na União Soviética estaria marcada pela contradição entre duas formas sociais que deveriam se desenvolver até que o choque fosse inevitável, de modo que a vitória do socialismo passava pela industrialização e pelo planejamento da produção em detrimento da burguesia agrária (*kulaks*) e seus aliados potenciais no campo e na cidade, que se beneficiavam da existência das relações mercantis, chegando até à fratura social no interior das cooperativas. Nessa formulação da transição socialista, a NEP e a aliança operário-camponesa cumprem um papel muito limitado, sendo privilegiada a unidade do proletariado urbano e rural.

Karl Radek foi um dos mais originais, decididos e profícuos defensores da fórmula política da frente única na IC entre 1921 e 1923. Originário do

---

[64] Bukhárin e Preobazhenski, até 1921, haviam sido inclusive colaboradores estreitos. A mudança de posição de Bukhárin ocorreu no período da doença de Lênin, quando o convívio e o afeto entre os dois revolucionários se acentuaram.

O PARADOXO ENTRE CISÃO COMUNISTA E FRENTE ÚNICA

grupo espartaquista, ao estabelecer uma aliança com Trótski em defesa da "democracia operária", após a derrota do "outubro alemão" e de seu retorno à União Soviética, aproximou-se também dos comunistas de esquerda. Em meio a essa oscilação política, perdeu-se ou ficou muito reduzida sua oportunidade de aparecer como teórico da estratégia política da frente única, assim como acontecera com Trótski.

Zinoviev tendia – como era a sua característica – a buscar um equilíbrio entre as tendências presentes no debate. Em Trótski, criticava a teoria da revolução permanente e suas implicações na avaliação do papel do campesinato na revolução e na transição. Em Bukhárin, recriminava o possível estímulo ao campesinato mais abastado em detrimento dos mais pobres, além de entender a NEP como um movimento tático de retirada até que, num breve prazo, a revolução mundial se reativasse. Contra Stálin opôs a importância da revolução mundial para a transição contra a ideia do "socialismo num só país".

Assim como Stálin fizera antes, ao proferir uma conferência na Academia de Professores de Moscou, Zinoviev acabou produzindo um livro, intitulado *O leninismo,* que procurava sistematizar as ideias de Lênin, buscando justificar suas posições políticas e teóricas no processo de disputa que precedeu o XIV Congresso do PCR(b). Desse modo, Zinoviev contribuiu significativamente para a regressão teórica do bolchevismo, ao entender serem

indispensáveis obras expondo sistematicamente a essência do leninismo, livros nos quais se esforçará para estabelecer as ideias verdadeiras de Lênin sobre questões candentes de cuja solução depende, em larga medida, a sorte do movimento operário internacional.[65]

Bukhárin, que estivera bastante próximo de Lênin em seus últimos tempos de vida, entendia que a aliança operário-camponesa deveria ser considerada essencial tanto para a conquista do poder como para sua preservação, na base de amplo consenso, no processo de transição socialista. Expressando a necessidade inelutável da hegemonia operária, Bukhárin acreditava ser de caráter geral a assertiva de que

a hora fatal para o Estado do capital e dos proprietários fundiários é chegada só quando a classe operária se afasta completamente da influência da burguesia e

---

[65] G. Zinoviev, *Le Léninisme* (Paris, Bureau d'Editions, Diffusion et Publicité, 1926), p. 7.

dela arranca amplos estratos das massas camponesas, ajudando-as a enveredar por um caminho novo e autônomo.[66]

No caso específico da União Soviética, da situação de incrível atraso no desenvolvimento das forças de produção só seria possível sair muito lentamente, por meio de uma política de Estado que estimulasse a industrialização harmônica com as demandas da cidade e do campo. Diante da tendência de a produção agromercantil degenerar em aberta acumulação do capital, o Estado e o partido deveriam atuar para que a rediviva comuna agrária se transformasse em cooperativas e em fazendas coletivas mecanizadas, e não em propriedade privada capitalista.

Por outro lado, apenas a racionalidade econômica capitalista poderia estimular o acúmulo de riqueza, de modo que a burguesia agrária cumpriria um papel muito importante, ainda que sofresse pesada taxação, a fim de que se pudesse garantir a transferência de recursos para o campesinato pobre. O crescimento da burguesia agrária seria limitado pela expansão do capitalismo de Estado e pelo fortalecimento do cooperativismo. Com o passar do tempo, sem que fosse preciso acentuar a luta de classe ou fazer uma nova revolução, o padrão econômico e cultural no campo se elevaria, de modo que o Estado de transição teria por fundamento apenas a classe dos trabalhadores industriais da cidade e do campo[67].

Esse capitalismo monopolista de Estado, sustentado pela aliança operário-camponesa, criaria de maneira paulatina as condições materiais e culturais da transição socialista na União Soviética. No entanto, como a revolução socialista mundial também sofrera um golpe, essa transição igualmente se daria de forma lenta. A avaliação era de que a "estabilização capitalista" poderia ser duradoura e que o cerne da contradição se deslocara para a periferia imperialista, para a luta de emancipação dos povos colonizados e para o campesinato. Bukhárin, portanto, procurou desenvolver uma visão estratégica da NEP, considerando a aliança operário-camponesa como âncora da transição[68].

---

[66] Nicolai Bukhárin, "La via al socialismo e l'alleanza operaio-contadina", em *Le vie della rivoluzione (1925-1936)* (Roma, Editori Riuniti, 1980), p. 60.

[67] A formulação da política agrária apresentada por Bukhárin foi ora acusada de ser um resgate da política de Stolypin, ainda no período tsarista, por reforçar a burguesia agrária, ora rotulada de neonarodnique, por investir nas formas cooperativas próprias da antiga comuna agrária.

[68] Quando se fala aqui da capitalismo monopolista de Estado é para qualificar um regime no qual o Estado operário detém o monopólio da grande indústria, bancário e do comércio exterior, não tendo qualquer relação com o debate teórico dos anos 1970, ocorrido principalmente na França, sobre a natureza do Estado capitalista naquele momento histórico.

O PARADOXO ENTRE CISÃO COMUNISTA E FRENTE ÚNICA   135

Ele enfatizava que o poder soviético herdara os traços feudais do capitalismo russo, manifesto na presença de enorme massa camponesa, mas que, apesar do atraso, o caminho da transição socialista poderia ser trilhado, mesmo sabendo-se que "a garantia definitiva contra o retorno do velho regime, sustentado por exércitos estrangeiros, é só a revolução internacional, da qual o nosso partido deve ser fautor, partícipe e portador"[69].

Mesmo restritos a essas rápidas observações, é possível notar que só Bukhárin teve uma concepção estratégica da aliança operário-camponesa e da fórmula política de frente única no período de transição, embora também estivesse imerso na regressão teórica que estava envolta pelos limites históricos de origem daquele intento de transição socialista. A aproximação teórica de Gramsci com Bukhárin ocorreu precisa e exclusivamente em torno da perspectiva estratégica da fórmula política da frente única e da aliança operário-camponesa. Somente no período carcerário é que a análise de Gramsci foi ao encontro da percepção de Bukhárin de que a ofensiva do capital prometia frutos duradouros. Todos os outros dirigentes mais destacados da revolução socialista na Rússia viam na fórmula política da frente única apenas um movimento tático defensivo, que deveria ser superado tão logo uma nova eclosão revolucionária tornasse isso possível[70].

Embora seja um continuador obstinado das indicações políticas do último Lênin, particularmente nas questões correlatas da frente única, da aliança operário-camponesa e da NEP, Bukhárin não pode ser visto como partidário da refundação comunista, tanto pelas dificuldades na incorporação da dialética entre objetividade e subjetividade e da filosofia da práxis como pelos limites histórico-concretos com o quais se deparou e que redundaram na falta de autonomia teórica e estratégica, na aliança subalterna com Stálin e na subsequente derrota política[71].

---

[69] Nicolai Bukhárin, "La via al socialismo e l'alleanza operaio-contadina", em *Le vie della rivoluzione (1925-1936)*, cit., p. 92.

[70] Mario Telò, "Bucharin: economia e politica nella costruzione del socialismo", em Vários autores, *Storia del marxismo*, cit., t. III, v. 1, 1980, p. 657-95.

[71] O próprio Lênin já antecipara esses limites teóricos de Bukhárin na sua relação com a filosofia de Marx, opinião reforçada em 1925 por Lukács. Desse modo, antes de Stálin e Zinoviev, Bukhárin já se empenhara num esforço de "sistematização" da teoria comunista, primeiro com o *ABC do comunismo* (1920) (trad. Aristides Lobo, São Paulo, Elipse, 1961), logo seguido do *Tratado de materialismo histórico* (1921) (Rio de Janeiro, Laemmert, 1970), tendo sido este o alvo das críticas de Gramsci nos *Cadernos do cárcere* (mas também de Lukács, antes dele).

Por algum tempo, a aliança de Bukhárin com Stálin fez prevalecer a orientação que distinguia na frente única operário-camponesa o cerne da transição socialista na União Soviética nas condições da "estabilização capitalista". O ápice dessa orientação política decorreu da XIV conferência do PCR(b), de abril de 1925, tendo permanecido até 1927, quando passou a enfrentar dificuldades de diversas ordens, que se mostraram insuperáveis. A influência de Bukhárin na IC também foi significativa e, sem dúvida, estimulou a reflexão de Gramsci sobre a fórmula política da frente única e a aliança operário-camponesa como fundamento do processo revolucionário na Itália.

No entanto, foi Stálin quem concebeu a resolução afirmativa dos limites histórico-concretos da transição socialista na União Soviética e da regressão teórica que comprometeu a práxis da refundação comunista, ainda que, evidentemente, não fosse essa sua intenção consciente. Em concomitância com o período do XIII Congresso do PCR(b) (maio de 1924), Stálin proferiu uma série de conferências, que logo foram publicadas com o título *Sobre os fundamentos do leninismo*. Se, por um lado, esse esforço de sistematização do pensamento de Lênin retirava toda a força dialética da obra teórico-prática do revolucionário recém falecido, por outro, servia de exemplo – logo seguido por Zinoviev – de como o "leninismo" poderia se transformar num poderoso novo senso comum da camada dirigente do novo Estado[72].

A partir da polêmica com Trótski, aos poucos foi sendo concebida a ideia do "socialismo num só país", como suposto aspecto distintivo do "leninismo". A partir de exegeses da produção escrita de Lênin, primeiro Stálin se opôs à fórmula da "revolução permanente" apresentada por Trótski, enfatizando o relativo desprezo com que era tratado o campesinato e as dificuldades apontadas para que a Rússia superasse o atraso e se encaminhasse efetivamente para a transição socialista, sem o avanço da revolução mundial. Em seguida, foi amadurecendo a concepção de que a transição socialista poderia chegar muito perto do ponto de realização/superação, no âmbito de um só país, desde que tivesse o potencial da União Soviética, em extensão, recursos naturais e força de trabalho.

A primeira parte da assertiva, enquanto poderia se referir à concepção de Lênin de que os primeiros passos da transição poderiam ser trilhados num só país e com a forma de capitalismo monopolista de Estado, embora fosse um país de capitalismo atrasado, manteve Stálin e Bukhárin como aliados, mas os desdobramentos práticos do complemento oferecido por Stálin levaram à

---

[72] Joseph Stálin, *Sobre os fundamentos do leninismo* (Rio de Janeiro, Calvino, 1945).

O PARADOXO ENTRE CISÃO COMUNISTA E FRENTE ÚNICA   137

ruptura. Stálin apresentava uma concepção da transição socialista que regredia teoricamente para a esfera da subjetividade, enfatizando o papel do Estado, que deveria, no limite, se fortalecer no processo, em vez de definhar, conforme a formulação de Marx e de Lênin. Como decorrência da formulação teórica de Stálin, a transição culminaria na consolidação de um socialismo estatal nacional, de modo que a fórmula política da frente única e a própria revolução socialista internacional ficariam acopladas aos interesses corporativos do Estado soviético.

Nesse cenário extremamente limitado para a consecução da transição socialista, ainda que em seus primeiríssimos passos, e que se vinculou a um quadro de regressão teórica, no qual todos falavam em nome de Lênin, sem que se alcançasse uma síntese teórica prática, a formulação de Stálin surgiu como a mais adequada para angariar o apoio da massa do partido e da burocracia estatal, parcialmente herdada do antigo regime tsarista. Mas a concepção de Stálin só apareceu em plena maturidade quando efetivamente se concretizou o socialismo de Estado, a partir de fins dos anos 1920, com a superação da experiência da NEP e o congelamento da transição socialista[73].

Trótski, novamente em minoria e isolado, fora afastado do comando do Exército já no início de 1925. Agora eram Zinoviev e Kamanev que se opunham ao aprofundamento da NEP, insistindo que a fórmula da frente única seria apenas um movimento tático e apontando o equívoco teórico da ideia do "socialismo num só país". Ao mesmo tempo, travava-se uma acirrada disputa pelo controle das instituições do partido e do Estado, que no XIV Congresso do PCR(b), realizado em dezembro de 1925, culminaram na completa derrota da oposição conduzida por Zinoviev e Kamanev. A obstinada luta pela unidade do grupo dirigente, que vinha pelo menos desde o X Congresso partidário (1921), caminhava paralelamente ao processo de cisão e regressão

---

[73] A intenção socialista de Stálin é inegável, embora o processo real conduza para uma forma particular de socialismo de Estado. A noção de socialismo de Estado esteve presente na história do movimento operário e socialista desde o chamado "socialismo utópico", passando por Lassalle – ambos combatidos por Marx – e retornando no debate da Internacional Socialista. No caso da União Soviética pós-1929, a expressão "socialismo de Estado" se refere a uma forma de apropriação pelo processo do trabalho que gera capital tanto no trabalho parcelar quanto no trabalho comum organizado pelo Estado, que concentra a propriedade, sendo o responsável pela distribuição desigual do excedente, não havendo trabalho comum conscientemente associado. Esse socialismo de Estado aparece como uma forma de "revolução passiva", que restaura o Estado feudal-absolutista. Consultar Marcos Del Roio, *O império universal e seus antípodas: a ocidentalização do mundo* (São Paulo, Ícone, 1998), cap. 5.

teórica. O resultado foi o predomínio crescente da esfera da subjetividade e o cancelamento paulatino do debate político e do confronto de ideias.

A partir de então, houve uma tendência à aproximação entre todas as oposições que se manifestaram desde 1921. Essa oposição unificada, condensada em junho de 1926, contou ainda uma vez com a destacada figura de Trótski e também de Zinoviev e Kamanev. Os elementos que costuravam uma frouxa unidade da oposição eram a crítica à ideologia staliniana do "socialismo num só país" (com a qual nem mesmo Bukhárin estava de inteiro acordo) e a condução da política econômica que, segundo consideravam, beneficiava uma nova burguesia agrária e mercantil. Pensavam ainda que a aliança entre essas novas forças sociais e a burocracia estatal e partidária ajudava a bloquear a transição socialista, recorrendo à ideologia do "socialismo num só país". Para tentar reverter essa situação, a "oposição unificada" reivindicava melhores condições para a classe operária, um ritmo mais acelerado na industrialização e a implantação de um plano quinquenal.

Embora constituísse cerca de metade do grupo dirigente que fizera a revolução, essa oposição unificada teve uma repercussão muito limitada no novo partido de massa no qual recentemente o PCR(b) se transformara. O esforço de difundir a plataforma de oposição no seio do partido foi truncado, mas alguns pontos foram filtrados e se difundiram nos anos seguintes, tais como a necessidade da rápida industrialização e a implantação de um plano global de desenvolvimento, que teria como resultado indireto o maior fortalecimento da burocracia estatal.

Por meio de métodos que tendiam a rebaixar consideravelmente o debate de ideias e a disputa democrática dentro do partido, a coalizão opositora se desfez em outubro, redundando na capitulação de suas principais lideranças que, mesmo declarando preservar suas opiniões, reconheceram ter empreendido uma atividade política de fração, o que contrariava o estatuto partidário. Ainda assim, Trótski e Kamanev perderam seus lugares na Comissão Política do partido e Zinoviev foi afastado da presidência da IC. Diferentemente dos outros, que capitularam, Trótski persistiu na luta contra a "maioria" do PCR(b) durante todo o ano seguinte, até ser expulso do partido.

III
REFUNDAÇÃO COMUNISTA E FRENTE ÚNICA EM GRAMSCI

1. O INFLUXO DA REGRESSÃO TEÓRICA NA AÇÃO POLÍTICA DA INTERNACIONAL COMUNISTA

Os efeitos do processo de cisão política e regressão teórica no interior do grupo dirigente do partido e do Estado na União Soviética foram determinantes no evolver da política da IC, ampliados pelas derrotas dos intentos revolucionários na Europa e que redundaram numa forma organizativa cada vez mais centralizada. Por outro lado, as repercussões das derrotas de fins de 1923, particularmente na Alemanha, mas também na Bulgária, fizeram-se sentir igualmente no PCR(b), na IC e em vários outros partidos comunistas.

O retorno de Radek para a União Soviética em dezembro daquele ano e seu apoio às demandas de Trótski e outros por uma mais extensa "democracia operária" em oposição à burocratização acentuaram as críticas que Zinoviev e o Ceic inicialmente fizeram sobre as responsabilidades do grupo dirigente do KPD no fracasso do movimento insurrecional de outubro. Como Radek estava formalmente vinculado à direção de Brandler e Thalheimer, seu apoio a Trótski penalizou aqueles militantes alemães que foram identificados como a "direita" da IC e que vinham conduzindo a aplicação da política de frente única, embora tivessem divergências de fundo com o representante do Ceic no que se referia ao estatuto teórico-prático da política de frente única[1].

---

[1] Da ampla bibliografia sobre a história da Internacional Comunista, a maior parte de grande carga ideológica, no interesse que move este escrito, podem ser destacados Milos Hajek, *Storia dell'Internazionale Comunista (1921-1935)* (Roma, Editori Riuniti, 1975) e também Aldo Agosti, *La Terza Internazionale* (Roma, Editori Riuniti, 1974-1979), 3 t., 6 v., e que serviram de base para esta parte do presente estudo.

Ocorreu então uma inusitada aproximação entre tendências mais à direita na IC, aquelas mais profundamente identificadas com a política de frente única, dirigentes do KPD, do KPP (PC da Polônia) e do KSC (PC da Checoslováquia), com algumas das reivindicações políticas de Trótski na União Soviética. Embora Brandler e Thalheimer, numa já frágil posição, tentassem se esquivar desse envolvimento, é inegável que tenham sido as vítimas ocasionais principais do processo de guinada à esquerda da IC, que implicou uma releitura da política de frente única.

Como presidente da IC e um dos dirigentes de maior peso na União Soviética, Zinoviev procurou ocupar uma posição de equilíbrio oscilante no debate que se travava. Percebendo que a esquerda do KPD, contrária à política de frente única propugnada pela IC, tendia a se fortalecer na esteira da derrota de outubro, e que a direita podia se vincular a Trótski, Zinoviev procurou se amparar na tendência de centro que se formava da diferenciação da antiga maioria e que se agrupava em torno de Hermann Remmele.

O titubeante avanço da fórmula política da frente única sofreu um fortíssimo abalo com a reunião do *Presidium* do Ceic, realizada entre dezembro e janeiro para discutir a questão alemã. Karl Radek (com apoio de Trótski e Piatakov) defendeu a continuidade da política de frente única com a social-democracia. A esquerda se opôs ao conjunto de tal política, localizando nela as razões da derrota. A posição que então veio a prevalecer, avalizada por Zinoviev, entendia que a frente única deveria ocorrer apenas pela "base", visando atrair e desmascarar as direções social-democratas, as quais emergiam cada vez mais como "ala do fascismo". Desse modo, as palavras de ordem de "governo operário" ou "governo operário-camponês" seriam apenas palavras agitatórias que visavam à instauração da ditadura proletária[2].

O processo de afastamento da direção do KPD em relação à direção da IC, que levava em pesada conta o surgimento de uma oposição no PCR(b), levou à substituição de Brandler e Thalheimer e ao aplainamento do caminho para a vitória da esquerda no Congresso do KPD, que se realizou em abril de 1924. Criou-se então a possibilidade concreta de uma articulação internacional do

---

[2] Note-se que as derrotas de março de 1921 e de outubro de 1923 tiveram sentido oposto: a primeira fortaleceu a política de frente única, enquanto a segunda a debilitou. É também possível perceber que o apoio de Trótski a Radek na questão alemã correspondia a uma troca pelo apoio de Radek na questão russa, tanto que meses depois (como foi visto anteriormente) Trótski apontaria a ocupação militar do Rhür como o fim da validade da política de frente única com a social-democracia.

comunismo de esquerda tendo em vista anular a política de frente única, que vinha se desenvolvendo desde o III Congresso da IC. E, mesmo não tendo se consolidado essa articulação, a pressão da esquerda foi suficiente para descaracterizar os fundamentos da formulação original. A fórmula intermediária e de conteúdo incerto da frente única pela "base" ganhou também consensos no PCF e no KPP, com conexões evidentes com a luta interna no PCR(b), da maioria da direção contra Trótski e seus aliados.

Quando o V Congresso mundial da IC foi aberto, em 17 de junho de 1924, as esquerdas encontravam-se fortalecidas e na ofensiva política. A fim de conter esse ímpeto e preservar o trabalho desenvolvido pela direção desde o Congresso precedente da IC, Zinoviev procurou atenuar algumas das posições defendidas nos meses passados. Quanto à fórmula política da frente única, esta deveria ser pela "base", mas, em alguns casos e circunstâncias, poderia ser também pelo "alto". O "governo operário-camponês" deveria ser entendido como sinônimo de ditadura do proletariado, mas em casos específicos, como a Itália, a ditadura fascista poderia ser substituída por uma fórmula intermediária, designada como "nova democracia".

Tendo dado pouca importância ao problema, o V Congresso apenas concluiu, em dois parágrafos, que "o fascismo é uma das formas clássicas da contrarrevolução num período de declínio da ordem social capitalista, num período de revolução proletária", assim como "o fascismo é o instrumento de luta da grande burguesia contra o proletariado", ainda que reconheça que, "pela sua estrutura social, ao contrário, o fascismo é um movimento pequeno-burguês". Da simplificação se passa para o erro de avaliar que, "dada a progressiva desagregação da sociedade burguesa, todos os partidos burgueses, em particular a social-democracia, assumem um caráter mais ou menos fascista" e, ainda mais, "o fascismo e a social-democracia são dois aspectos de um mesmo instrumento da ditadura do grande capital"[3]. Era uma significativa regressão em comparação com as exposições de Clara Zetkin e principalmente de Gramsci, em nome da delegação italiana ao III pleno do Ceic, de junho de 1923, além de tornar mais difícil imaginar a tática da frente única como uma formulação para o longo prazo[4].

---

[3] "Risoluzione del V Congresso sul fascismo", citado em Aldo Agosti, *La Terza Internazionale*, cit., t. 2, v. 1, p. 163-4.

[4] Há aqui um eco formidável da linha analítica de Bordiga, apesar de todo o confronto que ele estabelecera com a orientação política geral da IC.

A ambivalência e a busca permanente de um ponto de equilíbrio entre opiniões fragmentadas, em vez de uma síntese que definisse a práxis revolucionária, advieram da regressão teórica em curso, que se manifestou essencialmente na incapacidade de esclarecer a natureza da ofensiva do capital. A fase "democrático-pacifista" que se anunciava para os principais países imperialistas era lida ora como uma expressão de fragilidade do poder burguês (Zinoviev), ora como uma demonstração de força e confiança da burguesia, que, inclusive, poderia deixar de lado o fascismo para adotar formas reformistas de política estatal (Trótski).

As derrotas políticas do movimento operário, em fins de 1923, assim como a estabilização econômico-financeira, com a incorporação de novas técnicas desenvolvidas na guerra, apenas reafirmavam o vigor da ofensiva do capital. A realidade indicava que os caminhos abertos pelo III Congresso mundial da IC deveriam ser aprofundados e mais bem explorados, evitando-se que o subjetivismo da análise de uma esperada nova onda revolucionária viesse a obscurecer a formulação do programa político necessário. Apenas Karl Radek e Clara Zetkin (remanescentes do grupo dirigente espartaquista) defenderam com fervor a orientação política emanada dos congressos anteriores e a centralidade da fórmula política da frente única, denunciando a falácia da contraposição entre "base" e "alto" na sua aplicação.

O início da regressão teórica deu novo fôlego ao comunismo de esquerda e possibilitou o esvaziamento da fórmula política da frente única, que não conseguiu sair de um estágio embrionário de desenvolvimento. Sua limitação mais evidente e causa de seu fracasso foi a persistente expectativa de que a política de frente única oferecesse resultados de curto prazo, quando a crise do capital e a nova onda revolucionária levariam o proletariado à insurreição armada, arrastando consigo a social-democracia, ou parte dela. Devido aos limites impostos pelas condições concretas e pelas circunstâncias, não foi possível aprofundar, do ponto de vista da teoria, a fórmula política da frente única e do governo operário-camponês e, especificamente no núcleo do Ocidente, a questão da conquista do poder e da transição socialista.

A ofensiva do capital propiciara uma fase de estabilização econômica e institucional que implicou o isolamento dos comunistas e a diminuição da sua influência. A percepção do fascismo como ala esquerda da social-democracia, além do grave equívoco analítico, tornava inócua a fórmula política da frente única e afastava os partidos comunistas das massas e da classe operária mais qualificada, que emergia do uso das inovações técnicas surgidas na guerra precedente e utilizadas agora na grande indústria. Dificuldades de diversas ordens afloraram nos partidos comunistas da França, da Alemanha, da Polônia e da Checoslováquia. A Itália, mais uma vez, parecia ser um diferencial, mas agora com o sinal invertido, já que, apesar da turbulência da situação, era o país no qual a política de frente única passava a apresentar alguns frutos.

Do ponto de vista organizativo, num empenho para fazer frente a tantas divergências teóricas e analíticas, decidiu-se enfatizar um Programa da IC (que só ficaria pronto no VI Congresso, em 1928) e a centralização, denominada "bolchevização". Esta implicaria uma maior presença das esferas superiores da Internacional na vida das seções nacionais e uma maior definição ideológica, além da obrigatoriedade da organização partidária a partir das instâncias produtivas. O resultado foi que a cisão no grupo dirigente do PCR(b) se espraiou por toda a IC, assim como a correlata regressão teórica.

As expectativas, que justificaram a guinada à esquerda da IC, sobre um possível agravamento da crise do capital e a retomada da iniciativa operária foram frustradas. O V pleno ampliado do Ceic (março de 1925) reconheceu os erros de previsão e começou a dar alguma atenção ao Oriente. A intervenção de Bukhárin, tratando da importância do campesinato na revolução mundial, refletia o momentâneo sucesso da fórmula política da aliança operário--camponesa na União Soviética, com o desenvolvimento da NEP, assim como a ênfase dada ao relativo sucesso econômico do Estado operário, em contraste com os fracassos no Ocidente, além das possibilidades de desenvolvimento revolucionário presentes na China.

À teoria de Rosa Luxemburgo sobre a acumulação ampliada do capital, que já fora desqualificada no V Congresso, somaram-se as críticas ao "luxemburguismo" na questão da organização partidária, em contraposição à bolchevização. A campanha contra o luxemburguismo foi conduzida pelas esquerdas do KPD logo após a derrota de outubro de 1923, tendo feito prevalecer sua posição crítica às teorias de Rosa Luxemburgo na luta contra a corrente espartaquista, que era a maior defensora da política de frente única.

Certamente a referência visava as resistências presentes no Ocidente (na Alemanha, na Polônia e na Checoslováquia), assim como a determinação do Ceic em favor da bolchevização, que poderia muito bem servir à concepção teórica de partido que Gramsci vinha desenvolvendo na Itália. A corrente espartaquista só voltaria a ter alguma influência na KPD no curto período em que a direção de Bukhárin predominou na IC, entre a queda de Zinoviev e o VI Congresso mundial da IC, quando então o grupo ganhou o epíteto de "conciliadores".

Os espartaquistas temiam que a bolchevização implicasse a dissolução analítica da particularidade sócio-histórica da Alemanha e da Europa centro-oriental, garantida pela imposição de determinada compreensão da fórmula da frente única (recuperando alguns temores expressos pela própria Rosa Luxemburgo, pouco antes de sua morte). O comunismo de esquerda, que se estabeleceu então na direção do KPD, com uma concepção política inteiramente contrária à política de frente única, levava ainda mais a fundo a particularidade do Ocidente e possibilitava uma ação voltada contra o predomínio soviético, tal como subentendido na fórmula da bolchevização, envolvendo frações de diversas seções, como a polonesa, inclusive Bordiga, na Itália.

Uma diferenciação surgida no grupo de ultraesquerda possibilitou que, em 1925, Thälmann assumisse a direção do KPD – mas não sem muita luta –, o que só fez estreitar a aliança que já tinha selada com Stálin. Por outro lado, foram criadas condições para a estabilização de um grupo dirigente no KPD e para uma concepção mais ampla da política de frente única na IC, mais de acordo com as condições políticas da União Soviética. Essa condensação de um novo grupo dirigente favorável, ao mesmo tempo, à bolchevização e à política de frente única contou com a simpatia declarada de Gramsci.

O VI pleno ampliado do Ceic reuniu-se em fevereiro de 1926, com a evidência do declínio de Zinoviev como dirigente do PCR(b) e da IC[5]. Novos atores entraram em cena, originários de reviravoltas nas direções de alguns partidos importantes do Ocidente e com a expectativa de novos e acirrados embates. Ainda assim, Zinoviev, na sua explanação, exprimindo uma nova correlação de forças, voltava a invocar a frente única como uma tática política de longa duração, o que o levou a ser novamente eleito presidente do Ceic. Do ponto de vista organizativo, houve uma atenuação da exigência de se fundamentar a estrutura partidária em células de fábrica, considerando não apenas as potencialidades da organização territorial, mas reconhecendo que a decisão anterior provocara uma evasão de quadros em muitos partidos comunistas.

Apenas concluído o encontro, na União Soviética reacendeu-se o conflito na direção do Estado e do partido, com a formação da chamada "oposição unificada". Ao mesmo tempo, era possível divisar uma tendência conservadora

---

[5] A partir do XIV Congresso, realizado em dezembro de 1925, o PCR(b) passou a se chamar Partido Comunista de toda a União (bolchevique), ainda que a conhecida sigla PCUS só tenha se tornado de uso regular a partir dos anos 1950. A opção neste texto foi a de manter a denominação de PCR(b).

na Europa e na política internacional, permitindo a avaliação de que em tal cenário uma nova guerra era possível e poderia mesmo ter a União Soviética como alvo. A tensão nas relações da União Soviética com a Grã-Bretanha e com a Polônia, após expressivas derrotas do movimento operário nesses países, alimentara o dissenso na IC e no PCR(b).

Entre julho e outubro de 1926, o confronto chegou ao ápice, mas a derrota em toda a linha da "oposição unificada" no PCR(b) levou de roldão toda a área do comunismo de esquerda que ainda resistia na sua oposição de princípio à política de frente única (como era sempre o caso de Bordiga), assim como excluiu ou obrigou a capitular os que tinham restrições a essa política e à NEP, como seu necessário correspondente simétrico. Ao mesmo tempo, porém, esse movimento exigiu uma correção de foco da parte de Bukhárin na avaliação da NEP, fazendo concessões às críticas da oposição, que o acusava de beneficiar o campesinato "médio", em detrimento do campesinato pobre e semiproletário, o que gerou o desequilíbrio que o levaria a contribuir para consolidar as posições teóricas e políticas de Stálin[6].

No VII pleno ampliado do Ceic, em novembro de 1926, a explanação de abertura foi feita por Bukhárin, que permaneceria por algum tempo como o mais notável expoente da IC. Abordou a fase histórica em que se vivia como uma retomada do capital com implicações na própria base técnica do processo de acumulação, de modo que não seria de esperar uma grave crise capaz de propiciar uma oportunidade de retomada da luta pelo poder por parte do proletariado. Tratar-se-ia então de fortalecer os partidos comunistas e desenvolver a fórmula política da frente única, inclusive "pelo alto", enquanto na União Soviética se daria continuidade à NEP. Desse modo, as perspectivas revolucionárias no Ocidente pareciam postergadas por tempo indeterminado. Bukhárin chamou particular atenção para o processo revolucionário na China, que, não obstante sua natureza democrático-burguesa, poderia ser conduzido por uma aliança operário-camponesa, enveredando por uma "via não capitalista" e passando a ser um componente de peso na revolução mundial.

Na discussão sobre a questão russa, aberta por Stálin, este defendeu a possibilidade de a transição socialista se completar na União Soviética de maneira integral e sem a ajuda do proletariado ocidental, sendo possível um avançado desenvolvimento endógeno das forças produtivas. Isso implicava dizer que o poder soviético seria capaz de derrotar a "burguesia soviética" com suas próprias

---

[6] Citado em Aldo Agosti, *La Terza Internazionale*, cit., t. 2, v. 1, p. 389-432.

forças e que as contradições interimperialistas, somadas às forças do movimento nacional anti-imperialista, mormente na China, garantiriam o necessário fôlego à União Soviética. Nesse quadro, o Estado soviético ocuparia um papel propulsor decisivo no processo revolucionário mundial.

As diferenças entre Bukhárin e Stálin começavam a vir à tona de forma muito matizada, mas dariam vazão a uma nova fase do conflito no seio do grupo dirigente bolchevique e que levaria ao fracasso a fórmula do aprofundamento da NEP como via da transição socialista na União Soviética. Enquanto Bukhárin entendia que a burguesia agrária soviética poderia ser assimilada durante o processo de transição, Stálin acreditava que o uso da força estatal, em algum momento, seria inevitável.

O VII pleno do Ceic foi a última grande contenda travada pelas oposições, tanto no PCR(b) quanto na IC. O "comunismo de esquerda", que resistia na Alemanha, defendeu a posição de que a União Soviética se encaminhava celeremente para a restauração capitalista, por meio de uma aliança entre a burocracia estatal e o campesinato rico. A possibilidade de uma aliança entre essa tão pequena quanto heterogênea tendência com a "oposição unificada" russa agrupou a "maioria" numa sólida frente que esmaeceu suas diferenças.

Mas, na verdade, a ênfase da "oposição unificada" recaiu nos riscos de "degeneração" da revolução, na burocratização e no excessivo papel econômico desempenhado pelo campesinato, com as sérias implicações que poderiam advir do retardamento da industrialização e da persistente dependência da União Soviética do mercado mundial. A regressão teórica que afetara a IC se manifestou nesse debate por meio de um sem-número de citações canônicas de Marx, Engels e Lênin, de um e de outro lado, como forma de garantir a correção dos próprios argumentos. Ao final do encontro, a "oposição unificada" foi apontada como portadora de equívocos "social-democratas"[7].

O período da maior influência teórica e política de Bukhárin coincidiu com o apogeu da NEP na União Soviética e com a efervescência revolucionária na China, chamando para o centro da discussão o problema do papel do campesinato no processo revolucionário e na própria transição socialista. O Ceic fez uma abordagem específica sobre a China apenas em março de 1926, no VI pleno ampliado, quase um ano depois de iniciado o processo revolucionário, chamando a atenção para o fato de a China ser um país marcadamente agrário.

---

[7] Ver Paolo Spriano, *Storia del Partito comunista italiano: gli anni della clandestinità* (Turim, Einaudi, 1969), p. 72-87.

O próprio avanço da Revolução Chinesa e a entrada em cena do campesinato implicaram uma reordenação das forças e uma decorrente reflexão sobre a política de frente única que vinha sendo posta em prática, de caráter nacional--democrático e anti-imperialista. À medida que o processo se desenvolvia, com a formação de uma aliança política da burguesia com os chamados "senhores da guerra", em nome da reunificação do país, o campesinato se organizava e promovia mudanças nas relações sociais nas zonas rurais, gerando assim uma dualidade de poderes de prazo longo.

A questão chinesa tornou-se um elemento do embate político no PCR(b) e na IC. Enquanto Trótski e Zinoviev defendiam a ruptura definitiva do PC da China com o Guomidang, em defesa da ideia da "hegemonia do proletariado", Bukhárin e Stálin entendiam que era preciso manter a política de frente única em torno do anti-imperialismo. A diferença entre eles é que, enquanto Stálin entendia que o fundamento da vitória revolucionária estava nos centros urbano-industriais, mesmo que para ver materializar essa concepção fosse necessário refrear a revolta camponesa, para Bukhárin o avanço do campesinato revolucionário poderia deslocar a correlação de forças dentro da frente única anti-imperialista[8].

Esses eventos serviram para dissociar Gramsci de Trótski, com quem o pensador sardo nutrira certa identidade pelo menos até fins de 1924. A postura política e teórica de Trótski no processo de cisão do grupo dirigente bolchevique contribuiu para isso, enquanto o apogeu da NEP, a Revolução Chinesa, as formulações de Bukhárin e principalmente a necessidade de pensar a particularidade da forma social italiana levaram Gramsci a aprofundar suas reflexões sobre a questão camponesa.

2. Gramsci em Viena e a confluência na refundação comunista

Com a viagem adiada por vários meses, finalmente, em fins de novembro, Gramsci deixou Moscou em direção a Viena, onde chegou em 3 de dezembro de 1923. Nas primeiras semanas, ele procurou esclarecer quais seriam suas atribuições políticas e com quais recursos poderia contar para

---

[8] Já foi observado que, ao mesmo tempo, na China, Mao Tsé-tung se aproximava das conclusões de Bukhárin sobre o papel fundamental a ser desempenhado pelo campesinato na Revolução Chinesa e na transição socialista. Ver Mao Tsé-tung, "Informe sobre uma pesquisa feita no movimento camponês no Hunan", em Eder Sader (org.), *Mao Tsé-tung* (São Paulo, Ática, 1982), p. 37-57.

suas atividades. Residindo na periferia de Viena e com recursos limitados, Gramsci empenhou-se desde logo no projeto de fazer reviver o periódico *L'Ordine Nuovo.* A ideia era fazer um periódico que abordasse os problemas mais candentes da classe operária, sem resvalar para a crônica ou para a antologia e que se apresentasse como um órgão voltado para a frente única, ou seja, sem depender diretamente do partido, devendo ser apresentado como uma "resenha de política e cultura operárias", pois assim poderia se difundir também em ambientes intelectuais[9].

A preocupação de Gramsci era, antes de tudo, contribuir para a educação e para o progresso intelectual da vanguarda operária. Parece que ele costumava reagir desse modo sempre que se via politicamente isolado e, naquele momento, pensava também na compilação de um anuário da classe operária, que poderia contar com cerca de setecentas páginas. No entusiasmo que o movia com a ideia do lançamento da terceira fase de *L'Ordine Nuovo,* Gramsci pensava que

> uma publicação de tal gênero teria uma função não indiferente para a educação dos companheiros mais qualificados e responsáveis e para determinar um movimento de simpatia pelo nosso partido em certos ambientes de intelectuais.[10]

No início de 1924, numa carta a Ruggero Grieco, Gramsci sugeria que na apresentação da que seria a série III de *L'Ordine Nuovo* se dissesse que

> *L'Ordine Nuovo* se propõe suscitar nas massas de operários e camponeses uma vanguarda revolucionária capaz de criar o Estado dos conselhos de operários e camponeses e de fundar as condições para o advento e a estabilidade da sociedade comunista.[11]

Em seu empenho para educar a vanguarda, Gramsci ainda propôs outra publicação, que poderia vir a se chamar *Crítica Proletária* e que teria um caráter mais estritamente intelectual. Toda essa atividade de educação e cultura seria parte de um amplo esforço de preparação dos "futuros quadros do partido de massa", que incluía ainda a criação de escolas de partido, notadamente no

---

[9] Antonio Gramsci, "Vienna, 6 dicembre 1923", em *Lettere (1908-1926)* (org. Antonio Santucci, Turim, Einaudi, 1992), p. 132-5.

[10] Idem, "Vienna, 20 dicembre 1923", em *Lettere (1908-1926),* cit., p. 146-50.

[11] Idem, "Vienna, 5 gennaio 1924", em *Lettere (1908-1926),* cit., p. 169.

REFUNDAÇÃO COMUNISTA E FRENTE ÚNICA EM GRAMSCI   149

exterior, a criação de um curso por correspondência e a publicação de uma biblioteca de textos fundamentais[12].

Na situação interna do partido, Gramsci ainda estava convencido de que a minoria partidária de Angelo Tasca continuava agindo de maneira a "estar sempre em condição de demonstrar que a mentalidade da maioria [da direção partidária] continua e continuou a estorvar o trabalho político da Comintern na Itália"[13]. Por outro lado, a insistência de Amadeo Bordiga na subscrição coletiva da maioria da direção de um documento em defesa da orientação política do II Congresso do PCd'I levava Gramsci a acreditar que seu isolamento seria inevitável e deveria durar algum tempo. Ainda no início de 1924, Gramsci reiterava sua recusa em assinar o manifesto proposto por Bordiga, mesmo com o risco de enfraquecer e dividir a maioria diante da oposição interna[14].

Na verdade, Gramsci já parecia convencido da necessidade de se afastar de Bordiga, para melhor combater a tendência de "direita" que se formava ao redor de Tasca, embora julgasse estar praticamente sozinho nessa convicção. A divergência de fundo entre Bordiga e Gramsci se refere à concepção de partido revolucionário e quanto à política exarada pelo IV Congresso da IC e pelo III pleno ampliado do Ceic, com a qual Gramsci se declarava substancialmente de acordo. Entendia, diferentemente de Togliatti naquela ocasião, haver a necessidade imediata de iniciar a formação de um novo grupo dirigente, que ocupasse o "centro" do espectro político-partidário, já que esse seria o único caminho possível para restabelecer as relações de colaboração e confiança com a IC, sem confluir no caminho até então seguido por Tasca e pelo grupo minoritário à direita do partido.

"Não sei com exatidão o que farei. Não é a primeira vez que me encontro nessa situação", dizia Gramsci, reconhecendo sua posição de virtual isolamento

---

[12] Idem, "Vienna, 14 gennaio 1924", em *Lettere (1908-1926)*, cit., p. 184-91.

[13] Idem, "Vienna, 23 dicembre 1923", em *Lettere (1908-1926)*, cit., p. 156.

[14] Durante o período preparatório do III pleno ampliado do Ceic, mesmo estando preso, Amadeo Bordiga redigiu um projeto de manifesto, que deveria ser encaminhado pela direção do PCd'I, em defesa das decisões do II Congresso do partido, em oposição às determinações do IV Congresso da IC, inclusive a política de frente única e a projetada fusão com o PSI. Decidiu-se retardar qualquer decisão sobre o assunto, considerando-se as delicadas circunstâncias enfrentadas pelos italianos naquele momento, tanto diante da IC quanto diante da repressão fascista. No entanto, quando Bordiga deixou a prisão, em fins de outubro, voltou a insistir no documento, ainda que fazendo algumas concessões, minimizando as críticas aos "massimalistas", do mesmo modo que recusou a indicação para integrar o Comitê Executivo do PCd'I.

e lembrando as duras controvérsias que afetaram o grupo de *L'Ordine Nuovo* no decorrer de 1920, durante o processo de realização da *cisão comunista*. Gramsci lembra como

> então, no interior do Partido Socialista, precisávamos nos apoiar nos abstensionistas, se quiséssemos criar o núcleo central do futuro partido; assim, hoje é preciso lutar contra os extremistas se quisermos que o partido se desenvolva e deixe de ser apenas uma fração externa do Partido Socialista.[15]

Gramsci iniciava assim uma segunda fase do movimento de *cisão*, aquele que deveria levá-lo definitivamente à confluência na *refundação comunista* entabulada por Lênin, na qual a educação cumpriria um papel decisivo para que se pudesse formar um grupo dirigente orientado dessa forma. Mesmo acreditando que ficaria sozinho, Gramsci declara-se decidido a combater em duas frentes no PCd'I, contra a "direita" de Tasca e contra o "extremismo" de Bordiga, "extraindo da doutrina e da tática da Comintern um programa de ação para o futuro de nossa atividade"[16].

Repentinamente, ao receber uma carta de Alfonso Leonetti, antigo companheiro das lutas turinesas, Gramsci muda o humor, dizendo na resposta: "sua carta me agradou muito porque me demonstrou que não sou o único a ter certas preocupações nem a considerar necessárias determinadas soluções para nossos problemas"[17]. No entanto, Gramsci se declara contra uma retomada pura e simples do grupo de *L'Ordine Nuovo*, questionando até mesmo a permanência desse grupo, considerando as divergências de outrora e as do momento, assim como os erros políticos cometidos no processo de *cisão*, entre os quais o do grupo não ir além da região do Piemonte.

Seguindo a sugestão oferecida por Umberto Terracini, numa longa carta, Gramsci expõe as grandes linhas da orientação política que gostaria de ver prevalecer no PCd'I como produto da ação de uma nova disposição de forças e tendências, mais adequada ao quadro internacional no qual a Itália se inseria. Assim, era fundamental esclarecer as posições políticas presentes entre os comunistas da Rússia e da Alemanha, por serem precisamente os países decisivos para o andamento da revolução mundial.

---

[15] Antonio Gramsci, "Vienna, 5 gennaio 1924", em *Lettere (1908-1926)*, cit., p. 159-63.

[16] Idem.

[17] Antonio Gramsci, "Vienna, 28 gennaio 1924", em *Lettere (1908-1926)*, cit., p. 220-2.

Gramsci partia do princípio de que, no caso russo, Lênin fazia o papel mediador e sintetizador entre uma tendência mais à esquerda, formada por Trótski, Radek e Bukhárin, e outra à direita, composta por Zinoviev, Kamanev e Stálin. Em relação a Trótski, especificamente, Gramsci observa que

> em toda a história do movimento revolucionário russo, Trótski estava politicamente mais à esquerda do que os bolcheviques, enquanto nas questões de organização frequentemente se aliava aos mencheviques ou até se confundia com eles. Sabe-se que, já em 1905, Trótski entendia que uma revolução socialista e operária poderia ocorrer na Rússia, enquanto os bolcheviques pretendiam estabelecer apenas uma ditadura política do proletariado aliado aos camponeses, que servisse de invólucro ao desenvolvimento do capitalismo, que não deveria ser tocado em sua estrutura econômica. É notório também que, em 1917, enquanto Lênin e a maioria do partido passavam para as posições de Trótski e pretendiam tomar não apenas o governo político, mas também o governo industrial, Zinoviev e Kamanev continuaram nas posições tradicionais do partido [...].[18]

Assim, Gramsci interpreta os acontecimentos de 1917 como uma aproximação de Lênin às posições de Trótski, em detrimento da postura da direita bolchevique, que permaneceu em defesa da orientação política tradicionalmente assumida pelo partido. A centralidade da fábrica como ponto nodal da teoria política de Gramsci e o entendimento de Trótski de que a revolução deveria desde logo interferir na gestão industrial representavam um claro ponto de aproximação entre ambos. Com essa leitura dos acontecimentos históricos, Gramsci justifica sua evidente simpatia pela esquerda e pelas posições que Trótski assumiu no debate desencadeado em fins de 1923.

> Na recente polêmica ocorrida na Rússia se revela como Trótski e a oposição em geral, diante da ausência prolongada de Lênin da direção do partido, se preocupam fortemente com o retorno da velha mentalidade, que seria deletéria para a revolução. Demandando uma maior intervenção do elemento operário na vida do partido e uma diminuição dos poderes da burocracia, querem, no fundo, assegurar à revolução o seu caráter socialista e operário e impedir que pouco a pouco se chegue àquela ditadura democrática, invólucro de um

---

[18] Idem, "Vienna, 9 febbraio 1924", em *Lettere (1908-1926)*, cit., p. 223.

capitalismo em desenvolvimento, que era o programa de Zinoviev e companheiros ainda em 1917.[19]

Assim, a postura de Trótski e da oposição seriam justas na medida em que procuravam evitar que a velha tese bolchevique da ditadura democrática dirigindo o desenvolvimento capitalista voltasse a preponderar. A única novidade de vulto no seio do grupo dirigente bolchevique, segundo Gramsci, era a passagem de Bukhárin para as posições defendidas pela direita, que no momento constituía a maioria do partido. A provável passagem do próprio Lênin para posições mais próximas da direita, ao que parece, passou despercebida a Gramsci, que não escondia suas simpatias por Trótski e certa aversão por Zinoviev e Stálin, assumindo, portanto, uma posição mais à esquerda no espectro político da IC.

O indício mais nítido dessa afirmação é que Gramsci entendia que tanto na Itália quanto na Alemanha persistia a situação revolucionária, tornando ainda mais grave a debilidade dos grupos dirigentes existentes. Em ambos os casos, as tendências à esquerda e à direita presentes na cena eram vistas como incapazes.

No caso específico da Alemanha, Gramsci sustentava a correção da substituição da direção política do KPD, de Brandler e Thalheimer por Fischer e Maslow, entendendo que estes representavam "a maioria do proletariado revolucionário", embora apresentassem sérias restrições à tática da frente única. Mais tarde, quando esse grupo de esquerda se diferenciou, com o surgimento da liderança de Thälmann, que manteve as posturas de esquerda, mas passou a apoiar a tática da frente única, Gramsci viu o processo com muita simpatia.

Mais importante, contudo, é anotar a crítica de Gramsci à aplicação e concepção da fórmula política da frente única elaborada na Alemanha, inicialmente por Levi e Radek, mas que Brandler e Thalheimer, após uma resistência inicial, se sentiram obrigados a acatar.

> Querendo encontrar, a todo custo, aliados para a classe operária, acabaram por negligenciar a função da própria classe operária; querendo conquistar a aristocracia operária controlada pelos sociais-democratas, acreditaram poder fazer isso não já com um programa de caráter industrial, que se fundasse nos conselhos de fábrica e no controle da produção, mas se quis fazer concorrência aos

---

[19] Idem.

sociais-democratas no campo da democracia, levando à degeneração a palavra de ordem do governo operário e camponês.[20]

A crítica de Gramsci acabava valorizando o "espírito de cisão" presente na tradição cultural do movimento operário alemão, a dissociação em relação à institucionalidade estatal burguesa e à sua referência autocentrada. De acordo com esse entendimento, a única concepção possível de frente única era a frente única que incorporasse novos setores operários e populares ao "espírito de cisão", que confrontasse o capital no próprio processo, enquanto o terreno da democracia seria um campo de ação mais adequado ao inimigo de classe.

Ainda que, do ponto de vista estratégico, o grupo derrotado do KPD estivesse mais à direita, o fato é que o equívoco político de outubro de 1923 foi o "golpismo". Sentindo que perdiam a maioria do partido, Brandler e Thalheimer se deslocaram rapidamente para a esquerda sem que a política de frente única tivesse permitido esse deslocamento brusco, que possibilitou o encontro momentâneo entre as posições de Trótski e Radek e as da direção do KPD. Desse modo, a derrota do outubro alemão incidiu diretamente sobre o desenrolar da luta política na União Soviética.

Pela análise, pode-se perceber que, apesar de se colocar à esquerda do espectro da IC, Gramsci se opunha ao "extremismo" de esquerda e, mais importante, identificava na fórmula da frente única uma estratégia que deveria partir da centralidade operária e do governo da produção. Gramsci negava que a IC estivesse realizando uma guinada à esquerda porque ele mesmo estava nessa posição, sem se dar conta de que a suposta situação revolucionária na Alemanha e na Itália não eram reais e que a ofensiva do capital já produzira seus frutos.

Tratando dos problemas da situação italiana, as divergências com Bordiga se explicitaram, girando em torno da relação do PCd'I com a IC, o que implicou a discussão de todo o problema da dimensão internacional do movimento comunista e de seu caráter universal. Bordiga entendia que a particularidade do Oriente russo, que permitiu a vitória da revolução, não dizia respeito ao Ocidente avançado. Com um capitalismo desenvolvido e uma classe operária numerosa, tratar-se-ia de organizar um partido de vanguarda que fosse capaz de subtrair essa classe operária da influência reformista e enfrentar o Estado do capital.

Num capitalismo avançado, não haveria necessidade de alianças sociais e políticas que não estivessem na lógica do conflito capital *versus* trabalho,

---

[20] Ibidem, p. 225.

decorrendo disso que a fórmula política da frente única seria um grave equívoco teórico e prático. Bordiga seguia assim, com o viés extremista, a mesma lógica determinista da social-democracia, que considerava irreparável a diferença entre Ocidente e Oriente.

Ao mesmo tempo que parece repercutir diferentes formulações de Rosa Luxemburgo e de Lênin, Gramsci antecipa a formulação original que viria a desenvolver nos *Cadernos do cárcere,* ao explicar por que a concepção de Bordiga estava errada.

> Em primeiro lugar, porque a concepção política dos comunistas russos se formou sobre um terreno internacional e não sobre o nacional; em segundo lugar, porque na Europa central e ocidental o desenvolvimento do capitalismo determinou não apenas a formação de amplos estratos proletários, mas também e por causa disso criou um estrato superior, a aristocracia operária, com seus anexos de burocracia sindical e de grupos social-democratas. A determinação, que na Rússia era direta e lançava as massas nas ruas ao assalto revolucionário, na Europa central e ocidental se complica por todas essas supraestruturas políticas criadas pelo maior desenvolvimento do capitalismo, torna mais lenta e mais prudente a ação das massas e, assim, requer do partido revolucionário toda uma estratégia e uma tática mais complexas e de longo alento do que aquelas que foram necessárias aos bolcheviques no período entre março e novembro de 1917.[21]

A divergência de fundo não estava, portanto, na particularidade do Oriente russo em relação ao Ocidente. Tanto Bordiga quanto Gramsci constatavam que a revolução no Ocidente seria mais complexa, uma vez que o desenvolvimento do capitalismo era maior e apresentava uma forte presença do reformismo. O que separava um do outro eram a questão da universalidade da Revolução Russa e do movimento comunista e a estratégia revolucionária à qual cabia recorrer.

Ora, a fórmula política da frente única pressupõe a noção de hegemonia. Assim, o tema da hegemonia da classe operária e, portanto, das alianças e das mediações políticas era o que separava os dois revolucionários, com implicações diretas sobre a forma de conceber e organizar o partido e sua atividade. Para Gramsci, a frente única na Itália deveria buscar concretizar a palavra de ordem do "governo operário-camponês" a partir da realidade do país, em disputa contra a aristocracia operária e o reformismo e "pela aliança entre os

---

[21] Ibidem, p. 233.

REFUNDAÇÃO COMUNISTA E FRENTE ÚNICA EM GRAMSCI 155

estratos mais pobres da classe operária setentrional com as massas camponesas do Mezzogiorno e das ilhas"[22].

A continuidade da correspondência com alguns companheiros do antigo *L'Ordine Nuovo* convenceu Gramsci da oportunidade concreta de estruturar uma tendência que se inserisse entre a extrema esquerda e a direita do partido, com a possibilidade de ser o embrião de uma nova maioria e de um novo grupo dirigente. Um passo importante seria a organização da tendência tendo em vista a Conferência do partido programada para Como, no seguinte mês de maio, e a apresentação de um documento. Na avaliação de Gramsci, a retomada do controle das forças produtivas por parte da burguesia e um maior deslocamento à direita da social-democracia permitiam uma retomada do liberalismo em todo o Ocidente. Assim, a superação do fascismo poderia ocorrer por uma via liberal-burguesa e com o predomínio do reformismo no seio do movimento operário[23].

Gramsci percebia a fundamental importância da interlocução com a intelectualidade antifascista e como esta estava tomada pelo pessimismo e pela falta de perspectivas. Essa situação devia-se à ausência de uma perspectiva programática concreta que desse um conteúdo efetivo à palavra de ordem do "governo operário-camponês". Considerando que "as grandes massas, das quais os intelectuais automaticamente se tornam os expoentes, não têm uma linha precisa, não sabem como será possível sair das angústias atuais [...]", torna-se necessário fazer uma análise precisa da situação italiana, interrogando-se sobre todas as possibilidades: "é provável que a palavra de ordem da Constituinte volte a ser atual? [...] é possível que se passe do fascismo à ditadura do proletariado? Quais fases intermediárias são possíveis e prováveis?"[24].

A necessidade de se atravessar fases intermediárias parecia mais provável, a partir do momento em que a cidade de Milão, que contava com o mais numeroso proletariado industrial da Itália, vivia sob a hegemonia reformista. Gramsci então percebia ser esse "o mais importante problema da revolução italiana", já que "em Milão estão os maiores centros vitais do capitalismo italiano: o capitalismo italiano só pode ser decapitado em Milão", sendo que esse, então, "é um problema nacional e, em certo sentido, também internacional"[25].

---

[22] Idem, "Vienna, 1 marzo 1924", em *Lettere (1908-1926)*, cit., p. 259.

[23] Ibidem, p. 260-1.

[24] Idem, "Vienna, 21 marzo 1924", em *Lettere (1908-1926)*, cit., p. 283.

[25] Idem, "Il problema di Milano", em *La costruzione del Partito comunista (1923-1926)*, cit., p. 8.

Gramsci percebe que a chave da frente única deve articular o setor social mais avançado, que é a classe operária milanesa – ainda sob hegemonia reformista –, ao setor mais atrasado, o campesinato meridional, para o qual "o capitalismo se apresenta como estranho à região, assim como estranho se apresenta o governo que administra os interesses do capitalismo". A oposição ao fascismo, assim como à via liberal-reformista – duas variantes do domínio de classe da burguesia –, deixaria aberta para o campesinato a possibilidade de seguir a pequena burguesia democrática meridionalista, com o risco de desagregar o Estado, ou então selar a aliança operário-camponesa. Gramsci percebia que, "na situação atual, com a depressão das forças proletárias existentes, as massas camponesas meridionais assumiram uma importância enorme no campo revolucionário"[26].

Na resposta a uma carta de Piero Sraffa, antigo colaborador de *L'Ordine Nuovo,* Gramsci apresenta em forma de artigo as razões do contorno que então concebia para a política de frente única. Contra a avaliação do velho amigo, agora professor de economia em Cagliari, que, diante da prostração da classe operária, não via outra solução senão apoiar a oposição liberal-democrática para que se viesse a completar uma revolução burguesa, Gramsci argumenta que

> nosso partido é uma fração organizada do proletariado e da massa camponesa, das classes que hoje são oprimidas e pisoteadas pelo fascismo; se nosso partido não encontrasse também para hoje soluções autônomas, próprias, dos problemas gerais, italianos, as classes que são sua base natural se deslocariam no seu conjunto para as correntes políticas que ofereçam para tais problemas uma solução qualquer que não seja a fascista. Se isso ocorresse, o fato teria um imenso significado histórico, significaria que o período atual não é um período revolucionário socialista, mas que ainda vivemos numa época de desenvolvimento burguês capitalista, que não apenas faltam as condições subjetivas, de organização, de preparação política, mas também aquelas objetivas, materiais, para a projeção do proletariado ao poder.[27]

Entende-se então que, para Gramsci, o período histórico da revolução socialista internacional iniciado em 1917 ainda persistia e era muito atual na

---

[26] Idem, "Il mezzogiorno e il fascismo", em *La costruzione del Partito comunista (1923-1926),* cit., p. 171-5.

[27] Idem, "Problemi di oggi e di domani", *L'Ordine Nuovo,* 1º-15 abr. 1924, citado em *La costruzione del Partito comunista (1923-1926),* cit., p. 177-8.

Itália. Para que o fascismo fosse derrotado, assim como também qualquer outra alternativa que preservasse o poder do capital, seria necessária, desde já, a garantia da autonomia organizativa e político-cultural da classe operária. Mas, sendo essa uma classe minoritária no conjunto do país, concentrada na região noroeste e numa situação de derrota e isolamento, era imprescindível a formação de uma frente única com outras camadas proletárias e com o campesinato meridional, visando tornar possível um "governo operário-camponês".

Enquanto Gramsci se encontrava em Viena, em janeiro de 1924, o CC do PCd'I apresentou um documento que indicava o teor da orientação política propagada pelo jornal *L'Unità*, que fez a campanha da chapa Unidade Proletária, apregoando a unidade das forças revolucionárias e o objetivo do "governo operário-camponês". Esse documento dizia que:

> O CC considera a luta eleitoral um momento da ação que o partido conduz pela formação de uma frente única de defesa dos interesses econômicos e políticos da classe trabalhadora, dos quais o fascismo é a negação. [...] entende que todo acordo eleitoral deva ter um caráter programático que possa constituir a base de uma frente única permanente de ação.[28]

A situação não era muito alentadora, uma vez que o regime fizera aprovar uma legislação eleitoral que beneficiaria amplamente sua própria lista de candidatos e que o PSI e o PSU também apresentariam chapa própria, em melhores condições que os comunistas. Para agravar o panorama, Amadeo Bordiga, o mais prestigioso dirigente comunista, recusou a indicação para ser cabeça de chapa. Mesmo assim, o PCd'I, que esperava obter entre oito e doze cadeiras parlamentares, conseguiu um resultado muito melhor do que o aguardado, elegendo dezenove nomes (entre os quais seis da fração socialista terceiro-internacionalista, que ingressaria no PCd'I em agosto). Gramsci foi um dos eleitos, pela circunscrição do Vêneto.

A avaliação do resultado eleitoral de 6 de abril e das perspectivas políticas da tática da frente única foi feita ainda em meados do mesmo mês. Na abertura do debate, Togliatti assinalava que o PSU, o partido mais votado entre os que emergiram da fragmentação do velho PSI, constituía uma "força de reserva da burguesia, uma ala do fascismo", de modo que "a tática da frente única em relação a eles pode ser aplicada somente pela base, para arrastar as massas contra

---

[28] Archivio del Partito comunista, 1924, 229/29, Roma, Fondazione Istituto Gramsci.

os chefes que as traem"[29]. Propôs a fusão com os *terzini* e a realização de uma frente única com o PSI, sem, no entanto, alimentar ilusões e precavendo-se do risco de difundir o "liquidacionismo" entre as próprias massas. O objetivo dessa tática de frente única deveria ser arrancar do PSI o que nele restasse de área de esquerda e assim "favorecer sua eliminação do terreno das competições proletárias"[30]. Apesar de julgar impossível qualquer aliança com o Partido Popular, não obstante sua influência entre os camponeses, Togliatti insistia na centralidade da questão da aliança operário-camponesa.

3. GRAMSCI EM ROMA: A POLÍTICA DE FRENTE ÚNICA E O ANTIFASCISMO

Gramsci retornou à Itália para participar da Conferência de Como, realizada em meados de maio de 1924. Nesse encontro do PCd'I ficaram delineadas três tendências com posições bastante nítidas, cuja correlação de forças, ao final, apresentou uma evidente distorção: a tendência dita de "centro", da qual Gramsci era o grande inspirador, era majoritária no CC, mas era apenas a terceira no conjunto dos delegados presentes, que representavam os quadros intermediários do partido.

A tendência de "esquerda" ratificou assim a linha aprovada no Congresso de Roma de março de 1922, opondo-se à política de frente única e às determinações do IV Congresso da IC, e acusando o erro que teria sido toda a relação estabelecida com o PSI, tendo em vista uma possível fusão. A "direita" confirmou sua visão de que havia um equívoco de origem no PCd'I, que se remetia ao próprio Congresso de Livorno, que fundou o partido, e que a direção seria até mesmo a responsável pela derrota do proletariado italiano, em razão das resistências em incorporar a política de frente única e em processar a fusão com o PSI.

O "centro" elege ainda a "direita" como principal adversário, não apenas pelos riscos que vislumbrava nessa linha para a sobrevivência e a autonomia do partido, mas principalmente pela guinada à esquerda que a IC vinha operando desde o início do ano. Entende que a fundação do PCd'I foi uma ação necessária, mas aponta o erro que teria sido postar-se em oposição à IC a partir do IV Congresso, apesar de defender correções na política de frente única. Na

---

[29] "Verbale della riunione del Comitato Centrale del 18 aprile 1924", *Rivista Storica del Socialismo*, n. 23, 1964, p. 532.

[30] Ibidem, p. 533.

REFUNDAÇÃO COMUNISTA E FRENTE ÚNICA EM GRAMSCI   159

questão da fusão imediata com os *terzini*, o "centro" e a "direita" encontram-se de acordo, enquanto a "esquerda" continua se opondo[31].

A necessidade de se adequar à situação da IC e de tentar ampliar consensos no vértice do partido fez com que inúmeras concessões fossem feitas pela tendência liderada por Gramsci, ela própria em fase de amadurecimento teórico na vertente da refundação comunista e já convivendo com a regressão no conjunto do movimento comunista internacional. Ainda assim, Gramsci tentou fazer uma avaliação positiva do encontro, mas defendendo a revisão das Teses de Roma e a construção de uma nova plataforma programática. Afirmava então que nesse encontro

> o nosso partido se pôs explicitamente, pela primeira vez, o problema de se tornar o partido das mais amplas massas italianas, de se transformar no partido que realize a hegemonia do proletariado no vasto quadro da aliança entre a classe operária e a massa dos camponeses.[32]

Enquanto uma numerosa delegação italiana começava a se deslocar para Moscou, a fim de participar no V Congresso da IC, de repente eclodiu uma crise política que fez trepidar o regime fascista. Com o aparente objetivo de conter o ímpeto dos dirigentes da CGL de estabelecer formas de colaboração com o fascismo e agrupar a oposição democrática, o líder dos socialistas reformistas, Giacomo Matteotti, da tribuna parlamentar, fez uma crítica acerba ao regime. O resultado foi o seu sequestro e assassinato, em 11 de junho, que implicou ainda a retirada da oposição do parlamento, desde o dia 13, até que o caso fosse esclarecido, tendo então se formado o chamado Aventino[33].

Antonio Gramsci – que também deveria ir a Moscou – e Mauro Scoccimarro passam a dirigir efetivamente o partido, pondo à prova a política de frente única antagonista. Num primeiro momento, houve a tentativa de envolver toda a oposição numa ação rápida que aproveitasse a crise política, que Gramsci entendia ser fundamentalmente uma crise da pequena burguesia. Mas o esforço da

---

[31] Citado em Paolo Spriano, *Storia del Partito comunista italiano: da Bordiga a Gramsci*, cit., p. 355-7.

[32] Antonio Gramsci, "Dopo la conferenza di Como", em *La costruzione del Partito comunista (1923-1926)*, cit., p. 182.

[33] Referência à retirada da plebe romana para o monte Aventino, nos arredores da cidade, que reivindicava direitos de cidadania, em 494 a.C.

oposição constitucional democrática, à qual se juntaram também os dois partidos socialistas, era o de conduzir uma saída institucional para a crise do regime, que canalizasse o descontentamento popular para um novo regime democrático-parlamentar. A ruptura do PCd'I com a oposição aventiniana, em função da recusa e do titubeio na mobilização das massas, aparentemente colocou os comunistas numa situação de isolamento, mas o fato é que conseguiu ganhar forças e simpatias, mesmo com o fracasso da greve geral convocada para 27 de junho.

Do mesmo modo, a orientação política do CC ampliou seus apoios internos contra a tendência de "esquerda", que insistia numa ação política ofensiva mais decisiva, e a de "direita", que defendia a unidade de toda oposição antifascista. Contra essa posição, numa reunião do CC, ocorrida em meados de julho, Gramsci disparava: "A primeira tarefa do proletariado, mesmo nessa situação, é a de assumir uma atitude autônoma" e "certos discursos levam a crer que vivemos num país colonial onde a revolução proletária não é possível sem que antes se cumpra uma revolução nacional por parte das 'oposições'"[34].

No entanto, Gramsci jamais se satisfez com a concepção simplista, vigente em amplos setores da IC, de uma política de frente única "pela base", tendo em vista apenas o objetivo da ditadura proletária. Pelo contrário, ocupava-se em ampliar as alianças sociais para setores da pequena burguesia, particularmente para os intelectuais que eram a sua expressão, tendo em vista objetivos intermediários. Por isso, Gramsci criticava os dirigentes republicanos e socialistas porque "não quiseram sancionar ao centro a aliança efetuada na periferia entre as forças revolucionárias proletárias e pequeno-burguesas"[35]. Referia-se então à posição radicalmente antifascista tomada pelos jovens intelectuais agregados em torno da revista *Rivoluzione Liberale,* de Turim, dirigida por Piero Gobetti, e pela revista *Il Caffé,* de Milão, dirigida por Ricardo Bauer. Completava depois:

> Nós comunistas não pedíamos às oposições nada mais que aquilo que estes grupos liberais lhes recriminavam por não terem feito. Se solicitávamos uma ação para impor a demissão do governo fascista, não pretendíamos fixar objetivos nossos.[36]

---

[34] Antonio Gramsci, "Intervento al Comitato Centrale, 14 luglio 1924", em *La costruzione del Partito comunista (1923-1926)*, cit., p. 462.

[35] Idem, "Lotta di classe", *L'Unità*, 24 jun. 1924, em *La costruzione del Partito comunista (1923-1926)*, cit., p. 192.

[36] Idem, "Non siamo soli a criticare", citado por Sergio Caprioglio, "Gramsci e il delitto Matteotti con cinque articoli adeposti", em *Belfagor: rassegna di varia umanità*, n. 3, maio 1997, p. 266.

Em agosto, de acordo com as decisões tomadas no V Congresso da IC, foi selado o ingresso dos *terzini* e a composição de uma nova direção, que indicou o nome de Antonio Gramsci para a secretaria geral, formada pelo "centro", pela "direita" e pelos *terzini*, tendo ficado fora a "esquerda" de Bordiga, por decisão própria. Na discussão sobre a crise italiana, Gramsci entendia que o fascismo estava ferido de morte. Tinha sido um regime nascido e sucumbido em função da crise das classes médias, em verdade a única camada social territorialmente nacional. O fascismo não teria sido capaz de fazer frente à crise, mas sua derrocada deveria ser seguida por fases e objetivos intermediários, durante as quais o proletariado e os comunistas deveriam preservar sua autonomia.

A aliança com a oposição constitucional democrática comprometeria a passagem para fases mais avançadas da luta, "porque as grandes massas trabalhadoras estão desorganizadas, dispersas e pulverizadas no povo indistinto". A fase em curso seria "uma fase preparatória, de transição da luta pelo poder, uma fase, em suma, de agitação, de propaganda, de organização", com o objetivo de

suscitar um amplo movimento das fábricas que possa dar lugar a uma organização de comitês proletários de cidade, eleitos diretamente pelas massas, os quais, na crise social que se perfila, venham a ser o condutor dos interesses gerais de todo o povo trabalhador.[37]

Percebe-se como a estratégia de Gramsci estava ancorada na necessidade da organização autônoma e antagônica dos trabalhadores a partir do próprio processo produtivo e que esse seria o ponto que deveria demarcar a configuração da frente única na base de conselhos de fábrica e conselhos de operários e camponeses. O equívoco da análise decorria da leitura que se fazia da permanência da crise geral do capitalismo e da atualidade imediata da revolução socialista, embora Gramsci tivesse muito clara a necessidade de fases intermediárias que se concatenassem.

Gramsci ainda não percebia que a crise não era apenas da pequena burguesia, que se preparava para selar uma aliança duradoura com o grande capital monopolista, mas também daquela classe operária manufatureira e qualificada que se perdera entre o reformismo e a autogestão fabril, tendo sofrido uma duríssima repressão do fascismo, que desorganizou suas fileiras. As forças

---

[37] Idem, "La crisi italiana", *L'Unità*, 26 ago. 1924 (com o título "Le crisi delle classi medie"), em *La costruzione del Partito comunista (1923-1926)*, cit., p. 28-39.

162 Os prismas de Gramsci

que estiveram organizadas no Aventino representavam a última tentativa de setores do capital, aliados ao social-reformismo, de restaurar um Estado de direito liberal, fundado nas regras do mercado. Essa queda de braço teve lugar entre agosto e outubro de 1924, com o crescente enfraquecimento da oposição constitucional democrática[38].

O debate interno no PCd'I foi travado em alguns congressos provinciais ocorridos entre setembro e novembro. Em fins de setembro, no encontro de Nápoles, que contou com a presença de Gramsci e Bordiga, este recusou uma vez mais o convite de Gramsci para recompor o grupo dirigente surgido em Livorno e, embora ambos estivessem de acordo com a posição que Trótski vinha defendendo, de que a social-democracia poderia se transformar no instrumento político-ideológico de americanização da Europa, a divergência se manifestou novamente na questão da fórmula política da frente única, que, na prática, Gramsci propunha programar com a palavra de ordem de "Antiparlamento".

Diante da letargia que tomava conta da situação política e das oposições – que beneficiava a recomposição do fascismo – e da inoperância da conclamação pela formação de "comitês de operários e camponeses" – que os comunistas vinham propugnando –, em 14 de outubro, numa reunião da Comissão Executiva do PCd'I, apesar das resistências surgidas – particularmente entre os comunistas de Nápoles –, Gramsci decidiu propor que fosse encaminhada a ideia da constituição de um Antiparlamento, formado pelo conjunto das oposições:

> Para nós, esse "Antiparlamento" constituiria uma fase intermediária entre o Parlamento e o sovietismo baseado nos comitês de operários e camponeses. A palavra de ordem da constituição de comitês operários e camponeses ainda não é compreendida pelas grandes massas. Aquela do Antiparlamento será acolhida como uma solução mais congruente com o atual grau de desenvolvimento da situação.[39]

A proposta de Gramsci de subverter a ideia da representação parlamentar do liberalismo foi aceita apenas parcialmente, tendo sido refutada a ideia do

---

[38] Nicos Poulantzas, *Fascismo e dittatura: la Terza Internazionale davanti il fascismo* (Milão, Jaca Book, 1971).

[39] "Archivio del Partito comunista 238/71-76. Verbale della riunione dell'"esecutivo del 14-10- -1924 (Istituto Gramsci)", citado em Silvia De Benedetto, "Gramsci, l'Antiparlamento, la Costituente: due documenti inediti del 1924", em *Nuovo Impegno*, n. 33, Milão, 1976, p. 138.

Antiparlamento como fase intermediária, tanto que no relatório de abertura feito no Comitê Central no dia 17 de outubro Gramsci diz:

> Proporemos às oposições para se convocarem como assembleia representativa com base no regulamento do Parlamento. [...]. Sustentaremos que essa assembleia seria apenas um meio de agitação e não uma força real enquanto não decidir se apoiar num movimento de massas e nos comitês de operários e camponeses.[40]

Como se vê, a concepção política de Gramsci, particularmente no referente à fórmula política da frente única, era muito mais dialética, flexível e móvel do que a da grande maioria dos dirigentes do PCd'I e mesmo da IC. Enquanto Gramsci sentia a necessidade de desagregar as fileiras do inimigo de classe, sem com isso abdicar da própria autonomia, e de perceber o movimento dos atores na totalidade da vida política e social, dirigentes que vinham das vertentes "abstencionista", "massimalista" ou mesmo "ordinuovista" se mantinham atados aos ramos culturais crescidos na tradição do movimento operário italiano. Os resultados do V Congresso da IC, ademais, deram um reforço a essas tendências diferenciadas, que combinaram bem com a formulação rudimentar da "frente única pela base", da sinonímia entre "governo operário-camponês" e "ditadura proletária" e até da "social--democracia como ala do fascismo".

Como esperado, a proposta comunista foi recusada pelas oposições democráticas, desencadeando um momento de desorientação não apenas na militância partidária, mas também na própria IC, que inicialmente sugeriu a maior importância da manutenção da unidade antifascista. Manifestações sociais de descontentamento e o rápido desgaste político do Aventino persuadiram a IC e a massa do partido de que a posição inicial da direção do PCd'I, de reingressar no Parlamento, era a mais adequada para expô-lo como única força de oposição ao fascismo. O resultado foi uma divisão ainda maior das forças políticas antifascistas.

Na reabertura da Câmara, em 3 de janeiro de 1925, o regime passou novamente para a ofensiva com um discurso de Mussolini anunciando uma forte onda repressiva, que atingiu principalmente os comunistas. Mesmo assim,

---

[40] "Archivio del Partito comunista 253/26-32", citado em Silvia De Benedetto, "Gramsci, l'Antiparlamento, la Costituente: due documenti inediti del 1924", cit., p. 146.

os comunistas continuavam a avaliar que o fascismo mantinha a tendência à "normalização", por meio de um acordo com as forças liberais e reformistas.

Na reunião do CC do PCd'I, convocada para avaliar a situação, Gramsci expõe a ideia de que a censura imposta à imprensa sepulta de vez a atividade do Aventino, o qual já tendia à desintegração e à formação de uma vertente liberal constitucional pronta a se aproximar de Mussolini. Este, por sua vez, procurava se desvencilhar dos setores mais turbulentos do movimento fascista, visando constituir um grande partido conservador. Sempre segundo essa análise, os elementos efetivamente de oposição, que estavam com o Aventino, tenderiam a se aproximar do PCd'I, de modo que deveria haver um empenho para acelerar a desagregação do PSI'e dar um novo impulso à palavra de ordem da formação dos "comitês operários e camponeses"[41]. A posição de Gramsci e do PCd'I encontrava-se assim, mais uma vez, entre aquelas mais à esquerda na IC, com uma leitura da política de frente única "pela base" e com o entendimento de que a social-democracia deveria ser atacada desde a sua esquerda[42].

O problema da cisão em marcha no partido bolchevique é abordado pela primeira vez pelos comunistas italianos, e Gramsci sugere que a moção a ser redigida

> deveria conter uma exposição do pensamento de Trótski: suas previsões acerca de um supercapitalismo americano, o qual teria na Inglaterra um braço seu na Europa e que produziria uma prolongada escravidão do proletariado sob o predomínio do capital americano. Recusamos essas previsões, as quais, postergando a revolução por tempo indefinido, deslocariam toda a tática da Internacional Comunista, que deveria voltar à ação de propaganda e agitação entre as massas. E deslocaria também a tática do Estado russo, pois retarda a revolução europeia por toda uma fase histórica [...].[43]

Ora, essa extrema simplificação do raciocínio de Trótski sobre as possibilidades expansivas do americanismo e do possível papel que a Inglaterra poderia vir a cumprir corresponde a uma distorção do pensamento do autor de

---

[41] Antonio Gramsci, "Relazione al comitato centrale", em *La costruzione del Partito comunista (1923-1926)*, cit., p. 467-74.

[42] Há uma sensível analogia com o processo de diferenciação da esquerda comunista no seio do PCd'I com a formação do grupo de "centro" contra Bordiga e o KPD, quando Thalmann conduziu a formação de um novo grupo, dissociando-se de Maslow e Ruth Fischer.

[43] Antonio Gramsci, "Relazione al comitato centrale", em *La costruzione del Partito comunista (1923-1926)*, cit., p. 473-4.

Europa e América, bem como do próprio Gramsci, o qual não estava afastado dessa perspectiva, assim como Bordiga também não. A preocupação declarada por Gramsci era de que o bloqueio da revolução socialista na Europa, caso se efetivasse, viria a consolidar o isolamento da União Soviética, com implicações limitativas sobre o processo de transição socialista. Ao que parece, Gramsci ponderava que a União Soviética poderia ter de regredir para uma fase de ditadura democrática caso a revolução socialista não se difundisse pela Europa. Curiosamente, as críticas dirigidas a Trótski poderiam com mais razão ter Bukhárin como alvo.

No papel de liderança do PCd'I, Gramsci tinha de se mover no interior da correlação de forças existente no seio do grupo dirigente do partido, recebendo os influxos da vida política da IC e, cada vez mais, do processo de cisão do grupo dirigente bolchevique, de modo que a exposição de seu pensamento aparece fortemente condicionada e limitada pelas circunstâncias, a ponto de quase se autocriticar, como na passagem que acabamos de citar. Na verdade, Gramsci precisava ampliar consensos dentro do PCd'I e angariar apoio na IC, de modo que faz uma analogia entre o comportamento de Trótski no PCR(b) e de Bordiga no PCd'I, que tendiam, objetivamente, a compor frações dentro do partido e da IC, contrariando a consigna da bolchevização determinada pelo V Congresso da IC, e, portanto, incidindo na questão da disciplina e da unidade partidária, a qual deveria ser enfatizada nesse momento crucial. A questão da unidade seria de grande importância para o PCd'I, mas, referindo-se ao PCR(b), "a falta de unidade no partido num país no qual só há um partido, divide o Estado"[44].

Enquanto aguardava o momento do embarque para Moscou, quando integraria a delegação italiana ao V pleno ampliado do Ceic, Gramsci começa a pôr em prática o projeto concebido em Viena, sobre uma escola de formação de quadros partidários feita por correspondência. Em fins de fevereiro de 1925, finalmente se desloca para Moscou para assistir à consolidação, que já vinha se delineando, da identificação ideológica entre Trótski e Bordiga como "desvio" do "leninismo". O próprio documento exarado no encontro, ao estabelecer o vínculo entre as concepções teóricas de Trótski e Bordiga e destes com uma variante da tradição da Segunda Internacional, obrigava o próximo Congresso nacional do PCd'I a "decidir se aprova a política conduzida pelo Comitê Central do partido a partir do V Congresso mundial, de acordo com

---

[44] Idem.

a Internacional; ao mesmo tempo deverá exprimir sua escolha entre a tática bordiguiana e o leninismo"[45].

Assim, a ação política e a elaboração teórica de Gramsci estavam delimitadas pela necessidade sentida de se vincular prioritariamente à IC e ao PCR(b), em franco movimento de regressão teórica institucionalizada e se distanciar de Bordiga e de sua concepção de revolução proletária no Ocidente. Mas Gramsci poderia se manter tranquilamente nessa posição enquanto permaneciam atuando sobre suas ideias a noção de Sorel de cisão do mundo operário em relação ao Estado do capital, assim como, até certo ponto, do próprio Bordiga, sobre a fundação do PCd'I como algo inteiramente novo.

Quando retornou a Roma, após dois meses de ausência, Gramsci procurou notificar Jules Humbert-Droz, que continuava sendo o principal responsável da IC para os partidos dos países de língua latina, sobre o andamento da situação italiana. Dizia então:

> Encontramos, ao nosso retorno, a situação muito mudada a nosso desfavor, não do ponto de vista da influência entre as massas, mas pelas maiores dificuldades que põem ao nosso trabalho o governo, de uma parte, e de outra a confederação geral do trabalho.[46]

Enquanto o governo estava prestes a promulgar uma lei contra as organizações antifascistas, a CGL, tentando ganhar legitimidade diante do regime, passava a considerar ilegais as iniciativas políticas dos comunistas. Apesar disso, os comunistas se saíram bem nas eleições sindicais, assim como conseguiram realizar significativas manifestações públicas pelo Primeiro de Maio, mas com os socialistas a fratura só se agravou. Da mesma forma, a luta interna entre a oposição bordiguista e a maioria do Comitê Central também assistiu a novo episódios.

Em 16 de maio, Gramsci proferiu na Câmara dos Deputados o seu único discurso parlamentar, alguns dias depois de ter transmitido ao CC os relatórios do V pleno ampliado do Ceic e de ter dado por convocado o III Congresso nacional do PCd'I. O discurso destinou-se a criticar a chamada Lei Mussolini-Rocco, que, em tese, deveria golpear a maçonaria como organização secreta. O argumento de Gramsci procurou se desenvolver em duas linhas: uma sobre o

---

[45] "Risoluzione del V plenum sulla questione italiana", citado em Aldo Agosti, *La Terza Internazionale*, cit., t. I, v. 2, p. 314.

[46] Antonio Gramsci, "Roma, 25 aprile 1925", em *Lettere (1908-1926)*, cit., p. 417.

significado histórico da maçonaria italiana e outra sobre a verdadeira intenção do projeto de lei que estava em pauta. Essa foi a oportunidade encontrada por Gramsci de expor um esboço de sua compreensão sobre a relação do Estado italiano com as representações das classes sociais.

Partindo da fragilidade originária da burguesia italiana, Gramsci considera que a maçonaria foi "o único partido real e eficiente que a classe burguesa teve por longo tempo", dedicado a combater os inimigos do Estado unitário, que eram principalmente o Vaticano e os jesuítas, representantes das "velhas classes semifeudais". Enquanto a maçonaria servia de efetivo respaldo do Estado liberal--burguês, a Igreja boicotava as eleições e organizava grupos armados rurais, prontos para enfrentar o previsto avanço do proletariado na democracia liberal. Gramsci afirma então que "as classes rurais, que no passado eram representadas pelo Vaticano, hoje são representadas principalmente pelo fascismo"[47].

Gramsci identifica na falta de matérias-primas, na falta de colônias e na questão meridional as "debilidades máximas da vida nacional". Na sua análise, "a Itália tem sido apenas um meio de expansão do capital financeiro não italiano", graças à emigração massiva da força de trabalho. A burguesia contou com duas possibilidades de articular alianças sociais, tendo em vista resolver os problemas da fragilidade estatal e de seu domínio de classe. A primeira, consubstanciada na

> tentativa de estabelecer uma aliança entre a burguesia industrial com certa aristo-cracia operária setentrional, para oprimir, para submeter a essa formação burguês--proletária a massa dos camponeses italianos, especialmente no Mezzogiorno.[48]

Ao mesmo tempo, "na Itália meridional se corrompe a camada dirigente e se domina a massa com os *mazzieri*". Em alternativa a essa, havia a proposta de estabelecer "uma aliança entre os industriais do Norte e certa vaga democracia rural principalmente meridional sobre o terreno do livre-câmbio"[49].

Segundo o raciocínio de Gramsci, ambas essas alternativas visavam ampliar as estreitas bases originais do Estado italiano, enquanto o fascismo, com sua pretensa "revolução", da qual a lei que tinha a maçonaria por alvo declarado, "luta contra a única força eficientemente organizada que a burguesia teve na

---

[47] Idem, "Origini e scopi della legge sulle associazioni segrete", em *La costruzione del Partito comunista (1923-1926)*, cit., p. 75-85.

[48] Idem.

[49] Idem.

Itália, para suplantá-la na ocupação dos postos que o Estado dá aos seus funcionários". Visa, assim, apenas substituir o pessoal administrativo do Estado liberal-burguês por um novo pessoal, chegando depois a um compromisso. O verdadeiro objetivo da lei seria impor as maiores dificuldades para a organização autônoma da classe operária e do campesinato e a revolução que só essas forças aliadas seriam capazes de concretizar para resolver os problemas nacionais[50].

No seu discurso, Gramsci retorna ao entendimento da existência de um vínculo estreito entre o fascismo e as classes dominantes agrárias e talvez por isso não tenha conseguido apreender o fato de que o fascismo estava se aproximando do objetivo de ampliar as bases do Estado através de uma aliança entre o capital financeiro italiano e a pequena burguesia, que englobaria o conjunto das classes proprietárias da Itália, ultrapassando as alternativas burguesas existentes e subsumindo o liberalismo ao fascismo.

Não percebeu ainda que a emigração massiva fazia da Itália um campo de expansão do capital financeiro não italiano, mas também do italiano, que logo reivindicaria suas colônias. É possível que no centro das preocupações de Gramsci já estivesse a burocracia estatal, em vasta medida formada por intelectuais originários das camadas intermediárias agrárias, como enunciaria não muito mais tarde.

O próprio Gramsci fez uma avaliação negativa sobre o significado e o conteúdo de sua intervenção. A propósito escreveu a Giulia Schucht:

> Os fascistas me fizeram um tratamento de favor, de modo que, do ponto de vista revolucionário, comecei com um insucesso. Porque tenho a voz baixa, reuniram-se ao meu redor para me escutar e me deixaram dizer aquilo que quisesse, interrompendo-me continuamente só para desviar o fio do discurso, mas sem vontade de sabotagem. [...] mas não soube me concentrar para responder-lhes, o que fez o jogo deles, porque me cansei e não consegui mais seguir o enfoque que havia pensado para dar à minha intervenção.[51]

4. Rumo ao III Congresso do PCd'I

Na relação feita ao CC, na reunião de maio de 1925, preparatória do III Congresso do PCd'I, Gramsci fez um balanço preliminar da situação do partido,

---

[50] Idem.

[51] Antonio Gramsci, "Roma, 25 maggio 1925", em *Lettere (1908-1926)*, cit., p. 420.

REFUNDAÇÃO COMUNISTA E FRENTE ÚNICA EM GRAMSCI   169

enfatizando o tema da bolchevização e do problema correlato do fracionismo, que era perpetrado pelo grupo de Bordiga. Procurando demonstrar a necessidade da bolchevização, observa que

> as crises atravessadas por todos os partidos da Internacional, de 1921 a hoje, isto é, do início do período caracterizado por um refreamento do ritmo revolucionário, mostraram como a composição geral dos partidos não era muito sólida ideologicamente. Os próprios partidos oscilavam com deslocamentos não raro muito fortes da direita para a extrema esquerda, com repercussões gravíssimas sobre toda a organização e com crises gerais nas ligações entre os partidos e as massas.[52]

Possivelmente marcado pela leitura do opúsculo de Lênin, *O esquerdismo, doença infantil do comunismo*, Gramsci lembra que os partidos comunistas do Ocidente estão numa situação semelhante à dos bolcheviques antes da guerra. Mas, à diferença da Rússia,

> na Europa ocidental, em contrapartida, constituiu-se cada vez mais uma divisão do trabalho entre organização sindical e organização política da classe operária. No campo sindical, a tendência reformista e pacifista desenvolveu-se com ritmo cada vez mais acelerado; [...].[53]

O caso italiano seria ainda mais dramático, pois os comunistas estavam numa situação de lutar pelo direito de disputar a direção da central sindical com os reformistas. E, no que se refere ao partido, persistia o problema da não realização de uma nova síntese teórica que orientasse a política revolucionária e a inserisse no quadro internacional. Criticou a extrema esquerda, mas eximiu-se de repetir (por absurdos) os ataques do texto do recém-concluído pleno do Ceic sobre a questão italiana, segundo o qual Bordiga se deslocara para a direita da IC e haveria um conúbio entre Bordiga e Trótski. As três vertentes principais que confluíram para a formação do PCd'I, em Livorno, continuavam existindo, de modo a criar enormes dificuldades para a "realização dos dois princípios políticos que caracterizam o bolchevismo: a aliança

---

[52] Idem, "La situazione interna del nostro partito ed i compiti del prossimo Congresso", em *La costruzione del Partito comunista (1923-1926)*, cit., p. 63.

[53] Ibidem, p. 64.

entre operários e camponeses e a hegemonia do proletariado no movimento revolucionário anticapitalista"[54].

Gramsci parecia estar convencido de que a chamada bolchevização, com a ênfase na organização por células em locais de trabalho e o fim das frações partidárias, junto com um intenso esforço de formação ideológica de quadros e um debate político aprofundado, seria capaz de levar o PCd'I à superação de seus conhecidos limites. A centralidade da fábrica, enfatizada na concepção da bolchevização, confluía com a perspectiva pregressa de Gramsci e a vinculava com a construção de um partido revolucionário de massas.

Na verdade, o próprio Gramsci estava decidido a aprofundar o caminho pelo qual enveredara em sua primeira estada em Moscou e que implicava conceber da melhor forma possível a inserção dos problemas nacionais da Itália no contexto internacional da revolução socialista. Bordiga, por seu lado, com uma boa dose de razão, era da opinião de que a bolchevização acarretaria a burocratização do movimento comunista.

Precisamente na forma de reação à identificação feita em Moscou da posição de Bordiga com a plataforma de direita da IC começa a se aglutinar uma corrente de esquerda no PCd'I, que foi oficializada em 1º de junho com uma carta assinada por um "comitê de entendimento entre os elementos da esquerda". Logo em seguida, uma carta aberta de Amadeo Bordiga ao Ceic consagra a existência de uma fração de esquerda no PCd'I[55].

Começa então uma intensa e dura polêmica que se prolongou até o III Congresso nacional do PCd'I, período no qual Gramsci desenvolveu sua concepção de partido revolucionário. A trajetória de Gramsci esteve marcada pela concepção de Sorel do socialismo como um ato de cultura gerado a partir do espírito de cisão da classe operária em relação à ordem do capital e à política dos intelectuais. Daí a sua oposição a toda e qualquer separação entre a classe operária e seus pretensos representantes no partido ou nas instituições liberais. A cisão com o reformismo contemplou um momento dessa visão, tendo sido possível a convergência com Bordiga graças à concepção deste da radical oposição entre o proletariado e o Estado do capital.

No entanto, faltava ainda romper com a visão de partido político de vanguarda de Bordiga, que mantinha a cisão entre a classe e seus intelectuais.

---

[54] Ibidem, p. 69.

[55] Citado em Paolo Spriano, *Storia del Partito comunista italiano: da Bordiga a Gramsci*, cit., p. 453-6.

A concepção de partido que Gramsci desenvolve, portanto, se afasta da tradição social-democrata, que leva a classe operária à esfera de ação do capital, e daquela concepção de partido de vanguarda que repõe o politicismo e traz a classe operária de volta para a cisão própria da ordem do capital.

Condicionado pela situação política da IC e do PCR(b), Gramsci se ampara com frequência nas formulações de Lênin, embora algumas importantes observações deste resvalem para a preservação da cisão entre economia e política e entre operários e intelectuais, particularmente no que se refere à gestão da produção. Na verdade, embora muitas das fórmulas de Gramsci sobre a questão do partido e da consciência revolucionária de classe estejam próximas das ideias de Rosa Luxemburgo, estas, no entanto, já tinham sido atingidas por anátema e ficaram na zona de sombra da elaboração gramsciana. Para Gramsci, enfim, o partido é parte da classe enquanto processo histórico no qual se desenvolve a luta anticapitalista e instrumento de criação de uma nova relação entre classe e produção material e entre classe e cultura, materializando uma nova hegemonia.

Por ocasião da morte de Lênin, Gramsci tecera considerações que indicavam a rota de desenvolvimento de seu pensamento a propósito do partido revolucionário. Partindo da peremptória afirmação de que "todo Estado é uma ditadura", Gramsci acrescenta:

> Até quando for necessário um Estado, até quando for historicamente necessário governar os homens, qualquer que seja a classe dominante, estará colocado o problema de haver chefes, de haver um "chefe".[56]

A questão essencial da ciência política situa-se no problema geral do Estado, da ditadura, do governo dos homens, do "chefe". Mas na ditadura proletária, especificamente, "o chefe e o partido são elementos da classe operária, representam seus interesses e suas aspirações mais profundas e vitais ou são uma excrescência, ou são uma simples sobreposição violenta?"[57].

A resposta para essa questão apresenta a concepção de que o partido político revolucionário é a melhor parte da classe, que, no decorrer de um tempo relativamente longo de luta de classe, seleciona os seus "chefes", vale dizer, a sua própria camada intelectual, de modo que a classe gera organicamente

---

[56] Antonio Gramsci, "Capo", em *La costruzione del Partito comunista (1923-1926)*, cit., p. 12-6.

[57] Idem.

a própria consciência e os próprios intelectuais. Isso não significa que esses intelectuais não possam abandonar a classe com a qual estabeleciam vínculos orgânicos e adquirir interesses diferenciados e uma visão de mundo afeita à das classes dirigentes.

O reformismo social-democrata burocratizado configuraria uma excrescência da classe, enquanto as formas cesáreas, como o fascismo, seriam uma sobreposição. Gramsci não parece indiferente ao tema da burocratização das instituições do movimento operário, já posto por Robert Michels e apenas retomado, numa situação bem diferente, por Trótski. A diferença fundamental é que

> a ditadura do proletariado é expansiva, não repressiva. Um contínuo movimento se verifica da base para o alto, uma contínua mudança através de todas as capilaridades sociais, uma contínua circulação de homens.[58]

Assim, a ditadura proletária – como Estado de transição que almeja o fim dos "chefes" – deve ser conduzida por um partido que tende a fazer de todos os homens "chefes", ou intelectuais. Parece inegável então que a persistente preocupação de Gramsci com a centralidade da fábrica e da produção, com a autoatividade das massas, que gera consciência e seleciona sua própria intelectualidade, continua mais próxima de Rosa que da visão de Lênin, para quem a consciência vem de fora da produção pela ação de intelectuais revolucionários que levam à classe a visão da totalidade social e estatal. De Lênin e do bolchevismo, no entanto, Gramsci incorporava a visão de uma organização disciplinada e organizada de modo centralizado e preparada para enfrentar situações extraordinárias, quer fossem uma repressão impiedosa ou uma situação insurrecional.

Nos meses que se seguem ao retorno de Moscou e ao anúncio da formação do "comitê de entendimento", Gramsci entrega-se a uma atividade política intensa em várias frentes. Diante da renovada ofensiva fascista, é preciso defender a organização partidária e seus canais de ligação com as massas. A luta pelo direito de constituir frações comunistas nos sindicatos e na CGL era um elemento decisivo na luta ideológica contra o PSI massimalista e para a atuação da política de frente única pela base que então informava o PCd'I. A conformação de uma fração política de esquerda, que poderia chegar a ponto de cindir o partido, era um perigo a ser enfrentado com energia e sem concessões.

---

[58] Idem.

A ação política de Gramsci estava então voltada para o fortalecimento orgânico e ideológico do partido, tendo em vista o estabelecimento de condições para resistir ao fascismo. A estratégia da frente única visava criar uma coalizão social entre a classe operária e o campesinato que se opusesse ao fascismo e ao capitalismo. Para isso era necessário atrair a base social do PSI e do PPI (católico), cuja implicação era um acirrado debate ideológico, principalmente com a direção massimalista. Em fins de maio, o Ceic exortava o PCd'I a

> tomar um cuidado particular em desmascarar a sabotagem da frente única feita por socialistas e massimalistas [...]. Os operários querem a frente única de todos os elementos revolucionários; é preciso mostrar a eles, com fatos, que os chefes socialistas sabotam a frente única.[59]

Seguindo essa orientação e procurando dar uma resposta rápida à iniciativa da oposição aventina, que encaminhara um apelo ao rei Vittorio Emanuele III, tendo em vista o retorno à normalidade constitucional, o PCd'I apresentou uma proposta de objetivos comuns, claramente inaceitáveis, a todos os partidos antifascistas:

> 1) controle operário sobre a indústria, único meio de lutar contra a plutocracia financiadora do fascismo; 2) a terra aos camponeses, isto é, luta contra os proprietários agrários; 3) luta pela constituição de uma assembleia republicana que surja sobre a base dos comitês operários e camponeses e organize todas as forças antifascistas e antimonárquicas.[60]

Na sua polêmica como o PSI massimalista, Gramsci buscava atrair a base operária desse partido para a cisão com o capital e para a refundação comunista, denunciando o caráter "oportunista" do próprio massimalismo. Para refutar a assertiva dos massimalistas de que o partido operário deveria "obedecer à vontade das massas", Gramsci afirma que

> o Partido Comunista "representa" os interesses de toda a massa trabalhadora, mas "realiza" só a vontade de determinada parte das massas, da parte mais avançada,

---

[59] "APC, 1925, 313/17-21 (Istituto Gramsci)", citado em Paolo Spriano, *Storia del Partito comunista italiano: da Bordiga a Gramsci*, cit., p. 465.

[60] *L'Unità*, 10 jun. 1925, citado em Paolo Spriano, *Storia del Partito comunista italiano: da Bordiga a Gramsci*, cit., p. 464.

daquela parte (proletariado) que quer derrubar o regime existente com meios revolucionários para fundar o comunismo.[61]

Denunciando o isolamento do PSI, Gramsci insiste na importância do internacionalismo e diz que, seguindo o programa da IC, o PCd'I

> luta em duas frentes: contra o fascismo e contra as oposições aventinianas (duas frentes por assim dizer, porque se trata da mesma frente burguesa), pela ação autônoma do proletariado revolucionário, para organizar a luta dos pobres contra os ricos ao redor do proletariado revolucionário, que é o único a poder debelar a reação instaurando um novo Estado, instaurando a sua ditadura.[62]

A leitura de Gramsci sobre o tema da cisão, da refundação comunista, do partido e da frente única tenta fundamentar-se em Lênin, mas traz muito da sua formação soreliana e, muito possivelmente, da influência de Rosa Luxemburgo. Nessa paradoxal justaposição, o que garante a coerência é o próprio entendimento de atuação da frente única pela base. Além disso, sua formulação está fortemente condicionada pelas difíceis condições concretas da ação política, que incluía uma dura batalha no interior do PCd'I e uma persistente indefinição tática na IC. Em Gramsci, o tema da cisão e o antipoliticismo presente em Sorel se subvertem em necessidade de criação de uma nova política que realize a reforma moral e intelectual. O partido educa as massas no espírito de cisão, de modo que

> a tarefa de nós comunistas é de combater a espontaneidade, de desviar o movimento operário dessa inspiração espontânea própria do trade-unionismo de se refugiar sob as asas da burguesia, e de atirá-lo, ao contrário, sob as asas do marxismo revolucionário, isto é, do comunismo.[63]

Gramsci não raro considerou a fração de esquerda do PCd'I uma variante do massimalismo, não apenas por sua inoperância prática, mas pela defesa da

---

[61] Antonio Gramsci, "La volontà delle masse", *L'Unità*, 24 jun. 1925, em *La costruzione del Partito comunista (1923-1926)*, cit., p. 239.

[62] Ibidem, p. 241.

[63] Antonio Gramsci, "Volontà delle masse" e "Volontà dei capi opportunisti", *L'Unità*, 25 jun. 1925, em *La costruzione del Partito comunista (1923-1926)*, cit., p. 246.

existência de frações organizadas no interior do partido. Na rispidez da disputa, ele retomou uma afirmação do V pleno ampliado do Ceic, que causara impacto nas bases do partido, dizendo: "A posição de Bordiga coincide com a de toda a direita da Internacional na reivindicação do direito às frações, à organização das tendências"[64].

A argumentação de Gramsci fundamentou-se resolutamente em buscar legitimidade no "leninismo" e no apoio político do Ceic, enquanto Bordiga insistia na preservação da autonomia e da particularidade de uma "esquerda italiana" no contexto do Ocidente. Para Gramsci, era sempre essencial que se chegasse a uma síntese teórica e a uma unidade ideológica, tendo por eixo o "marxismo revolucionário". Já para Bordiga, o essencial era a defesa da pluralidade de concepções ideológicas. Mas, uma vez reconhecido formalmente que a organização de frações feria o estatuto, cujo modelo fora definido no V Congresso da IC, decidiu-se pela suspensão do debate que vinha sendo travado pelas páginas do *L'Unità*. A discussão transferiu-se então para as instâncias de base do partido, deflagrando o processo congressual.

As divergências que puderam ser esclarecidas no decorrer do debate congressual giravam mais em torno da concepção de partido, de sua origem histórica, de sua relação com a classe operária, de sua forma organizativa e de sua inserção internacional, do que da própria orientação política, pois, na prática, a forma como vinha sendo realizada a política de frente única não se diferenciava cabalmente daquela da crítica formal que Bordiga insistia em expor como um dos equívocos de Lênin na análise das formas de ser da luta de classes no Ocidente. As diferenças de avaliação do fascismo tinham a mesma origem, pois enquanto Gramsci indicava a novidade do fascismo e sua base de massa pequeno-burguesa, Bordiga insistia em ver no regime uma tendência histórica geral de reação da burguesia em crise. Na verdade, a militância partidária foi ganha para a perspectiva de garantir uma organização sólida e centralizada com um vínculo internacional importante, ao invés de defender a autonomia de uma tradição nacional, que não teria como resistir ao fascismo.

Gramsci participou de várias conferências de preparação do III Congresso do PCd'I, inclusive as de Milão e Nápoles, cidades importantes onde a oposição de extrema esquerda era mais significativa, e também ministrou curso de formação política para jovens que ingressavam no partido. Em meio a essa intensa atividade

---

[64] Idem, "I documenti frazionisti", *L'Unità*, 25 jun. 1925, em *La costruzione del Partito comunista (1923-1926)*, cit., p. 234.

política, ele foi amadurecendo as ideias que seriam expostas no projeto de teses da maioria do CC, a serem apresentadas ao Congresso. Em setembro, as teses foram finalizadas com o auxílio sobretudo de Togliatti e Grieco e, obviamente, submetidas ao crivo da IC. No início foram difundidas pelas vias partidárias e só mais tarde parcialmente publicadas na imprensa do partido[65].

No início de novembro, como desdobramento de um malogrado atentado contra a vida de Mussolini, uma nova onda repressiva se impôs, liquidando os restantes espaços legais de autonomia do movimento operário, com a suspensão da CGL, e atingindo duramente a imprensa de oposição e os partidos do Aventino. Particularmente grave mostrou-se a crise do PSI, que abandonou o Aventino em setembro, mas não voltou ao Parlamento. A tentativa de aproximação com o PSU, que acabava de ser dissolvido legalmente, e de confluência na social-democracia internacional, tentada por Pietro Nenni, revelou-se um fracasso que o induziu à demissão da direção do PSI.

Além da Itália, também na França ocorria um deslocamento à direita das forças políticas, que levou ao fracasso da coalizão de governo reformista, então formada por socialistas e radicais. Na verdade, o fortalecimento dos conservadores era a tendência predominante em toda a Europa. Nesse contexto, a IC entendeu que a política de frente única deveria visar também a uma aproximação com as lideranças social-democratas. No caso concreto da Itália, em fins de novembro o PCd'I recebeu uma crítica direta da IC, em carta assinada por Jules Humbert-Droz, que dizia:

> O modo como o partido utilizou a tática da frente única nos parece proceder de certo temor de se dirigir diretamente à direção do partido massimalista e de certa reserva em relação à própria tática de frente única.[66]

A crítica da IC chegara poucos dias depois da reunião do CC que procurou analisar as novas condições que se apresentavam para a ação dos comunistas, ao mesmo tempo que se desenvolvia o processo congressual. Antes de tudo,

---

[65] Das *Teses de Lyon* tiveram maior divulgação as partes conhecidas como "As teses sobre a situação italiana", que podem ser encontradas em diversas publicações. A primeira publicação integral veio à luz somente em 1990, num volume que apresentou o material referente a um seminário intitulado *Le tesi di Lione: riflessioni su Antonio Gramsci e la storia d'Italia* (Milão, Franco Angeli, 1990).

[66] "APC, 1925, 315/29-31 (Istituto Gramsci)", citado em Paolo Spriano, *Storia del Partito comunista italiano: de Bordiga a Gramsci*, cit., p. 467, nota 2.

Gramsci chama a atenção para a necessidade de adequação organizativa perante as novas condições impostas com a colocação fora da lei do movimento operário autônomo e a repressão à imprensa e às organizações antifascistas. Notava que o fascismo estava prestes a alcançar o objetivo de unificação das frações da burguesia, "reduzindo, assim, ao mínimo as debilidades organizativas da própria burguesia", de modo que "ao monopólio político corresponde o monopólio econômico completo da burguesia representada pelo fascismo". A gravidade da situação se patenteava ao se constatar que "o fascismo, enfim, [...] destruiu todos os organismos da massa, anulou toda a força de manifestação da vontade popular, anulou de fato os poderes representativos"[67].

A reversão dessa situação exigiria uma intensa atividade organizativa e educativa dos comunistas, sobre o proletariado industrial do Norte e o campesinato do Sul da Itália. Gramsci observava a respeito que

> na Itália a situação é revolucionária quando o proletariado do Norte é forte; se o proletariado do Norte é fraco, os camponeses seguem a pequena burguesia; e reciprocamente os camponeses da Itália meridional representam um elemento de força e de impulso revolucionário para os operários do Norte. Os operários setentrionais e os camponeses meridionais são, portanto, as duas forças revolucionárias imediatas (80% dos camponeses do Meridione são controlados pelos padres) às quais devemos dedicar a nossa atenção.[68]

A aliança operário-camponesa é então o fulcro da frente única na Itália, a qual deve estar voltada contra a burguesia organizada pelo fascismo e, eventualmente, também contra uma possível "aristocracia operária", burocratizada e corrompida pelo capital. Gramsci tinha a clara percepção de que a Itália era o elo mais fraco da cadeia imperialista, que a sua burguesia era organicamente frágil e dependente da Inglaterra e dos Estados Unidos.

Essa posição política é veiculada nas páginas do *L'Unità*. Um duro ataque ao PSI é acompanhado por uma nítida conclusão:

> O problema fundamental que na situação presente o Partido Comunista deve se propor a resolver é o de levar o proletariado novamente a ter uma posição

---

[67] Antonio Gramsci, "Intervento al Comitato Centrale", em *La costruzione del Partito comunista (1923-1926)*, cit., p. 477.

[68] Ibidem, p. 478.

autônoma de classe revolucionária, livre de toda influência de classes, grupos e partidos contrarrevolucionários, capaz de reunir em torno de si e guiar todas as forças que possam ser mobilizadas para a luta contra o capitalismo. [...]
O Partido Comunista deve combater sistematicamente e desmascarar aqueles grupos e partidos políticos que são veículo da influência sobre o proletariado de outras classes e de categorias sociais não revolucionárias. O partido deve se desdobrar para retirar a influência destes [veículos] até das camadas mais atrasadas da classe operária e fazer surgir da base uma frente única de forças classistas.[69]

Comparando a carta de Humbert-Droz – que sugeria que o PCd'I se aproximasse do PSI para resistir à consolidação do regime fascista – com a intervenção de Gramsci no CC e com esse artigo, percebe-se que estavam em conflito duas concepções distintas da política de frente única. Essas duas concepções, na verdade, expressam duas estratégias diferentes de luta contra o capital e não variantes táticas utilizadas em uma ou outra ocasião. Nesse aspecto, a política do PCd'I continuava sendo a de se confrontar diretamente com o PSI, visando atrair suas bases operárias para o campo revolucionário. A diferença é que Bordiga considerava, no melhor dos casos, inócua a fórmula política da frente única, ao passo que, para Gramsci, a política da frente única a partir da base constituía uma estratégia anticapitalista eficaz, mas que demandava melhor elaboração teórica.

A organização das massas trabalhadoras, dentro de um espírito de cisão com o capital e o Estado burguês, dar-se-ia por meio da construção material de uma subjetividade antagônica na fábrica, nos demais locais de trabalho, nos sindicatos e nas mais variadas associações socioculturais. Aqui também aparecem os elementos de continuidade com a reflexão de Sorel, ao criar uma clara demarcação entre o mundo da política operária e o da política burguesa, entre o caráter emancipatório da primeira e aquele alienado e opressor da segunda. Para Gramsci, a fórmula da frente única servia à estratégia revolucionária de criação de uma sociedade civil do mundo do trabalho associado, antagônico ao domínio do capital. Tratava-se da criação, em suma, de uma nova hegemonia.

O problema é que a IC oscilava entre duas estratégias possíveis na tática da frente única: essa para a qual Gramsci buscava encontrar uma

---

[69] Antonio Gramsci, "Elementi della situazione", em *La costruzione del Partito comunista (1923-1926)*, cit., p. 84.

definição, perscrutando os passos concretos e os objetivos parciais, e outra que pressupunha formas de unidade entre os partidos operários dentro da ordem. Em suma, o nó da questão estava em como decifrar o enigma da social-democracia, mas a indefinição da IC daria motivos para novos desentendimentos com o PCd'I.

IV
A ESTRATÉGIA DA FRENTE ÚNICA
ANTIFASCISTA

1. As teses de Lyon e a teoria da revolução socialista na Itália

O III Congresso nacional do PCd'I, em razão da situação política do país, teve de ser realizado na cidade de Lyon, na França, de forma clandestina. Na reunião preparatória do Congresso, Gramsci assinalou os pontos mais importantes que deveriam nortear os debates, procurando contrapor as teses da maioria do CC, que ele representava, àquelas da minoria de "extrema esquerda", encabeçadas por Amadeo Bordiga. Gramsci começou insistindo na importância da bolchevização do partido, segundo a diretriz apresentada no V Congresso mundial da IC e no V pleno ampliado do Ceic, vista como a necessidade de "combater qualquer desvio da doutrina e da prática da luta de classe revolucionária"[1].

Essa afirmação – perigosa, considerando os acontecimentos subsequentes na vida do PCR(b) e da IC – destinava-se a enunciar os pontos fundamentais de divergência entre a orientação política que vinha sendo desenvolvida e aquelas defendidas pela oposição. A bolchevização, conforme entendida pela IC, implicava organização do partido a partir da fábrica e ênfase no centralismo. Apesar da dureza de algumas locuções, o objetivo de Gramsci continuava sendo o de construir uma nova "síntese teórica", pois era assim que entendia a bolchevização.

Segundo Gramsci, as divergências entre os comunistas italianos podiam ser agrupadas em três problemas fundamentais:

---

[1] Antonio Gramsci, "Il Congresso de Lione: intervento alla commissione politica", em *La costruzione del Partito comunista (1923-1926)*, cit., p. 482.

1. o problema das relações entre o centro dirigente do partido e a massa dos companheiros nele inscritos; 2. o problema da relação entre o centro dirigente e a classe operária; 3. o problema das relações entre a classe operária e as outras classes anticapitalistas.[2]

A resolução desses problemas aparece como necessidade para que

a classe operária seja a classe dirigente da luta anticapitalista, o Partido Comunista dirija a classe operária nessa luta e seja internamente construído de modo a cumprir essa sua função fundamental.[3]

Os dois primeiros problemas apresentam um caráter organizativo, com implicações na natureza do partido e em seu caráter de classe. A explanação de Gramsci sugere novamente que a consciência revolucionária operária surgia da posição de classe e que existia o risco da formação de uma camada social intelectual descolada da própria classe, preocupações presentes de formas distintas em Sorel, em Rosa, mas também no último Lênin.

Gramsci reitera que o partido deve ser considerado "parte da classe", que deve se empenhar para "elevar o nível político das massas" e que "os organizadores da classe devem ser os próprios operários". Dessa posição deriva a ênfase na unificação política da classe operária e de sua organização nos locais de trabalho. A posição teórica da "extrema esquerda", na crítica de Gramsci, errava ao ver o partido como um "órgão da classe", já que, ao colocar no mesmo plano os elementos que compõem as fileiras do partido, independentemente de sua origem social, "não se preocupa em salvaguardar o caráter proletário do partido" e destaca "os intelectuais como elementos política e socialmente mais avançados"[4].

Além de buscar a unificação da classe operária, os comunistas deveriam também unir todas as classes anticapitalistas, pois

em nenhum país o proletariado está em condições de conquistar o poder e de mantê-lo só com suas forças: assim, ele deve procurar aliados, ou seja, deve conduzir uma política capaz de colocá-lo à frente das outras classes que têm interesses

---

[2] Idem.

[3] Idem.

[4] Idem.

anticapitalistas para guiá-las na luta pela derrocada da sociedade burguesa. A questão é particularmente importante para a Itália, onde o proletariado é uma minoria da população trabalhadora e está situado geograficamente de forma tal que não pode só pretender a condução de uma luta vitoriosa pelo poder depois de resolver o problema das relações com a classe dos camponeses.[5]

Embora Gramsci não se refira explicitamente à fórmula política da frente única, seu entendimento da questão fica bastante nítido nesse momento. Tratava-se de unificar a classe operária com a direção do Partido Comunista, garantindo sua autonomia e sua postura antagônica, para o que seria necessário "desagregar socialmente e também politicamente as oposições, para lhes tolher as bases que tinham entre as massas". Isso seria feito por meio da polêmica acirrada, particularmente com as direções dos agrupamentos de base operária, buscando sempre se antepor a fenômenos de "aristocracia operária" e formar uma frente única pela base, tendo em vista "o problema fundamental: abater o fascismo". A construção da unidade operária se daria ao mesmo tempo que se estabelecia uma relação com as massas camponesas e se enfrentava a força reacionária do Vaticano e a influência clerical, particularmente no Sul do país. Assim se forjaria uma frente única de massas, antifascista, anticlerical e anticapitalista[6].

O fascismo deveria ser visto não apenas como um órgão de combate da burguesia, mas também como um movimento social. O erro de Bordiga fora, segundo Gramsci, considerar apenas o primeiro aspecto do problema. Mas, ao concluir seu projeto de unificação orgânica da burguesia, o fascismo obriga os comunistas a atentar para "as diversas estratificações da classe burguesa" e "examinar as estratificações do próprio fascismo", a fim de que ocorra uma adequação tática que perceba que "será no seio do próprio fascismo que tenderão a ressurgir os conflitos que não podem se manifestar por outras vias"[7].

Se o fascismo aparece como solução para as contradições intraburguesas, também é a demonstração de que

a situação italiana caracteriza-se pelo fato de que a burguesia é organicamente mais fraca que em outros países e se mantém no poder só enquanto consegue

---

[5] Ibidem, p. 483.

[6] Ibidem, p. 484.

[7] Ibidem, p. 486.

controlar e dominar os camponeses. O proletariado deve lutar para tirar os camponeses da influência da burguesia e colocá-los sob sua direção política.[8]

É certo que Gramsci se equivoca quanto às dimensões dessa pretensa fraqueza e da capacidade de organização da burguesia italiana, assim como imagina, nesse momento, que a luta anticlerical poderia ter sucessos mais rápidos, mas já conta com uma visão mais complexa das formas de domínio da burguesia. Antes, tendia a concordar com a ideia de que o fascismo e uma coalizão liberal-conservadora serviriam como duas vias alternativas para a preservação do poder do capital. Agora, pensava que a queda do fascismo poderia significar a passagem de uma "situação reacionária" para uma "situação democrática", vislumbrando na primeira a luta para organizar o partido e na segunda a luta para organizar a insurreição. Tudo indica que Gramsci estivesse pensando no processo revolucionário russo, entre a queda do tsarismo e a ascensão dos bolcheviques ao poder[9].

Note-se, ainda uma vez, que Gramsci e o PCd'I estão entre os partidos mais à esquerda no contexto da IC. Na verdade, a maioria avassaladora que, em menos de dois anos, Gramsci conseguiu no partido (da conferência de Como ao III Congresso) não pode ser entendida sem que se considere a guinada à esquerda da IC e a capacidade de atrair a massa do partido para posições políticas que se mantinham bastante à esquerda. De resto, o próprio Gramsci afirmou que "a Central do partido é agora fundamentalmente a mesma que foi eleita pelos Congressos de Livorno e de Roma", indicando que a "síntese teórica" que ele buscava continha algo da contribuição de Bordiga, particularmente o espírito de cisão em relação ao Estado e ao reformismo, que trazia também de Sorel[10].

Nas teses da maioria do CC para o III Congresso do PCd'I, abordando a situação internacional, que foram inspiradas nas leituras feitas pelo V Congresso mundial da IC e pelo V pleno ampliado do Ceic, fica bastante nítido o entendimento que o PCd'I – e muito provavelmente Gramsci – tinha das perspectivas do capitalismo. Estar-se-ia vivendo um momento de "estabilização relativa", num quadro de sucesso da ofensiva do capital contra o proletariado, embora a tendência

---

[8] Idem.

[9] Ibidem, p. 487. Aqui parece sugestivo lembrar a semelhança entre a formulação de Gramsci e aquela expressa por Lukács, nas *Teses de Blum*, redigidas quase três anos depois para o II Congresso do KPU, em que trabalha com a fórmula da "ditadura democrática" como campo de disputa pelo poder entre a burguesia e o proletariado.

[10] Ibidem, p. 485.

geral fosse de crise de decadência do capitalismo, particularmente no Ocidente europeu. A tendência declinante da Europa era compensada pela ascensão dos Estados Unidos e também da África do Sul e da Austrália, não deixando de ser notável a observação de que o mundo anglo-americano era o que contava com as maiores possibilidades dentro da ordem sociocultural gerada pelo capital[11].

Para Gramsci e os comunistas italianos, a situação europeia continuava sendo objetivamente revolucionária, tendo assim sido incorporada a leitura mais à esquerda da noção de "estabilização relativa". Essa era uma interpretação próxima daquela do presidente da IC, Zinoviev, que por ocasião do Congresso italiano já passara para a oposição no PCR(b). Nessa leitura, a saída da crise do capital pela via do desenvolvimento das forças de produção era julgada impossível, o que fazia prever uma ulterior ofensiva sobre as condições de vida e de trabalho do proletariado, cujo resultado seria apenas o agravamento da crise e a criação de possibilidades revolucionárias.

Mesmo a possibilidade de ampliação do mercado com uso da periferia colonial era considerada pouco favorável, por razões demográficas (na América do Sul) e políticas (na Ásia oriental). Assim, no que se referia à Europa, a análise de Trótski, que previa uma fase de desenvolvimento democrático e pacifista, com decisiva contribuição da social-democracia e crescente penetração dos Estados Unidos, parecia ter-se revelado um equívoco, uma vez que as forças conservadoras e reacionárias estavam se impondo. Mantinha-se, no entanto, a visão de Trótski de que a situação revolucionária era permanente[12].

As teses declaravam ainda que a contradição entre Estados Unidos e Inglaterra pelo controle do mercado mundial era a mais importante no seio do imperialismo. Ressaltavam a Revolução Chinesa, então em rápido desenvolvimento, afirmando que nela confluíam o movimento operário e o movimento de libertação nacional, aliados numa "frente única revolucionária, que vai dos operários e camponeses à pequena e média burguesia e aos intelectuais". Essa frente única não inclui a chamada "burguesia nacional", porém, com o avanço do movimento revolucionário, deverá assumir um caráter operário e camponês[13].

Note-se ainda que o documento enfatiza a importância da aliança operário--camponesa na União Soviética e da existência de um "governo operário e

---

[11] "Tesi sulla situazione internazionale", em Vários autores, *Le tesi di Lione: riflessioni su Gramsci e la storia d'Italia*, cit., p. 109 e *passim*.

[12] Ibidem, p. 121-4.

[13] Ibidem, p. 127-8.

camponês". Dessa maneira, a exemplo do que vinha acontecendo na formulação da teoria revolucionária para a Itália, há uma forte ênfase no papel revolucionário do campesinato no contexto internacional, do mesmo modo que se insiste sobre o papel propulsor que a União Soviética pode e deve desempenhar para o reforço do movimento operário, objetivo "que ela alcança desenvolvendo e fortalecendo a si mesma tanto econômica como politicamente"[14].

Para Gramsci, assim, o fortalecimento da aliança operário-camponesa na União Soviética não discrepava com o fortalecimento da aliança operário-camponesa no desenvolvimento da Revolução Chinesa, tampouco com a retomada da revolução proletária na Europa, com a particularidade nacional italiana centrada também nessa aliança social e política. Por esse caminho, sua formulação se aproximava da de Bukhárin, com a decisiva diferença de que o dirigente russo tendia a ver a "estabilização capitalista" como uma fase mais duradoura, ancorada numa reestruturação produtiva do capital, enquanto Gramsci e os comunistas italianos persistiam na concepção de que "a estabilização é um episódio provisório e somente aparente da situação", pois os elementos determinantes continuavam a ser a guerra e a revolução[15].

A concepção de Gramsci sobre a crise capitalista nunca chegou a se aproximar de algumas versões analíticas de cariz "catastrofista", pois que carregadas do "economicismo", que Gramsci elegeu como principal adversário teórico. No entanto, sua leitura sobre a crise capitalista sofreria uma profunda revisão nos *Cadernos do cárcere*, em que se dá conta da enorme capacidade de estabilização do domínio de classe da burguesia.

Percebe-se, então, que a originalidade de Gramsci está, em todas as circunstâncias, na capacidade de incorporar criticamente as contribuições teóricas advindas de um contexto de conflito e formular uma nova síntese. Gramsci vinha decididamente se empenhando em aprender com a formulação produzida pelo grupo dirigente bolchevique desde sua primeira estada em Moscou, sobrepondo-se ao processo de cisão orgânica e regressão teórica, que estava prestes a atingir seu auge no PCR(b). Mas por enquanto, junto com o Congresso, saudava o fato de que "a afirmação das correntes de esquerda no V Congresso mundial significou uma vitória das forças revolucionárias contra os resquícios do oportunismo social-democrata no terreno organizativo"[16].

---

[14] Ibidem, p. 128-31.

[15] Ibidem, p. 135.

[16] Ibidem, p. 132.

As teses referentes aos problemas nacional e colonial voltam a destacar a importância da aliança operário-camponesa explicitando as condições históricas dessa frente única: "os camponeses pobres e médios, no período da luta proletária contra o capitalismo e no período sucessivo da ditadura proletária, tornam-se um aliado da classe operária"[17]. Essas teses dão grande atenção para a Iugoslávia e os Bálcãs, em geral realçando a necessidade da aliança entre as classes trabalhadoras de ambos os países da Itália e da Iugoslávia[18].

As teses sobre a situação política da Itália e sobre o partido consideram fracos o capitalismo e a burguesia italianos, mas ainda assim enunciam que

> o capitalismo é o elemento predominante na sociedade italiana e a força que prevalece na determinação de seu desenvolvimento. Desse dado fundamental deriva a consequência de que não existe na Itália possibilidade de uma revolução que não seja a revolução socialista.[19]

O industrialismo é visto como fraco em decorrência da falta de matéria-prima, obrigando-o a estabelecer compromissos econômicos com os grandes proprietários agrários, que predominam sobre uma grande massa de trabalhadores pobres. Entre essas duas camadas dominantes há uma pequena burguesia, grande e diversificada, formada por artesãos, profissionais e servidores do Estado. Como a aliança entre industriais e grandes proprietários agrários conta com uma base territorial, surge um impedimento para que qualquer força social, exceto o proletariado, possa desempenhar uma função de efetiva unificação nacional. Desse modo, a tentativa da pequena burguesia de dar nova solidez ao Estado italiano só podia ser afetada pela precariedade. Em suma, as condições sócio-históricas concretas da Itália faziam desse país o elo fraco da cadeia imperialista, no qual era crucial a aliança operário-camponesa:

---

[17] "Tesi per il lavoro nazionale e coloniale", em Vários autores, *Le tesi di Lione: riflessioni su Gramsci e la storia d'Italia*, cit., p. 135.

[18] É de se recordar a grande proximidade entre a guerrilha comunista italiana e iugoslava ao final da guerra antifascista, que fez o PCd'I oscilar entre aprofundar a revolução ao Norte, com a guerrilha comunista contando com o apoio do Exército popular iugoslavo, ou recuar a fim de preservar a unidade nacional italiana, tendo prevalecido esta última opção defendida por Togliatti contra Mauro Scoccimarro.

[19] "Progetto di tesi politiche", em Vários autores, *Le tesi di Lione: riflessioni su Gramsci e la storia d'Italia*, cit., p. 174-5.

Há na Itália uma confirmação da tese de que as condições mais favoráveis para a revolução proletária não ocorrem necessariamente sempre nos países onde o capitalismo e o industrialismo chegaram ao mais alto grau de seu desenvolvimento, mas podem, ao contrário, ocorrer onde o tecido do sistema capitalista, por sua estrutura frágil, oferece menor resistência a um ataque da classe revolucionária e de seus aliados.[20]

Na análise do regime fascista, as teses fizeram uma retomada conclusiva de toda a formulação dos anos precedentes, entabuladas por Gramsci. Considera-se que

> o fascismo, como movimento de reação armada que se propõe o escopo de desagregar e desorganizar a classe trabalhadora para imobilizá-la, se inclui no quadro da política tradicional das classes dirigentes italianas e da luta do capitalismo contra a classe operária.[21]

Por isso, nas suas origens, o fascismo recebe os favores dos velhos grupos dirigentes, particularmente das classes agrárias tradicionais. Ocorre que "socialmente, porém, o fascismo encontra sua base na pequena burguesia urbana e numa nova burguesia agrária surgida de uma transformação da propriedade rural em algumas regiões", que alcançaram uma unidade ideológica e organizativa nas formações paramilitares e no partido fascista, com isso "permitindo conceber e pôr em prática um plano de conquista do Estado em contraposição às velhas camadas dirigentes"[22].

O fascismo apresenta um novo modo de conceber a unificação das classes dominantes italianas, substituindo os acordos e compromissos próprios do Estado liberal pelo "propósito de realizar uma unidade orgânica de todas as forças da burguesia num só organismo político, sob o controle de uma única central, que deveria dirigir ao mesmo tempo o governo e o Estado". No entanto, a consecução da unidade orgânica da burguesia demanda a superação paulatina das oposições liberal-burguesas, articuladas em alguns órgãos de imprensa, em agrupamentos políticos e na maçonaria, promovendo também um deslocamento das classes dirigentes tradicionais e agravando a

---

[20] Ibidem, p. 177.

[21] Ibidem, p. 181.

[22] Idem.

exploração das massas camponesas do Sul, as quais tendem a se aproximar da pequena burguesia[23].

Os comunistas percebiam corretamente que o fascismo se dirigia para a unificação orgânica da burguesia e para uma substituição do pessoal tradicional da administração estatal por novos elementos provenientes da pequena burguesia, mas mesmo assim vislumbravam para breve a crise do regime. Essa ilusão não era, porém, exclusividade dos comunistas, uma vez que o conjunto das forças antifascistas também estava imerso nela.

Nessa situação, na qual a análise parece sugerir um paradoxo, pela dificuldade evidente de levar a termo as tarefas propostas, são consideradas forças motrizes da revolução italiana "1) a classe operária; 2) os camponeses do Mezzogiorno e das Ilhas e os camponeses das outras partes da Itália". As condições para a revolução estariam dadas, por um lado, no momento em que o proletariado atingisse um alto grau de organização e combatividade, e conseguisse selar a aliança com o campesinato, separando-os daquela pequena burguesia, que maciçamente passava a apoiar o fascismo. Por esse aspecto,

o problema de romper a aliança dos camponeses com as forças reacionárias deve ser posto, em grande parte também em outros países da Europa ocidental, como problema de destruir a influência da organização católica sobre as massas rurais.[24]

Ademais, o PCd'I identifica uma cadeia de forças reacionárias, que, partindo do fascismo, passa pelos agrupamentos políticos antifascistas, incluindo a vertente reformista e a massimalista do socialismo italiano, e se fecha na direção da GGL. As forças que se identificam na liberal-democracia tendem a se propor como uma alternativa ao fascismo, mas esse objetivo está condicionado ao estabelecimento de um freio no desenvolvimento do movimento de massas. Portanto, uma política de frente única antifascista que abarcasse todas essas forças estaria contribuindo para uma ação de defesa do regime capitalista.

Para os comunistas italianos, pelo fato de existir uma situação revolucionária permanente, os objetivos antifascistas e anticapitalistas tendiam necessariamente a se confundir. A meta dos comunistas deveria ser "transformar os

---

[23] Ibidem, p. 182-5.
[24] Ibidem, p. 186.

movimentos "revolucionários democráticos" em movimentos revolucionários operários e socialistas". E isso em razão da

> impossibilidade de que o regime instaurado pelo fascismo sofra radicais limitações e transformações em sentido "liberal" e "democrático", sem que seja desencadeada contra o fascismo uma luta de massas, a qual em curto prazo deverá inexoravelmente desembocar na guerra civil.[25]

Num momento que os comunistas julgavam ser de preparação política para a revolução, durante a qual a unidade ideológica era imprescindível, não deveriam ser aceitas nem as posições da extrema esquerda, que separavam o partido das massas e defendiam o fracionismo, nem tampouco aquelas que defendiam a frente única democrática, pois esta se esquecia de que "a social-democracia não é uma ala direita do movimento operário, mas uma ala esquerda da burguesia e como tal deve ser desmascarada perante as massas"[26].

Um partido cujo objetivo é fazer com que o proletariado alcance uma completa autonomia política tem de ser organizado sobre a base da produção e se identificar unicamente com a classe operária, sem que deixem de ser acolhidos os intelectuais anticapitalistas e camponeses que façam a ligação com as camadas rurais de trabalhadores. Muito mais do que por imposição da IC,

> a prática do movimento de fábrica (1919-1920) demonstrou que só uma organização aderente ao local e ao sistema de produção permite estabelecer um contato entre os estratos superiores e os estratos inferiores da massa trabalhadora (qualificados, não qualificados, auxiliares) e criar vínculos de solidariedade que tirem as bases de todo fenômeno de "aristocracia operária".[27]

É precisamente a partir da produção que

> a frente única de luta antifascista e anticapitalista que os comunistas se esforçam por criar deve tender a ser uma frente única organizada, ou seja, fundar-se sobre organismos em torno dos quais toda a massa encontre uma forma e se acolha.[28]

---

[25] Ibidem, p. 203.

[26] Ibidem, p. 190.

[27] Ibidem, p. 195.

[28] Ibidem, p. 204.

Assim,

a palavra de ordem dos comitês operários e camponeses deve ser considerada uma fórmula resumida de toda a ação do partido, na medida em que se propõe criar uma frente única organizada das classes trabalhadoras.[29]

Além de uma estratégia voltada para a formação de uma frente única revolucionária das massas trabalhadoras, a tática da frente única é considerada adequada também para a finalidade de "desmascarar partidos e grupos autodenominados proletários e revolucionários que contam com uma base de massa". Nesse caso, o grupo dirigente e a própria organização do PSI deveriam ser considerados adversários, uma vez que o que está em disputa é a direção política das massas operárias[30].

A atividade de agitação do partido, tendo em vista a formação da frente única, deve convergir para a fórmula do "governo operário e camponês", como meio capaz de levar as massas mais atrasadas para o terreno da luta pela ditadura do proletariado. Destaca-se, no entanto, que "essa é uma fórmula de agitação, mas não corresponde a uma fase real de desenvolvimento histórico, a não ser à maneira das soluções intermediárias [...]"[31].

No campo fabril e sindical, a frente única das massas trabalhadoras deverá "ser aderente ao próprio lugar da produção, à fábrica". A experiência das "comissões internas", forjada em 1919-1920 pelo movimento operário de Turim, deve subsistir onde parecer possível e ressurgir sempre que as condições permitam. Porém, diante das dificuldades impostas pelo fascismo para a organização sindical autônoma, deveriam se organizar comitês de agitação que servissem de meio de construção da frente única a ser materializada nos comitês operários e camponeses. E, ainda que

diferentes das comissões internas na forma, são a elas análogas na essência, porque também são órgãos de agregação e de representação de toda a massa trabalhadora das oficinas, e de mobilização no terreno de classe, pelo alcance de finalidades imediatas e a preparação de lutas cada vez mais amplas.[32]

---

[29] Idem.

[30] Ibidem, p. 204-5.

[31] Ibidem, p. 207.

[32] "Progetto di tesi sindacali", em Vários autores, *Le tesi di Lione: riflessioni su Gramsci e la storia d'Italia*, cit., p. 222-3.

O entendimento, tanto da fórmula política da frente única como do conteúdo da palavra de ordem do "governo operário-camponês", seguia assim a lógica estabelecida no V Congresso mundial da IC, deixando de ser levado em conta o ajuste da orientação política da IC, que vinha se manifestando nos meses precedentes e que voltava a dar valor à fórmula da frente única também "pelo alto". As intervenções de Humbert-Droz no Congresso apenas sugeriram maior atenção em relação ao partido massimalista e a possibilidade de uma aproximação, mas suas palavras não obtiveram eco.

A nova direção nacional passou a ser constituída pela grande maioria de 90% que apoiou as teses apresentadas pelo CC, incluindo a antiga "direita", e também pelos 10% que apoiaram as teses defendidas pela "extrema esquerda". O Comitê Executivo Político era composto por Gramsci, Togliatti, Terracini, Scoccimarro, Grieco, Camilla Ravera e Ravazzoli, com outros nomes importantes como Bordiga, Leonetti, Serrati e Malfi integrando o CC. Decidiu-se que Togliatti, um dirigente de destaque, deveria ser o representante do PCd'I junto ao Ceic, considerando o delicado momento que o PCR(b) estava enfrentando no processo de cisão de seu grupo dirigente, mas que também Bordiga deveria deslocar-se para Moscou.

A avaliação que Gramsci fez dos resultados do Congresso foi bastante positiva. O partido aprovara a "bolchevização", constituindo um novo Comitê Central, que incorporava uma grande maioria numa orientação política tendente a ser uma nova síntese organizativa e teórica. A partir de então, a questão da centralização e da unidade democrática deveria ser vista como uma questão de ética revolucionária, não obstante a resistência de uma reduzida "extrema esquerda" e da manifestação quase isolada de Angelo Tasca, em defesa de algumas teses consideradas de "direita"[33].

No texto de avaliação dos resultados do Congresso que Gramsci ditou para ser publicado no *L'Unità*, afirmava, comprovando a importância teórica do problema, que a frente única era uma questão relativa às "relações de direção política entre a parte mais avançada do proletariado e suas frações menos avançadas", assim como da relação entre o proletariado e outras classes objetivamente anticapitalistas, particularmente o campesinato. Nesse aspecto, destacava a

---

[33] Angelo Tasca defendia a tese de que o "governo operário camponês" poderia surgir de uma frente única de partidos antifascistas que poderiam ter no parlamento sua expressão institucional. Note-se a analogia com a posição assumida por Togliatti e o PCd'I no momento da queda do fascismo, em 1944-1945.

necessidade premente de agir para que o campesinato se empenhasse para atingir uma organização autônoma, considerando "a passagem em massa da pequena burguesia meridional para o fascismo"[34].

2. O III CONGRESSO NA PRÁTICA E AS NOVAS LINHAS DE CLIVAGEM

Apesar do otimismo de Gramsci, logo se fizeram notar o agravamento da perseguição fascista e o surgimento de algumas divergências na nova direção partidária, sentidas particularmente a partir de Moscou. Essas divergências seriam de pouca monta caso não se imbricassem cada vez mais com o problema do agravamento da repressão fascista e o ápice da luta interna no PCR(b).

Com o sindicalismo autônomo nos estertores, com a imprensa antifascista praticamente calada, com os partidos políticos do Aventino a ponto de dispersão e com a persistente violência policial, o regime fascista estava se consolidando rapidamente. Ao mesmo tempo que eliminava os resquícios das instituições liberais, o fascismo se apoderava da máquina estatal, à qual subordinava o próprio PNF e suas milícias. Por volta do fim de 1926, colimou esse processo com a proibição dos partidos e organismos políticos antifascistas e a formal abolição do que restava do Parlamento liberal.

Do início do processo de fascistização, em 1921, até a consolidação do regime, em fins de 1926, a burguesia industrial conseguira restabelecer a disciplina na fábrica, suprimir o direito de greve, reduzir os salários, pro-longar o tempo de trabalho e destruir o sindicalismo autônomo, seguindo o objetivo de estabelecer uma forma de racionalização na produção. A po-lítica da Confederação Geral da Indústria Italiana (Confindustria), visando à organização científica do trabalho, precisava de um clima de colaboração entre as classes, que o social-reformismo não pôde oferecer, mas o projeto fascista de subordinação corporativa da classe operária ao Estado e o dis-curso nacionalista foram capazes de se vincular aos impulsos produtivistas requeridos pela grande indústria.

A expressão dessa convergência já se apresentara com o chamado "pacto do Pallazzo Vidoni", de outubro de 1925, que concedeu o monopólio de represen-tação dos trabalhadores ao sindicato fascista. Com isso, o fascismo procedia a uma aproximação com o "fordismo" e recebia a aceitação dos diferenciados

---

[34] Antonio Gramsci, "Cinque anni di vita del partito", em *La costruzione del Partito comunista (1921-1926)*, cit., p. 98 e 107.

194 Os prismas de Gramsci

desígnios corporativos provenientes do mundo católico, embora este tivesse concepção e matriz teórica distintas[35].

A organização científica do trabalho redefine a subalternidade operária no próprio interior do processo produtivo, sem deixar de estar vinculado ao projeto fascista de reorganização do Estado. Assim, o rebaixamento das condições de vida, a imposição da disciplina na fábrica e a intensificação do trabalho formavam um complexo articulado. Em janeiro de 1926, atendendo aos interesses da burguesia industrial, foi criado o Ente Nazionale Italiano per la Organizzazione Scientifica del Lavoro (Enios), cuja intenção era difundir o taylorismo na indústria do país. Daí em diante, a cadeia de montagem se generaliza, mas ocorre também uma padronização do material utilizado e um correlato aumento de produtividade, indicando como, na Itália, o taylorismo e o fordismo avançavam no processo de acumulação do capital[36].

Ainda que a ditadura fabril fosse duríssima, os comunistas conseguiram organizar algumas dezenas de "comitês de agitação", entendidos como órgãos da frente única. O papel dessa forma de organização e sua relação com a questão sindical suscitaram alguma polêmica com a delegação do Ceic ao III Congresso do PCd'I, que foi retomada no VI pleno ampliado de fevereiro. Desde Moscou, onde se encontrava representando o PCd'I e conduzindo a delegação italiana ao VI pleno ampliado do Ceic, Togliatti procurou aparar a aresta que permanecia entre o organismo partidário e a IC, insistindo em que se desse maior ênfase à ação política em defesa das liberdades sindicais e à aliança com os "massimalistas", particularmente após a adesão do PSI ao Comitê Sindical Anglo-Russo.

Além de pedir que o partido cumprisse a decisão tomada na conferência sindical do PCd'I realizada em 20 de dezembro de 1925, que corrigia as teses congressuais e criava um vínculo mais estreito entre "comitês de agitação" e "comitês de defesa sindical", Togliatti incorporava a sugestão advinda do VI pleno ampliado do Ceic para que fosse proposta uma frente única sindical com os massimalistas. As sugestões de Togliatti foram acatadas pela direção do PCd'I, restando a justificativa (pouco convincente) de que a direção não tomara conhecimento das atas da conferência sindical. Na prática, optara-se pelas indicações das teses congressuais originais[37].

---

[35] Ferdinando Dubla, *Gramsci e la fabbrica* (Bari, Lacaita, 1986), p. 99 e *passim*.

[36] Ibidem, p. 104-8.

[37] Giuseppe Vacca, *Gramsci a Roma, Togliatti a Mosca: il carteggio del 1926* (Turim, Einaudi, 1999), p. 22-33. Não é convincente o empenho de Giuseppe Vacca em fazer crer que havia

Mais contundente foi a divergência no interior da delegação italiana ao VI pleno do Ceic, surgida entre Bordiga e Togliatti, que em seguida acarretaria desdobramentos para a própria maioria da direção nacional. Bordiga, num possível esforço para compor uma frente de oposições de "esquerda" e "extrema esquerda" na IC, orientado por Trótski, entabulou um acalorado debate com Stálin sobre os pontos essenciais de divergência existentes entre os comunistas, numa reunião do secretário-geral do PCR(b) com o grupo italiano. Na reunião plenária, foi o próprio Togliatti quem refutou as posições defendidas por Bordiga, que insistiam na particularidade do Ocidente e na inconsistência da fórmula da frente única. Togliatti, por seu turno, defendeu a política do PCd'I e da IC[38].

Embora o nome de Bordiga tivesse sido indicado pelo III Congresso nacional do PCd'I para integrar o Comitê Executivo em Moscou, junto com Togliatti, os acontecimentos do VI pleno do Ceic induziram a um contencioso. Diante do comportamento de Bordiga no encontro internacional, que chegara até a contestar a legitimidade do recente Congresso do PCd'I, e das muitas interlocuções entre os grupos de oposição, que incluíram também os italianos que ali se encontravam exilados, Togliatti entendeu que "o partido deverá ter presente o perigo de uma atividade fracionista em Moscou, ao decidir se convém ou não enviar Bordiga para cá, neste verão", já que, "como considero perdidas todas as esperanças de reconquistar Bordiga, é preciso examinar se, ao contrário, não convém continuar na tática do isolamento"[39].

Um mês depois, a Comissão Política do PCd'I, reafirmou a decisão congressual de enviar Bordiga a Moscou, não obstante o espanto diante de suas atitudes assumidas durante o VI pleno. O retorno de Bordiga à Itália foi o sinal para que seus seguidores também passassem a contestar a legalidade do

---

uma semente de divergência estratégica entre Togliatti e Grieco, de um lado, e Gramsci e Scoccimarro, de outro, no que se referia à política sindical e da frente única. A ideia de uma frente única "pelo alto" com o PSI iria ao encontro do desejo de Humbert-Droz, mas não de Togliatti ou de Gramsci, embora correspondesse à política específica da FGCI (jovens comunistas). O que é perceptível, por ora, é apenas a preocupação de Togliatti em preservar a política dos comunistas italianos no sulco majoritário da IC. De resto, sabe-se que a política de frente única sindical com os massimalistas e com a juventude socialista esteve presente já na época em que Bordiga dirigia o partido.

[38] Diante da enorme diversidade teórico-política e de situações nacionais, o empenho para a formação de uma oposição de esquerda e extrema esquerda na IC nunca pareceu exequível.

[39] "Togliatti alla Segreteria del Pcd'I, 23 marzo 1926", em Giuseppe Vacca, *Gramsci a Roma, Togliatti a Mosca: il carteggio del 1926*, cit., p. 191.

III Congresso, ao mesmo tempo que na Rússia avançava o acordo para a composição da "oposição unificada", que preferiu manter-se apartada de frações de extrema esquerda. Estas, por sua vez, estavam enfrentando forte pressão que chegou a medidas de expulsão, como a que atingira Karl Korsch no KPD. A orientação predominante na IC e particularmente no PCd'I era ainda a de evitar medidas extremas, mas a tensão só aumentava, especialmente depois da formalização do "bloco de oposição" no PCR(b), ao fim de junho.

Foi então que o *Presidium* da IC solicitou ao PCd'I que fosse mais severo com a oposição bordiguista, uma vez que esta nem sequer reconhecia a validade do III Congresso partidário. Com isso, a posição de Togliatti, contrária à ida de Bordiga para Moscou, viu-se bastante fortalecida. Ao mesmo tempo, a direção política do PCd'I reafirmava sua postura de "evitar as expulsões enquanto seja possível", do mesmo modo que "não tolerar, a qualquer custo, o trabalho fracionista"[40].

Embora o encaminhamento da melhor forma de enfrentar a questão da oposição de Bordiga tenha suscitado diferenças entre Togliatti e o secretariado político do PCd'I, particularmente Gramsci e Scoccimarro, todos se encontravam no terreno da orientação emanada do III Congresso. Isso pode ser visto na discussão sobre a conjuntura política internacional do primeiro semestre daquele ano de 1926, tema que também era motivo de algumas possíveis diferenças entre o grupo que atuava na Itália e seu representante em Moscou. Respondendo com cautela a uma carta de Togliatti que falava das imensas expectativas geradas pela greve inglesa, em nome do secretariado político, Mauro Scoccimarro escrevia: "É verdade que a greve inglesa, a crise na França, o golpe de Estado na Polônia são acontecimentos que impelem a situação para uma crise revolucionária, mas não acreditamos que já tenhamos chegado a esse ponto"[41].

Percebe-se que Togliatti tinha uma visão bastante otimista das perspectivas revolucionárias para o período seguinte, como de resto parecia ser também a posição da maioria dos dirigentes comunistas italianos, assim como eram concordes as posições de Togliatti e do secretariado político sobre a tática de frente única. Naquele momento, o PCd'I tentava influenciar a base do PSI,

---

[40] "Segreteria del PCd'I a Togliatti, 28 giugno 1926", em Giuseppe Vacca, *Gramsci a Roma, Togliatti a Mosca: il carteggio del 1926*, cit., p. 319.

[41] Ibidem, p. 318. A carta de Togliatti não foi encontrada. Convém lembrar ainda, a esta altura, que a leitura que o PCd'I tinha da chamada "estabilização capitalista" correspondia àquela do V Congresso mundial da IC, que fora derivada da formulação de Zinoviev.

visando deslocá-lo para a esquerda e constituir assim um setor favorável à frente única, utilizando os contatos existentes entre os organismos juvenis de ambos os partidos. O objetivo era sempre o de cindir e desorganizar o PSI[42].

Surgia entre os comunistas italianos uma forma de pôr em prática a política de frente única de uma maneira menos rudimentar e sectária que em outros países, criticando e debatendo com as direções socialistas, ideológica e programaticamente, ao mesmo tempo que se buscava uma aproximação com a juventude e com os setores de base e intermediários do socialismo "massimalista". No entanto, os melhores resultados na política de frente única vinham sendo alcançados nos contatos com a esquerda católica.

Nem toda a correspondência enviada de Togliatti ao PCd'I e vice-versa chegava ao destino, provocando alguma desorientação política. Parece que só na segunda quinzena de julho a direção do PCd'I ficou inteiramente informada da decisão tomada pelo *Presidium* da IC sobre a suspensão da ida de Bordiga a Moscou. Certamente não se pode descartar que a sugestão para essa tomada de posição tenha partido do próprio Togliatti.

O PCd'I, além de solicitar esclarecimentos, enviou uma carta confirmando a posição partidária (e que não correspondia à defendida por Togliatti). O secretariado político do PCd'I manifestou então o inteiro desacordo com a decisão do *Presidium* da IC e insistiu que Bordiga não pedira para ir a Moscou, mas "fomos nós, que, seguindo ainda a mesma linha política em relação à extrema esquerda, mostramos ao companheiro Bordiga seu dever de trabalhar para o partido e a Internacional", como membro que era do CE do PCd'I[43].

Essa carta lembrava ainda que

> no Congresso do partido, obrigamos a extrema esquerda a participar do CC; em seguida nós os obrigamos a trabalhar para o partido. No último pleno do Ceic, o camarada Ercoli [Togliatti], do alto da tribuna, convidou o camarada Bordiga a colaborar com a Internacional Comunista e a trabalhar em seus órgãos centrais.[44]

Em seguida, nega que a ideia de enviar Bordiga a Moscou fosse uma forma premeditada de afastá-lo da Itália e assim facilitar a luta contra a extrema

---

[42] Ibidem, p. 319.

[43] "Segreteria del PCd'I al Segretariado del Komintern, 29 luglio 1926", citado em Giuseppe Vacca, *Gramsci a Roma, Togliatti a Mosca: il carteggio del 1926*, cit., p. 354-6.

[44] Idem.

esquerda. A carta se conclui com uma sugestão de que não se deveria temer o debate aberto e que essa seria a melhor forma de enfrentar o "bordiguismo".

Diante da insistência do PCd'I, a questão foi deixada em aberto para ser resolvida no VII pleno ampliado do Ceic, marcado para ser realizado entre novembro e dezembro[45]. Togliatti parecia pensar que, mais do que nunca, diante do agravamento da situação italiana, o PCd'I deveria estar afinado com as posições majoritárias do PCR(b) e da IC, não permitindo qualquer flanco aberto para a oposição interna, quer o processo desembocasse na revolução ou no aprofundamento da contrarrevolução. Mauro Scoccimarro, Gramsci e o secretariado político do PCd'I, em geral, entendiam que a dialética democrática e a busca de uma síntese teórica prática, permanentemente reposta pelo movimento do real, eram da própria essência do partido revolucionário, que não poderia prescindir de qualquer de seus elementos, a menos que se voltasse contra a eficácia organizativa e política dos comunistas.

Essa diferença de perspectiva tinha implicações principalmente na compreensão da função nacional do partido e de seu vínculo internacional, assim como sobre o problema de como as seções nacionais e os componentes teóricos e políticos da IC deveriam se relacionar entre si no processo internacional da revolução socialista, da qual a fórmula da frente única era parte nuclear. Essa problemática implícita na discussão sobre a conveniência ou não de uma estada de Bordiga em Moscou voltou à tona de maneira mais explosiva no mês de outubro.

Até então, a direção política do PCd'I preferira não abordar as questões que implicavam uma divergência de perspectiva no desenvolvimento da revolução socialista na União Soviética, limitando-se a condenar as atitudes fracionistas da "oposição unificada". Togliatti, por sua vez, tendo mais claros os objetivos de cada uma das tendências que se digladiavam no PCR(b) e certo de que a cisão era praticamente inevitável, entendia que o PCd'I deveria discutir o quanto antes as posições conflitantes e tomar uma posição de irrestrito apoio à maioria de Bukhárin e Stálin, embora estivesse vigorando a decisão tomada

---

[45] Para aquela ocasião, mais uma vez Bordiga foi indicado como delegado do PCd'I, juntamente com Togliatti e Tasca, mas não chegou a Moscou, tendo sido detido pela polícia fascista, que lhe retirou o passaporte. Em compensação, desde fim de julho, o PCd'I tomou medidas disciplinares contra vários dos membros da extrema esquerda, que foram suspensos por insistirem em não acatar a orientação política expressa pelo III Congresso. Entre eles se encontravam Fortichiari, Reposi, Perrone e Vercesi. Ver Michele Pistillo, *Gramsci – Togliatti: polemiche e dissensi nel 1926* (Bari, Lacaita, 1996), p. 47.

antes do VI pleno ampliado do Ceic, de não difundir o debate sobre a questão russa para as outras seções da IC.

O texto de abertura das discussões do Comitê Diretivo do PCd'I, reunido em 2 e 3 de agosto, seguiu a determinação anterior de não se tocar nos problemas internos do PCR(b), tanto que o debate ficou circunscrito a uma análise da situação italiana e europeia. Gramsci apresentou então um esforço de particularização da tática de frente única para a Itália, que era um avanço teórico bastante significativo. O papel dos "comitês de agitação" era colocar as massas em movimento e agregá-las em frente única. No entanto, essas massas eram a base social ou a esfera de influência de partidos que também se referiam aos trabalhadores, de modo que a forma com a qual se organizavam e organizavam seus seguidores deveria ser considerada, a fim de se estabelecer uma diretriz de ação política tendo em vista a frente única.

Gramsci observava que os partidos democratas e social-democratas se organizavam de modo bastante distendido e que se compunham genericamente de três estratos: um estrato superior, composto por parlamentares e intelectuais, com vínculos com as classes dominantes; um estrato inferior, formado por operários, camponeses e pequena burguesia urbana, que compunha a massa partidária e de simpatizantes; e um estrato intermediário, "que mantém a ligação entre o grupo superior dirigente e as massas do partido e a população influenciada pelo partido". O diagnóstico de Gramsci apontava ser precisamente

> sobre uma notável parte desses estratos médios dos diversos partidos de caráter popular que se exerce a influência do movimento pela frente única. É nesse estrato médio que se verifica esse fenômeno molecular de desagregação das velhas ideologias e dos velhos programas políticos e se veem os inícios de uma nova formação política no terreno da frente única.[46]

Assim, na fórmula política da frente única concebida por Gramsci não cabiam acordos entre direções partidárias, considerando estarem estas, de um modo ou de outro, entranhadas no Estado burguês, enquanto a dispersão das massas, por sua vez, tornava extremamente complexa e fluida a organização de uma frente única de massas. Daí a razão pela qual a frente única deveria ser feita a partir dos estratos intermediários dos partidos que reivindicavam a

---

[46] Antonio Gramsci, "Un esame della situazione italiana", em *La costruzione del Partito comunista (1923-1926)*, cit., p. 115.

representação operária e popular. Eram quadros especializados na atividade política e que contavam com uma representação direta no movimento social. A juventude era outro elemento estratégico para a consecução da frente única, que, por sua própria natureza de fase formativa, poderia se entender com as direções de organizações análogas de outros partidos.

A política de frente única das massas trabalhadoras – tal como Gramsci a concebia – nada tinha de "sectária" ou "isolacionista", pois era justamente o vínculo com as massas e seu direcionamento anticapitalista que deveria definir os contornos dessa política. O essencial era a subtração da influência sobre as massas das organizações existentes e sua desagregação molecular. Se Gramsci entendia como ineficaz qualquer acordo estratégico com as direções dos partidos da oposição democrática, é notável a importância dada à possível adesão de um membro da Ação Católica ao programa da frente única proletária. Isso se explica pelo fato de se tratar de uma organização que é

> uma parte integrante do fascismo, que, através da ideologia religiosa, tende a dar ao fascismo o consenso de amplas massas populares e, em certo sentido, na intenção de uma tendência fortíssima do partido fascista (Federzoni, Rocco etc.), está destinada a substituir o próprio partido fascista na função de partido de massa e de organismo de controle político da população.[47]

Gramsci pretendia então disputar a direção das massas trabalhadoras com o próprio fascismo, principalmente porque percebia a existência de duas tendências no regime: uma, já mencionada, que pretenderia um acordo de estabilização entre as instituições do Estado, a monarquia e o Exército, mas também a Igreja; enquanto a outra tendência, representada por Farinacci, era a expressão da contradição entre proprietários agrários e industriais e da contradição entre a pequena burguesia e o capitalismo. Era inegável que "o atual fascismo representa tipicamente o claro predomínio do capital financeiro no Estado, capital que deseja sujeitar todas as forças produtivas do país" e também "o fato da submissão completa em que a Itália foi posta pelo governo fascista diante da América". Daí a atualidade que Gramsci percebia na utilização da palavra de ordem dos "Estados Unidos Soviéticos da Europa" (resgatando conhecida e polêmica posição de Trótski)[48].

---

[47] Ibidem, p. 116.

[48] Ibidem, p. 117.

As dificuldades econômicas poderiam oferecer um campo político para a desagregação do fascismo, mas Gramsci ainda entendia, como vinha fazendo desde 1922, que a burguesia contava, além do fascismo, com uma alternativa para barrar o possível desenvolvimento da revolução proletária: um regime constitucional liberal, mais ou menos democrático. E Gramsci percebe que "ocorre no campo da democracia certo reagrupamento com caráter mais radical do que no passado", difundindo a ideologia republicana entre os estratos intermediários dos partidos, tão cruciais para a política de frente única, e que poderiam vir a se apossar do poder, em caso de uma catástrofe do regime. E isso porque

se for verdade que politicamente o fascismo pode ter como sucessor uma ditadura do proletariado [...], não é certo, porém, nem mesmo provável, que a passagem do fascismo à ditadura do proletariado seja imediata.[49]

Em nenhum momento Gramsci sacrifica a autonomia e o antagonismo da classe operária e da frente única, mesmo quando sua análise avalia as possibilidades de ocorrerem fases intermediárias no processo social e político voltado para a revolução socialista[50]. A seu ver, a posição do Exército e da burocracia civil poderia ser decisiva para, diante de uma eventual crise, "levar ao poder a coalizão democrático-republicana [...], capaz de frear a revolução". Mas, diante dessa possibilidade, caberia aos comunistas "restringir ao mínimo a influência e a organização dos partidos que possam constituir a coalizão de esquerda, para tornar cada vez mais provável a queda revolucionária do fascismo", ou então "tornar o mais breve possível o interlúdio democrático"[51].

---

[49] Ibidem, p. 119.

[50] A ênfase é válida na medida em que esse documento é um dos mais utilizados em "releituras" de Gramsci, que buscam pistas para uma possível convicção democrática, legitimadora de políticas que foram desenvolvidas em outro tempo e mesmo em outro espaço. Um exemplo de leitura retrospectiva encontra-se na excelente introdução ao pensamento político de Gramsci, escrita sob o influxo do "eurocomunismo" por Carlos Nelson Coutinho, quando afirma ser "ainda estreita" a formulação de Gramsci da Assembleia Constituinte Republicana com base em conselhos operários e camponeses, por impedir "a aliança com setores democrático-burgueses antifascistas e republicanos". O autor não percebia então que não se tratava de estreiteza, mas de outra estratégia política que recusava tal aliança. Carlos Nelson Coutinho, *Gramsci*, cit., p. 50.

[51] Antonio Gramsci, "Un esame della situazione italiana", em *La costruzione del Partito comunista (1923-1926)*, cit. p. 120.

O esforço de particularização da situação italiana e da política de frente única teria de ser mediado pela inserção no contexto internacional do capitalismo no Ocidente europeu. O eixo da reflexão é posto pelos seguintes problemas: "Encerrou-se o período da assim chamada estabilização? A que ponto nos encontramos sobre a capacidade de resistência do regime burguês?"[52]. Na avaliação da correlação de forças e na particularização da tática política, um primeiro ponto de discriminação deve ser posto na diferença existente entre Estados capitalistas avançados e Estados de capitalismo periférico, ainda que na França e na Checoslováquia pudessem ser divisados aspectos de ambos os grupos. Como critério de análise, Gramsci propõe que se tome como ponto de partida a constatação de

> que nos países de capitalismo avançado a classe dominante tem reservas políticas e organizativas que não tinha, por exemplo, na Rússia. Isso significa que até mesmo as crises econômicas gravíssimas não têm repercussões imediatas no campo político. A política está sempre em atraso – e em grande atraso, em relação à economia. O aparato estatal é muito mais resistente do que geralmente se imagina e consegue organizar, nos momentos de crise, forças fiéis ao regime, mais do que a profundidade da crise poderia levar a supor.[53]

Seria esse o caso de América, Inglaterra e Alemanha. Nos Estados periféricos, como podem ser considerados Itália, Portugal, Espanha e Polônia,

> entre o proletariado e o capitalismo se estende um amplo estrato de classes intermediárias, que querem – e em certo sentido conseguem – conduzir uma política própria, com ideologias que não raro influenciam amplas camadas do proletariado, mas que têm influência especial sobre as massas camponesas.[54]

O deslocamento à esquerda que Gramsci vislumbrava, particularmente nos países periféricos, e a luta sindical na Inglaterra levavam-no a acreditar que "realmente entramos numa nova fase de desenvolvimento da crise capitalista. Essa fase assume formas distintas nos países da periferia capitalista e nos países de capitalismo avançado". Mas, de qualquer maneira,

---

[52] Ibidem, p. 121.

[53] Ibidem, p. 121-2.

[54] Ibidem, p. 122.

A ESTRATÉGIA DA FRENTE ÚNICA ANTIFASCISTA   203

para todos os países capitalistas se põe um problema fundamental, que é o da passagem da tática de frente única, entendida em sentido geral, para uma tática determinada, que se ponha os problemas concretos da vida nacional e atue na base das forças populares assim como estão historicamente determinadas.[55]

Gramsci, mesmo correndo o risco de ser rotulado de ordinovista, sugere que

um dos problemas mais importantes que se colocam, especialmente nos grandes países capitalistas, é aquele dos conselhos de fábrica e do controle operário, como base de um novo reagrupamento da classe proletária, que permita uma melhor luta contra a burocracia sindical [...].[56]

A experiência dos conselhos de fábrica, na Turim de 1919-1920, poderia ser considerada uma demonstração da capacidade orgânica da classe operária, que se manifestara principalmente na

1. capacidade de autogoverno da massa operária [...]; 2. capacidade da massa operária em manter e superar o nível de produção do regime capitalista [...]; 3. capacidade ilimitada de iniciativa e de criação das massas trabalhadoras.[57]

Dessa convicção, na qual se sentem os ecos das formulações de Sorel e de Rosa Luxemburgo, provinha a insistência de que

na sociedade italiana, que atingiu o máximo de desenvolvimento capitalista que historicamente poderia atingir, dadas as condições de lugar e de tempo, uma só classe é revolucionária no sentido completo e permanente: o proletariado industrial.[58]

Gramsci e o grupo dirigente do PCd'I tiravam dessa leitura a orientação política de frente única antifascista e anticapitalista que, recusando-se a participar na coalizão democrática proposta por republicanos e socialistas, insistia na

---

[55] Ibidem, p. 123.

[56] Idem.

[57] Antonio Gramsci, "Ancora delle capacità organiche della classe operaia", *L'Unità*, 1º out. 1926, em *La costruzione del Partito comunista (1923-1926)*, cit., p. 346-7.

[58] Idem, "Noi e la concentrazione repubblicana", *L'Unità*, 13 out. 1926, em *La costruzione del Partito comunista (1923-1926)*, cit., p. 349-53.

palavra de ordem da "assembleia republicana com base nos comitês operários e camponeses". A crença de que a realização do socialismo era de grande atualidade e de que o proletariado era a única força capaz de conduzir a Itália pela via socialista levava Gramsci a argumentar que a aliança proposta era impossível, dado que "a concentração republicana trabalha para subordinar o proletariado a outras formas sociais, que praticamente não podem mais que ser o capitalismo, [...]". Gramsci assevera ainda que essa era essa a orientação política seguida pelos comunistas desde junho de 1923, quando do assassinato de Matteotti[59].

Considerando que a chamada estabilização capitalista era incerta e se aproximava do fim e que havia um deslocamento das camadas sociais intermediarias para a esquerda, Gramsci entendia que era o momento de se potencializar a frente única em toda a Europa, mas atendendo às particularidades nacionais. Em qualquer contexto, porém, a frente única deveria enfatizar seu caráter de massas e o antagonismo frente ao capitalismo. É evidente que, numa situação como essa, ainda que Gramsci não tenha nem sequer tocado no tema, o respaldo político e ideológico da IC e da União Soviética seria um elemento de primeira grandeza, daí a importância de se evitar fissuras nesse campo, particularmente com a manutenção da unidade do grupo dirigente bolchevique.

3. Gramsci e a questão russa

O agravamento da situação social e política na União Soviética ofereceu a oportunidade para que todos os adversários da Revolução Russa passassem a tecer as mais acirradas críticas[60]. Gramsci então, evitando se posicionar e até se referir à crise na direção bolchevique, procurou defender o processo de transição socialista na União Soviética, expondo suas considerações sobre as linhas de força nas quais deveria se apoiar. Ainda que esperasse que a revolução socialista na Europa devesse ser retomada em curto prazo, tudo leva a crer que Gramsci concebia a primeira fase da transição socialista segundo as hipóteses indicadas por Lênin e Bukhárin, que passavam pela consolidação da aliança operário-camponesa e pela NEP. Como a questão agrária era o cerne da polêmica em andamento, tanto na Rússia quanto entre os adversários do

---

[59] Idem.

[60] De fato, entre 1926 e 1927, com críticas provenientes de distintas posições ideológicas, tendeu-se a generalizar a opinião de que a União Soviética se encaminhava para a restauração do capitalismo.

projeto histórico representado pelo Estado soviético – abrangendo ainda uma relação com a particularidade da revolução italiana –, Gramsci dedicou-se a esse tema com mais atenção.

Foi essa a oportunidade para que Gramsci explicitasse algumas ideias de caráter mais geral sobre o problema da transição socialista. Procurando diferenciar a emergência da dominação burguesa da fase inicial da transição socialista, Gramsci destacava que, "já antes de conquistar o poder, a burguesia pôde adestrar-se na administração do Estado, desenvolvendo uma experiência de muitos séculos", ao passo que "o proletariado não pode, enquanto durar o regime burguês, aprimorar as próprias capacidades administrativas e criar uma moralidade própria". É certo que, nesse aspecto, a situação na Itália seria melhor que na Rússia, considerando-se o exemplo da "ocupação das fábricas"[61].

A transição socialista, portanto, seria um longo aprendizado, não apenas de gestão do processo produtivo, com a incorporação da ciência e da técnica mais avançadas, mas também um processo de criação de uma nova moralidade nas relações sociais. Por certo, em países como os Estados Unidos, onde a ciência e a técnica envolviam todo o processo produtivo, até mesmo a força de trabalho, o processo de transição socialista partiria de um patamar muito mais elevado e deveria contar com outras peculiaridades na conquista do poder.

No caso russo, Gramsci procura resgatar a formulação de Lênin nos albores da revolução, quando o líder bolchevique afirmava não ser o socialismo o objetivo imediato. Na verdade, para Lênin, a Revolução Russa poderia proceder na forma de uma radicalização democrática da revolução burguesa, cujo objetivo imediato seria o controle da produção e da distribuição pela classe operária, o confisco e a nacionalização da terra e a criação de um banco nacional sob controle dos sovietes, que substituiriam os instrumentos de opressão do Estado burguês. Essas transformações, ainda que permanecessem no campo do capitalismo, implicariam forte estímulo ao movimento socialista mundial, servindo mesmo, eventualmente, de prólogo para a revolução socialista internacional. A Revolução Russa encaminharia a Rússia para a transição socialista, mas, sem dúvida, a partir de um patamar muito baixo[62].

---

[61] Antonio Gramsci, "I diversivi della 'Tribuna'", *L'Unità*, 2 jun. 1926, em *La costruzione del Partito comunista (1923-1926)*, cit., p. 313-5.

[62] Idem, "Vecchiume imbellettato", *L'Unità*, 22 set. 1926, em *La costruzione del Partito comunista (1923-1926)*, cit., p. 331-5.

Rebatendo o argumento usual, proveniente de críticos tanto à esquerda como de sociais-democratas (que convergiam para a limitada visão corporativista da classe operária), de que a NEP, com sua tolerância para com a pequena e média propriedade agrária, levaria inexoravelmente a alguma forma de capitalismo agrário, Gramsci lembrava que na União Soviética havia como impedir esse desenlace com a mobilização da "força do Estado e da economia industrial e financeira coletivizadas"[63].

Gramsci adotava a reflexão de Lênin e de Bukhárin de que a transição socialista no campo seria processada pelo agrupamento da pequena proprie- dade familiar em cooperativas de produção, venda e consumo. Esse seria o caminho para a posterior industrialização do campo e a formação de grandes empreendimentos agroindustriais, o que possibilitaria diluir o campesinato e a produção mercantil no seio de uma classe operária cada vez mais culta e treinada para a administração das coisas, de modo que "a solda entre operários e camponeses pela economia industrial e a economia rural acontecerá com a industrialização da terra"[64].

A chave do problema da transição socialista na União Soviética, e no qual Gramsci insiste, é o campo, o qual fora declarado propriedade coletiva pela revolução e concedido em uso aos trabalhadores rurais, segundo suas próprias demandas. No entanto, na situação presente, nada mais poderia ser afirmado, além de que

> os elementos socialistas em política e economia se sobrepõem aos elementos ca- pitalistas, que o desenvolvimento dos primeiros é constantemente maior, e que, portanto, não se pode falar em retorno do capitalismo no Estado soviético, mas que se deve falar de um processo em direção à completa realização de uma socie- dade comunista.[65]

O fato de se desenvolver uma diferenciação social no campo é inevitável, mas a força da aliança entre a classe operária e o campesinato pobre e assalaria- do impediria o eventual fortalecimento político e econômico do campesinato

---

[63] Idem, "L'União Soviética verso il comunismo", *L'Unità*, 7 set. 1926, em *La costruzione del Partito comunista (1923-1926)*, cit., p. 315-9.

[64] Ibidem, p. 319.

[65] Antonio Gramsci, "In che direzione si sviluppa l'Unione Soviettista?", *L'Unità*, 10 set. 1926, em *La costruzione del Partito comunista (1923-1926)*, cit., p. 320.

mais rico, que poderia ter interesse na restauração do capitalismo. Ademais, Gramsci argumentava que "a industrialização da produção agrícola é inevitável, mas é no próprio interesse das classes camponesas que isso ocorra nas formas coletivas, e não sob direção capitalista"[66].

Essas observações de Gramsci sobre o embrionário processo de transição socialista na União Soviética encontram sua dimensão internacional não apenas na possibilidade de o campesinato se incorporar à classe operária pela ação do capital, engrossando o exército industrial de reserva, mas também pela ação da classe operária. Inicialmente, o campesinato surge como classe aliada e depois como classe a ser absorvida conforme o avanço das forças produtivas na fase de transição. No entanto, mais que a generalização do proletariado, o ponto essencial para a garantia do próprio processo de transição é a demonstração de que a classe operária "é capaz, organicamente e como massa, de gestão da produção"[67].

Gramsci vislumbrava a possibilidade da revolução socialista e seu potencial "civilizatório" precisamente nessas capacidades orgânicas presentes na classe operária e que encontrariam um amplo escoadouro no processo emancipatório constituído pela transição socialista. Chama atenção a indicação de Gramsci de que a aliança fundamental da classe operária deveria ser com o campesinato pobre, assim como a insistência de que a auto-organização e o autogoverno das massas seriam condições tanto para que a revolução socialista se realizasse como para que a transição socialista se processasse.

Mas como a própria classe operária é dividida em camadas, que estão em conflito, e tende a incorporar parcelas do campesinato, há a necessidade do partido político como elemento educador e difusor dos interesses históricos da classe, assim como de um novo Estado, expressão do autogoverno das massas operárias e por isso um não-Estado surgido de um antipoder. A preocupação intrínseca a esse raciocínio, que se opõe a qualquer processo de burocratização que afetasse o autogoverno das massas, é a indicação das contradições que se apresentam no processo de transição socialista.

O súbito agravamento e o desenlace do conflito no seio do grupo dirigente soviético, assim como a decisão de difundir a discussão da questão russa no VII pleno ampliado do Ceic, cujo início estava previsto para 15 de novembro de 1926, ofereceram a Gramsci o estímulo definitivo para redigir uma carta ao

---

[66] Ibidem, p. 322.

[67] Antonio Gramsci, "Lo schiavismo della 'Tribuna'", *L'Unità*, 25 set. 1926, em *La costruzione del Partito comunista (1923-1926)*, cit., p. 340.

Comitê central do PCR(b), em nome do secretariado político do PCd'I. A ideia era ainda de que a carta pudesse influenciar positivamente o desenvolvimento da XV conferência do PCR(b), que deveria preceder o pleno ampliado do Ceic[68].

A carta de Gramsci relata com extrema clareza algumas ideias fundamentais de sua concepção do processo revolucionário e de sua ciência política, expondo de outro ângulo o vínculo existente entre o particular nacional e o geral internacional. Antes de tudo, há em Gramsci a convicção de que a polêmica, ainda que áspera, é um elemento constitutivo da dialética revolucionária que o partido encarna, uma vez que, desse modo,

> tendo alcançado maior homogeneidade ideológica e organizativa através de tais discussões, o partido estaria mais bem preparado e aparelhado para superar as múltiplas dificuldades ligadas ao exercício do poder num Estado operário.[69]

No entanto, a exasperação do debate até o limite da cisão tem inevitáveis "repercussões internacionais", que beneficiam os "inimigos de classe", cujo desejo é assistir à desagregação da ditadura do proletariado. Para Gramsci, as massas operárias ocidentais "querem ver na República dos Soviets e no partido que está no governo uma só unidade de combate que trabalha na perspectiva geral do socialismo", pois essa é a condição para que o PCR(b) continue sendo aceito como o "partido dirigente da Internacional". O conflito aberto no PCR(b), ademais, beneficiaria os "partidos burgueses e social-democratas",

---

[68] A correspondência entre Gramsci e Togliatti, particularmente aquela do mês de outubro de 1926, deu margem a um acirrado debate historiográfico e político, que parte da memorialística e de fontes documentais, cada vez mais enriquecidas. Certo instrumentalismo na análise pode ser detectado, dada a importância dos efeitos políticos da relação entre Gramsci e Togliatti no conjunto da tradição do comunismo italiano. A documentação vinda a lume mais recentemente desmente uma crença consolidada, de que Togliatti teria tomado a iniciativa de não encaminhar a carta de Gramsci ao CC do PCR, contrariando uma decisão partidária. Entre os trabalhos que abordam esse tema, devem ser destacados, entre os mais recentes: Luciano Canfora, "Il 'verbale' di Valpolcevera", *Studi Storici*, n. 1, jan.-mar. 1990, p. 293-316; Aldo Natoli, "Il PCd'I e il Comintern nel 1926", em Aldo Natoli e Silvio Pons (org.), *L'età del stalinismo* (Roma, Editori Riuniti, 1991), p. 407-25; Giuseppe Fiori, *Gramsci, Togliatti, Stalin* (Roma, Laterza, 1991); Michele Pistillo, *Gramsci – Togliatti: polemiche e dissensi nel 1926*, cit.; Giuseppe Vacca, *Gramsci a Roma, Togliatti a Mosca: il carteggio del 1926*, cit.

[69] "Ufficio politico del PCd'I al Comitato centrale del Partito comunista russo, 14 ottobre 1926", citado em Giuseppe Vacca, *Gramsci a Roma, Togliatti a Mosca: il carteggio del 1926*, cit., p. 404-11.

que desejam "lutar contra a influência da Revolução Russa, contra a unidade revolucionária que, ao redor do PC da União Soviética, está se constituindo em todo o mundo". Particularmente prejudiciais são as afirmações de expoentes da oposição de que "o Estado dos Soviets está se transformando num puro Estado capitalista"[70].

Para Gramsci, esse processo de cisão, que se aproximava do desenlace trágico, contrastava completamente com o empenho definido pelo V Congresso da IC de se construírem partidos "bolchevizados". Para que isso fosse possível, pelo menos no entender de Gramsci, era necessário criar uma dialética democrática e unitária num partido estreitamente vinculado à classe operária e ao movimento do real, tanto nacional como internacionalmente. Assim, a cisão em vista "distancia mais uma vez o sucesso da unidade orgânica do partido mundial dos trabalhadores". E isso ocorre fundamentalmente porque

> parece-nos que a paixão violenta pelas questões russas os leva a perder de vista os aspectos internacionais das próprias questões russas, a esquecer que seus deveres de militantes russos podem e devem ser cumpridos apenas no quadro dos interesses do proletariado internacional.[71]

Até aqui Gramsci enfatiza a dimensão internacional do processo de cisão do grupo dirigente bolchevique. Na sequência da carta, ele compara a situação nacional da União Soviética com a da Itália, para generalizar os problemas concretos propostos pela transição socialista. A Itália, como a Rússia, lembra Gramsci, tem nas "massas rurais" a maioria da população trabalhadora. Nota, porém, que na Itália, não obstante a presença de uma indústria mais pujante,

> todos os problemas inerentes à hegemonia do proletariado certamente se apresentarão para nós numa forma mais complexa e aguda do que na própria Rússia, porque a densidade da população rural na Itália é muito maior, porque os nossos camponeses têm uma riquíssima tradição organizativa [...], porque entre nós o aparato organizativo eclesiástico tem dois mil anos de tradição e se especializou na propaganda e na organização dos camponeses num modo que não há igual em outros países.[72]

---

[70] Idem.

[71] Idem.

[72] Idem.

É exatamente a análise da particularidade italiana que permite a Gramsci declarar como "fundamentalmente justa a linha política da maioria do PC da União Soviética e que em tal sentido se pronunciará a maioria do partido italiano, se vier a ser necessário expor toda a questão"[73]. Percebe-se então que Gramsci apoia a orientação política da maioria do CC do PCR(b), no que se refere ao tema essencial da hegemonia do proletariado e da aliança operário-camponesa no processo de transição socialista, particularmente em países relativamente atrasados, mas que essa posição só será declarada caso estritamente necessário, antecipando assim a posição que deveria ser tomada no VII pleno ampliado do Ceic.

A crítica feita à "oposição unificada" era de que suas posições atingiam "o princípio e a prática da hegemonia do proletariado", assim como afetavam "as relações fundamentais de aliança entre operários e camponeses". Em tom de invocação, Gramsci insiste num tema que se tornaria permanente em sua reflexão política: o tema do "corporativismo". A transição socialista, notadamente em países de baixo desenvolvimento das forças produtivas, exige que o proletariado, para manter sua hegemonia sobre o conjunto da massa trabalhadora, se atenha a condições de vida eventualmente inferiores à de camadas sociais apartadas do poder político revolucionário.

Nos países capitalistas avançados, nos quais a classe operária alcançara um melhor padrão de vida, surgem o reformismo e o sindicalismo, como expressões do "espírito corporativo". Mas em todos os casos,

> o proletariado não pode vir a ser classe dominante se não supera essa contradição com o sacrifício dos interesses corporativos, não pode manter sua hegemonia e a ditadura se, mesmo tendo se tornando dominante, não sacrifica esses interesses imediatos pelos interesses gerais e permanentes da classe.[74]

De maneira aguda, Gramsci assinala que "na ideologia e na prática do bloco das oposições renasce plenamente toda a tradição da social-democracia e do sindicalismo, que até agora impediram o proletariado ocidental de se organizar em classe dirigente". Reconhecendo o papel e o valor que Trótski, Zinoviev e Kamanev tiveram no processo revolucionário, Gramsci sugere que cessem as atividades fracionistas, mas que também a maioria se exima de tomar "medidas excessivas"[75].

---

[73] Idem.

[74] Idem.

[75] Idem.

Na verdade, ele apontava como caminho mais adequado precisamente aquele seguido no PCd'I no enfrentamento da vertente de extrema esquerda de Bordiga.

No bilhete que Gramsci anexou à carta, dizia a Togliatti que este tinha permissão para "revisar o texto", desde que fossem preservadas as ideias essenciais, e "porque desejamos ajudar a 'maioria' do CC, pode colocar-se em acordo com mais responsáveis por essas alterações"[76]. De fato, Togliatti mostrou a carta a Bukhárin, Manuilsky, Kuussinen e Humbert-Droz e enviou um telegrama de urgência comunicando a Gramsci que "a inquietude expressa pela sua carta já não corresponde à situação atual do partido russo"[77].

Com efeito, diante da falta de resultado na agitação sobre as bases partidárias, com seu cerceamento e virtual isolamento, a "oposição unificada" sentiu-se obrigada a capitular, comprometendo-se a cessar a atividade fracionista. Mesmo assim a questão ainda estava longe de sua resolução, ao contrário do que Togliatti parecia imaginar quando sugeriu que: "Conhecendo bem a situação, proponho que não mais remeta a carta, que nessa situação seria inoportuna"[78].

De imediato, Togliatti escreveu uma carta ao Secretariado Político do PCd'I e outra, reservada, para Gramsci. Na primeira, expunha com mais detalhes os motivos pelos quais julgava inoportuna a carta de Gramsci: "Os chefes da oposição se serviriam dela para refutar algumas condições postas a eles, para pedir outras, para temporizar, com dano evidente para o partido". Segundo Togliatti, os chefes da oposição esperavam que viesse de alguns setores de base do partido "um apelo genérico à unidade e à responsabilidade dos chefes". Era precisamente esse o objetivo da carta de Gramsci, mas Togliatti, pelo contrário, avaliava que, "se isso tivesse ocorrido, teria sido um dano para o partido, porque isso teria significado, na realidade, o início de uma revisão da linha do CC e uma nova discussão muito dura num tempo bastante curto"[79].

Togliatti parece postar-se de um ângulo que visa arrasar a oposição, exatamente daquilo que Gramsci procurava precaver a maioria do CC do PCR(b) de

---

[76] "Gramsci a Togliatti, 14 ottobre 1926", citado em Giuseppe Vacca, *Gramsci a Roma, Togliatti a Mosca: il carteggio del 1926*, cit., p. 402.

[77] "Togliatti all'Ufficio politico del PCd'I, 16 ottobre 1926", citado em Giuseppe Vacca, *Gramsci a Roma, Togliatti a Mosca: il carteggio del 1926*, cit., p. 413.

[78] Idem.

[79] "Togliatti all'Ufficio politico del PCd'I, 18 ottobre 1926", citado em Giuseppe Vacca, *Gramsci a Roma, Togliatti a Mosca: il carteggio del 1926*, cit., p. 414-9.

fazer. De forma velada, Togliatti acabava criticando também o comportamento que a maioria do PCd'I tivera desde o processo do III Congresso partidário até o contencioso sobre a ida de Bordiga a Moscou. Ademais, Togliatti indicava que a carta de Gramsci poderia servir para supor que as posições da oposição teriam respalado no PCd'I ou em outras seções da IC. Insistia, por fim, que se aguardasse a ida de Humbert-Droz à Itália.

A carta pessoal de Togliatti a Gramsci é muito mais incisiva, explicitando as divergências. Enquanto Gramsci prioriza a importância da unidade democrática do grupo dirigente bolchevique e sua dialética revolucionária em busca de novas sínteses teóricas e práticas, para Togliatti prevalece "o problema da justeza ou não da linha política seguida pela maioria do CC", ainda mais considerando que, "a partir de agora, a unidade da velha guarda leninista já não será ou dificilmente será realizada de modo contínuo". Nessa situação, qualquer apelo à unidade partidária só poderia ser prejudicial, uma vez que o foco do internacionalismo se deslocara para o estudo das questões russas, podendo os italianos oferecer uma "contribuição, com base em nossa experiência revolucionária, para estabelecer e confirmar a exata linha leninista na solução dos problemas russos". Desse modo, "a melhor maneira de contribuir para a superação da crise é expressar a própria adesão a essa linha sem apresentar nenhuma limitação"[80]. Alguns dias depois, Manuilsky enviou uma carta a Gramsci, na qual procurava tranquilizá-lo e persuadi-lo da falta de sentido de sua missiva, dizendo que "já não existe nenhum perigo de cisão no PCR(b)"[81].

Dias depois, apesar de alegar a persistente dificuldade na transmissão de informações, o secretariado político do PCd'I envia um telegrama, subscrito por Camila Ravera (Micheli), no qual se lê que "está bem pela não transmissão da carta ao CC do PCR"[82], significando que a Comissão Política do PCd'I, mesmo que aparentemente contrariada, acatava a determinação proveniente de uma instância superior da IC, que fora consultada por Togliatti. Em 1º de novembro, Togliatti confirmou o recebimento do telegrama e a retenção da carta[83].

---

[80] "Togliatti a Gramsci, 18 ottobre 1926", citado em Giuseppe Vacca, *Gramsci a Roma, Togliatti a Mosca: carteggio del 1926*, cit., p. 420-5.

[81] "Manuilski a Gramsci, 21 ottobre 1926", citado em Giuseppe Vacca, *Gramsci a Roma, Togliatti a Mosca: il carteggio del 1926*, cit., p. 426-7.

[82] "Ufficio politico del PCd'I a Togliatti, 26 ottobre 1926", citado em Giuseppe Vacca, *Gramsci a Roma, Togliatti a Mosca: il carteggio del 1926*, cit., p. 434.

[83] "Togliatti alla Segreteria del PCd'I, 1º novembre 1926", citado em Giuseppe Vacca, *Gramsci a Roma, Togliatti a Mosca: il carteggio del 1926*, cit., p. 440.

Gramsci, no entanto, no mesmo dia do envio do telegrama que sustava a entrega da carta ao CC do PCR, decidiu responder à carta de Togliatti de um ponto de vista pessoal, "embora convencido de expressar também a opinião dos outros companheiros". Togliatti foi então acusado de considerar apenas o problema do ponto de vista dos partidos enquanto aparato e não "também as grandes massas trabalhadoras, politicamente estratificadas em modo contra-ditório, mas que no conjunto tendem à unidade"[84].

A União Soviética seria um elemento fundamental na construção de uma frente única das massas trabalhadoras de todo o mundo, precisamente porque nessa região se tomara a via da transição socialista. Mas esse deveria ser visto como um terreno instável e complexo, de difícil apreensão pela consciência das grandes massas. Eis por que Gramsci insiste que

> a questão da unidade, não só do partido russo, mas também do núcleo leninista, é, portanto, uma questão de máxima importância no campo internacional; do ponto de vista da massa, é a questão mais importante nesse período histórico de intensificado processo contraditório em direção à unidade.[85]

Diante da importância da unidade do chamado núcleo leninista para a configuração de uma frente única das massas trabalhadoras do mundo, dizia Gramsci, "é nosso objetivo contribuir para a manutenção e a criação de um plano unitário no qual as diversas tendências e as diversas personalidades possam se reaproximar e se fundir também ideologicamente". A luta pela unidade do partido – entendida como síntese de posições conflitantes – era o cerne da chamada "linha leninista", no entendimento de Gramsci, assim como era, por decorrência, sua compreensão do que deveria ser a "bolchevização" da IC. Gramsci concluía dizendo que a tomada do poder pelos bolcheviques já não era a grande força propulsora que emanava da União Soviética, mas "a persuasão (se existe) de que o proletariado, uma vez no poder, pode construir o socialismo"[86].

A divergência de fundo que parece opor Gramsci e Togliatti nesse debate epistolar é que enquanto um insiste na centralidade da frente única das massas trabalhadoras do mundo, na qual a União Soviética seria apenas um elemento

---

[84] "Gramsci a Togliatti, 26 ottobre 1926", citado em Giuseppe Vacca, *Gramsci a Roma, Togliatti a Mosca: il carteggio del 1926*, cit., p. 435-9.

[85] Idem.

[86] Idem.

importante na medida em que o proletariado mostrasse a capacidade orgânica de construir uma nova ordem, o outro, invertendo o raciocínio, entende ser a União Soviética a força propulsora essencial da frente única, proposição que viria a se consolidar no VII pleno do Ceic, a ser realizado ainda antes do fim do ano e que confirmava a tese de Stálin sobre a viabilidade da construção socialista numa União Soviética isolada.

Para 1º e 3 de novembro, nos arredores de Gênova, estava marcado um encontro do CC do PCd'I, que, entre outros pontos, deveria discutir uma posição sobre a questão russa e que seria levada ao VII pleno ampliado do Ceic. No entanto, um malogrado atentado contra a vida de Mussolini, em 31 de outubro, serviu de sinal para desencadear a repressão a toda e qualquer organização e atividade antifascista, provocando muitas ausências no encontro. O próprio Gramsci foi detido em Milão e obrigado a retornar a Roma, onde passou a ser vigiado de perto pela polícia.

Assim, ficou-se sem saber qual teria sido a posição de Gramsci diante da questão russa, embora seja possível supor que pudesse insistir nas ideias expostas nas cartas recentes, já que eram profundamente coerentes com toda a formulação teórico-política que vinha amadurecendo. Conclui-se que a intervenção de Gramsci deveria corroborar as posições da maioria do CC do PCR(b), ainda que guardasse muitas restrições à concepção da viabilidade do "socialismo num só país", assim como deveria insistir na importância em se preservar a "oposição unificada" no trabalho de direção.

A reunião plenária do CC, como era a norma, foi precedida de outra da Comissão Política, com a presença de Humbert-Droz, na qual se decidiu o encaminhamento do debate que deveria ser seguido. Na ausência de Gramsci, o relatório preliminar foi elaborado por Mauro Scoccimarro (Morelli), que em suas linhas gerais reiterou a avaliação da situação italiana da reunião anterior do CC do PCd'I, realizada em agosto. Reafirmou o fato do "domínio hoje plenamente exercido sobre o governo e sobre o partido fascista pelo bloco agrário-industrial, no qual têm uma posição cada vez mais dominante o capitalismo financeiro e a indústria siderúrgica ligada a ele". Insistiu-se que a ação política dos comunistas deveria incidir sobre a base operária dos partidos da Concentração Republicana, acentuando o debate ideológico, mas sem deixar de manter contatos com os "elementos mais avançados", a fim de estabelecer ações comuns[87].

---

[87] "Riunione del CC del PCd'I (1-3 novembre 1926)", citado em Luciano Canfora, "Il 'verbale' di Valpolcevera", *Studi Storici*, n. 1, jan.-mar. 1990, p. 304-10.

A exposição de abertura sobre a questão russa foi feita por Jules Humbert-Droz, que mais uma vez pediu ao PCd'I que assumisse uma clara posição em favor da linha majoritária do CC do PCR(b) na contenda contra a "oposição unificada". Surpreendidos pela ofensiva do regime fascista e sem contar com a presença de Gramsci, que supostamente deveria expor a posição do partido, os dirigentes comunistas parecem ter tergiversado.

A exposição de Ruggero Grieco, mais extensa e articulada, indicava a posição e o estado de espírito da direção comunista. Mantinha a ideia de que seria preciso evitar que os problemas que afetavam o PCR(b) fossem levados para o conjunto da IC, por se referirem a uma questão de tática política e não de princípios. As questões mais importantes a serem debatidas eram de caráter teórico-político: "a questão da possibilidade ou não de que seja construído o socialismo num só país; a da relação entre operários e camponeses etc."[88].

Grieco argumentava que a falta de informação impedia uma discussão mais aprofundada das questões russas no seio do CC do PCd'I e que, para a reunião que se desenrolava, Gramsci fora o encarregado de fazer uma exposição detalhada, assim como de apresentar uma proposta de moção. Mas, considerando o informe de Humbert-Droz, completava Grieco, "hoje estamos em condições de tomar uma posição e o fazemos: devemos dizer que estamos de acordo com a linha política seguida pela maioria do CC russo"[89].

Após essa afirmativa peremptória, Grieco enuncia a posição da direção que fora exposta por Gramsci quanto às críticas voltadas contra as teses da "oposição unificada". Afirma ser essa um bloco heterogêneo, mas que

> o importante, naturalmente, é manter na Rússia a hegemonia do proletariado. Mas para nós a hegemonia do proletariado não significa o domínio de uma classe contra todas as outras. Se a classe operária, que sem dúvida se depara com graves dificuldades e sacrifícios, se pusesse em luta contra os camponeses, isso significaria romper o bloco operário e camponês, base do poder proletário, e ir ao encontro da derrota do Estado operário.[90]

Na fala de Grieco transparece a convicção das ideias defendidas por Gramsci nos textos recentes sobre a União Soviética e em toda a formulação que o PCd'I

---

[88] Ibidem, p. 311-3.

[89] Idem.

[90] Idem.

vinha desenvolvendo sobre a importância da aliança operário-camponesa. Mas a diferenciação era reafirmada em relação

à questão da possibilidade ou não de construção do socialismo num só país [que] está em discussão no PCR há um ano e meio. Ficamos hesitantes um ano e meio atrás diante da tomada de posição de Trótski. Pode ser que alguns companheiros estejam hesitantes ainda hoje. Por isso queremos que cada companheiro tenha, o quanto for possível, os elementos suficientes para ver claramente a questão. Essencialmente, é preciso observar se o desenvolvimento da economia socialista na Rússia é mais acelerado que o das economias privadas.[91]

O CC aprovou o apoio à linha política do CC do PCR(b), posição que deveria ser levada ao VII pleno ampliado do Ceic pela delegação italiana. Ao pedido de Humbert-Droz, de que a posição do CC do PCd'I fosse registrada num documento, Grieco respondeu que

esse documento foi escrito, talvez, por Gramsci, que havia sido encarregado pela Comissão Política e que o traria aqui. Por isso nos apresentamos no CC sem resolução. De todo modo, nós mesmos podemos providenciar a redação, agora e brevemente, desse documento.[92]

Aqui é possível notar um grau de convicção muito menor. Para os comunistas italianos, o foco da questão parecia residir na pergunta se a União Soviética se encaminhava para alguma forma de restauração capitalista ou se era possível proceder à transição socialista por meio da NEP e da aliança operário-camponesa, não restando qualquer dúvida de que a revolução socialista sempre tem um caráter internacional. Assim, a questão essencial era a do papel do campesinato na transição socialista e as formas de sua transformação em classe operária. O problema da realização integral do socialismo num só país, portanto, só poderia ser um falso dilema, por pressupor não apenas a estagnação da revolução no Ocidente, mas também a construção e a permanência de um Estado socialista forte, num cenário dominado pelo imperialismo. Essa leitura do problema explica a suposição, feita nos círculos dirigentes da IC e do PCR(b), de que a direção do PCd'I alimentava sentimentos de simpatia por Trótski.

---

[91] Idem.

[92] Ibidem, p. 315-6.

Não se sabe se Gramsci tinha ou não redigido um esboço de resolução sobre a questão russa ou se, na conclusão do encontro, o CC redigiu alguma nota curta e apressada (que não foi encontrada), mas as reticências parecem evidentes. O fato é que a carta de Gramsci não foi oficializada, tendo caído num limbo, mas foi mantida a preferência anteriormente assumida de não difundir os problemas postos na luta interna do PCR(b) para outros partidos, postergando o conjunto da discussão para o VII pleno ampliado do Ceic. Desse modo, os problemas seriam discutidos num fórum internacional adequado e as bases partidárias não seriam envolvidas por dúvidas e divisões, que poderiam paralisar a ação política, num momento mais dramático do que se imaginava[93].

Apesar de se declarar o apoio à maioria de Bukhárin e Stálin, tal apoio era acompanhado da desculpa de que os elementos do problema ainda precisavam de mais esclarecimentos, que seriam oferecidos por Gramsci. Na verdade, os comunistas italianos pareciam muito reticentes em assumir as implicações teóricas e políticas postas pela concepção do "socialismo num só país". Embora se concordasse com a ênfase na aliança operário-camponesa e a política da NEP, a ideia da divisão do mundo em dois campos e a possibilidade de se completar a transição socialista num único país ou região do planeta pareciam inaceitáveis, até porque sugeriam um significativo atraso no processo revolucionário no Ocidente e mesmo uma mudança de fundo na tática de frente única que vinha se desenvolvendo.

De fato, diante do agravamento da situação na França e na Itália, já havia na IC uma tendência a valorizar uma aproximação com a social-democracia, no quadro de uma frente única política entre direções partidárias. Isso quando o PCd'I vislumbrava uma perspectiva revolucionária de curto prazo, ao menos nas zonas periféricas da Europa: na Espanha, na Iugoslávia e na própria Itália.

---

[93] Ainda que a interpretação não possa ser compartilhada, com o evidente exagero nas dissensões reais entre Togliatti e Gramsci, e a inexistente polarização entre Gramsci e Scoccimaro de um lado e Togliatti e Grieco de outra, as informações existentes sobre essa reunião podem ser acompanhadas com proveito no ensaio introdutório de Giuseppe Vacca, *Gramsci a Roma, Togliatti a Mosca: il carteggio del 1926*, cit., p. 8-13 e 141-9. Ver também Luciano Canfora, "Il 'verbale' di Valpolcevera", cit., p. 293-318, e Michele Pistillo, *Gramsci – Togliatti: polemiche e dissensi nel 1926*, cit., p. 97-102, e *Gramsci in cárcere: le difficili verità d'un lento assassinio* (Roma, Lacaita, 2001), p. 15-31. Na sua crítica a Giuseppe Vacca, a tendência de Michele Pistillo é a oposta, ou seja, a de diluir as divergências entre Togliatti e a maioria do Comitê Político, ao sugerir o acatamento da teoria do "socialismo num só país".

Gramsci e o grupo dirigente do PCd'I vinham construindo, de uma forma autônoma e internacionalista, uma concepção teórica e prática identificável com a refundação comunista empreendida por Lênin e pelos bolcheviques. Desse modo, é compreensível que o processo de regressão teórica e de cisão do grupo dirigente bolchevique tenha afetado negativamente esse processo de refundação, bem como, é claro, as condições objetivas de ofensiva do capital por meio do fascismo, aprofundando divergências políticas que poderiam ser apenas pontuais e tornando antinômicas análises da realidade que poderiam se compor numa síntese nova e superior.

Nesse contexto podem ser localizados indícios de que Togliatti estava se adequando à lógica em andamento do processo de cisão e de regressão teórica que se desenvolvia no grupo dirigente bolchevique, cujas implicações mais visíveis foram a concepção de que as ideias minoritárias não deveriam ter direito de cidadania no partido, de que a IC deveria estar inteiramente afinada com a maioria do PCR(b) e de que a construção do socialismo na União Soviética se transformara na principal força propulsora da revolução socialista internacional. Uma decorrência importante desse cenário é a banalização da fórmula política da frente única e da iniciativa política dos comunistas, transformados em coadjuvantes da construção socialista da União Soviética.

Gramsci, por outro lado, afeito à lógica da refundação comunista, não aceita as premissas e as implicações da tese do "socialismo num só país", à qual Bukhárin e Togliatti, premidos pela luta política imediata, haviam se submetido. Para Gramsci, a revolução internacional tinha na União Soviética um ponto decisivo, uma vez que ali se iniciara a transição socialista, mas a manutenção da aliança operário-camponesa, nesse caso, e a criação de uma frente única das massas trabalhadoras do mundo, a ser construída segundo as particularidades nacionais, antecipavam um cenário mundial bastante complexo, móvel e multifacetado, com possíveis recuos e avanços surpreendentes.

4. A QUESTÃO AGRÁRIA COMO QUESTÃO NACIONAL E O PROBLEMA DOS INTELECTUAIS MERIDIONAIS NA FRENTE ÚNICA

Enquanto Gramsci, por meio da imprensa partidária, desenvolvia a polêmica sobre o efetivo conteúdo da forma social russa pós-revolucionária e pelos canais organizativos da IC procurava incidir positivamente para evitar a iminente cisão do grupo dirigente bolchevique, na Itália procurava capacitar o partido para atuar da melhor maneira na realização da aliança operário-camponesa. A tradição socialista, cuja cultura política se manteve subalterna ao liberalismo e ao positivismo que alimentava o desenvolvimento capitalista na Itália, não deu muita importância à questão agrária.

Nos escritos datados de 1918-1921, Gramsci percebera a questão agrário--camponesa na Itália segundo uma forte analogia com a Rússia. Incorporadas ao Estado burguês, as massas camponesas permaneceram submetidas a formas econômicas e culturais de caráter feudal, mas as circunstâncias da guerra imperialista, com

> quatro anos de trincheira e de exploração do sangue, mudaram radicalmente a psicologia dos camponeses. Essa mudança se verificou principalmente na Rússia e é uma das condições essenciais da Revolução. O que o industrialismo não determinou com seu processo normal de desenvolvimento foi produzido pela guerra.[94]

Todavia, a percepção de Gramsci e do grupo de *L'Ordine Nuovo* da necessidade de o movimento operário se vincular estreitamente às massas rurais ficou à margem nos primeiros anos de existência do PCd'I, em razão da forte ênfase que Amadeo Bordiga, então o mais influente dirigente comunista, dava ao papel revolucionário do proletariado industrial, chegando a ponto de negar a existência de uma questão meridional na Itália, concepção entrelaçada com a falta de sentido que vislumbrava na fórmula política da frente única.

O que possibilitou a retomada da reflexão de Gramsci sobre a questão agrária e camponesa foi precisamente a fórmula política da frente única, que estabelecia o vínculo entre a nova tática indicada pela IC de resistência à ofensiva do capital e a política de transição socialista por meio do capitalismo monopolista de Estado induzida pela NEP, encaminhada na União Soviética. Assim, tal questão apareceu como chave para a compreensão da particularidade nacional italiana no contexto da revolução socialista internacional e como fio condutor da análise do fascismo, do reformismo, do partido revolucionário e de todas as questões referentes à fórmula política da frente única e da revolução na Itália. Pode-se então afirmar que a atenção que Gramsci concedia à questão meridional o direcionava rapidamente para a vertente da refundação comunista, particularmente à medida que o aproximava do método da reflexão leniniana.

---

[94] Antonio Gramsci, "Operai e contadini", *L'Ordine Nuovo*, ano I, n. 12, 2 ago. 1919, em *Disgregazione sociale e rivoluzione: scritti sul Mezzogiorno* (org. Francesco Biscione, Nápoles, Liguori, 1995), p. 93.

A realização de uma conferência agrária do PCd'I, nos arredores da cidade de Bari, em 12 de setembro de 1926, procurou amadurecer as indicações para a ação política, anteriormente apresentada no III Congresso partidário. Percebia-se a crise das organizações políticas presentes no Sul e a dificuldade do fascismo em garantir uma base de massa estável. A organização autônoma do campesinato meridional e a aliança com as camadas médias intelectuais – que tendiam a se radicalizar – apareciam então como um elemento crucial para bloquear uma possível proposição da burguesia para dirigir o processo de superação do fascismo e, ao contrário, consolidar uma frente única operária e camponesa que viabilizasse a revolução socialista[95].

Intelectuais como Piero Gobetti, Carlo Rosselli, Guido Dorso e Tommaso Fiore antecipavam como única solução para o problema meridional italiano a que tivesse como base as massas populares e as camadas médias intelectuais do Sul, em oposição à secular dominação do latifúndio feudal, apesar de reconhecerem um papel de grande importância à classe operária do Norte no conjunto do movimento emancipatório. Essa postura meridionalista, que apresentava uma proposição de uma revolução nacional democrático-burguesa que completasse o *Risorgimento*, era defendida por publicações como *La rivoluzione liberale* de Piero Gobetti[96] e *Il Quarto Stato* de Carlo Rosselli e Pietro Nenni[97].

---

[95] Francesco M. Biscione, "Introduzione", em Antonio Gramsci, *Disgregazione sociale e rivoluzione: scritti sul Mezzogiorno*, cit., p. 1-66 e *passim*.

[96] Piero Gobetti (1901-1926) foi colaborador de *L'Ordine Nuovo*. Em 1922 fundou a revista *La Rivoluzione Liberale*. Em abril de 1924, Gobetti, então com 23 anos de idade, publicou um livro homônimo no qual faz uma análise crítica de todas as tendências políticas presentes na cena e proclama seu antifascismo. Defende a criação de uma nova classe dirigente capaz de fundar um Estado moderno embasado na "vanguarda industrial" do Norte e que dê solução ao problema meridional, promovendo sua industrialização. Os pontos de convergência com os comunistas são bastante evidentes. Ver Piero Gobetti, *La rivoluzione liberale: saggio sulla lotta politica in Italia* (Turim, Einaudi, 1995). Sobre os estreitos vínculos entre Gobetti e Gramsci pode ser consultado Paolo Spriano, *Gramsci e Gobetti: introduzione alla vita e alle opere* (Turim, Einaudi, 1977).

[97] Carlo Rosselli (1899-1937) foi influenciado pelo meridionalismo de Gaetano Salvemini e pela vertente reformista do socialismo italiano. Durante suas estadias na Inglaterra, aproximou-se do socialismo fabiano. Colaborou nas revistas *La Rivoluzione Liberale* e *Critica Sociale*. Em 1924 juntou-se ao PSU. Em março de 1926, junto com Pietro Nenni, defensor de uma vertente social-democrata vinculada à Segunda Internacional, funda a revista *Il Quarto Stato*, que agrega uma gama diversa de intelectuais antifascistas. Em 1928, no cárcere, Carlo Rosselli escreve o livro que sintetiza suas ideias políticas: *Socialismo liberale*. Ver Carlo Rosselli, *Socialismo liberale* (Turim, Einaudi, 1997).

O livro de Guido Dorso, *La rivoluzione meridionale*, publicado em 1925 pela Casa Gobetti, possibilitou um intenso debate sobre a questão meridional, sobre a qual se debruçaram expoentes intelectuais de diversas correntes de oposição antifascista. As raízes longínquas da bipartição da Península Itálica são localizadas por Dorso na época das guerras da Roma republicana contra o Épiro e contra Cartago, que retiraram do Sul a função de fornecedora de grãos. A desintegração do Império Romano, o assentamento dos lombardos no Norte e o subsequente esforço de recomposição imperial de Carlos Magno deixaram o Sul à parte, possibilitando a existência do ducado de Benevento e em seguida do reino feudal dos normandos.

A conquista angevina (1266-1441) "conferiu todas as faculdades diretivas, todas as formas de atividade espiritual a Nápoles, a grande e gloriosa parasita em contínuo aumento". A partir de então, com exceção do curto período aragonês (1442-1503), "o Mezzogiorno, oferecido aos banqueiros florentinos como colônia de exploração econômica, resgatado pelo feudalismo, empobrecido pelo destaque da Sicília e pelas consequentes guerras, começou a precipitar-se na ruína"[98].

A regressão feudal e colonial que sob o vice-reinado dos Habsburgo se seguiu foi agravada pela prática espanhola dos arrendamentos. Os esforços de alguns monarcas da dinastia dos Bourbon, depois de 1734, para impor o absolutismo encontram-se nas origens do que viria a ser a burguesia rural. No entanto, foi a revolução napolitana de 1799 que deu o impulso maior à burguesia rural para se tornar classe dominante. A persistente tentativa dos Bourbon, restaurados no poder, de impor uma monarquia absolutista continuou a se confrontar com a resistência da burguesia rural, como antes se confrontara com o poder do baronato feudal. O ideal liberal-conservador que a burguesia rural napolitana não pôde ter em seu próprio rei foi descoberto no setentrional reino piemontês, com o qual se aliou, de modo que, "substancialmente, os liberais meridionais encontraram no centralismo piemontês a encarnação jurídico-burocrática daquele ideal político, para o qual inutilmente haviam procurado empurrar o absolutismo bourbônico"[99].

Uma vez conquistado o poder político local, a burguesia rural passou a se opor a qualquer ação antifeudal proveniente do novo Estado unificado, em troca da aceitação das diretivas políticas da classe dominante do Norte. A partir

---

[98] Guido Dorso, *La rivoluzione meridionale* (Turim, Einaudi, 1972), p. 110-1.

[99] Ibidem, p. 115.

de então, o Mezzogiorno viu-se transformado em "colônia de exploração do capital setentrional em formação" e "constituído em mercado de arrendamento da plutocracia industrial do setentrião", que pela emigração oferecia a única escapatória para o crescimento demográfico. Dorso identifica as razões do atraso do Sul da Itália "na imobilidade de seu arcabouço econômico-feudal, derivada dos detritos legislativos do feudalismo que ainda perduram e da falta de uma legislação moderna"[100].

Guido Dorso, assim como o grupo de *La Rivoluzione Liberale*, entendia que a grande tarefa era criar as condições culturais para a gestação de uma nova classe dirigente na Itália. Essa conclusão derivava da análise das forças políticas existentes, todas elas retrógradas ou imaturas, de maneira que "a tarefa de se bater pelo Estado moderno é, por ora, entregue a exíguas minorias culturais, sem objetivos políticos precisos"[101]. Descrente de uma ação estatal e também dos partidos políticos existentes, Dorso entende que, "ao contrário, também no campo político é preciso enfrentar cientificamente o problema para, com intransigência jacobina, tentar fortalecer os escassos elementos de solução, que não obstante existem, mesmo que em estado tendencial e latente"[102].

Apesar de ver no grupo de *La Rivoluzione Liberale* "a única fração verdadeiramente liberal existente na Itália"[103], Dorso reconhece amplamente o papel dos comunistas na busca da resolução dos problemas concretos do país e do Mezzogiorno. Na serena análise de Guido Dorso, o grupo de *L'Ordine Nuovo* e a experiência dos conselhos de fábrica "foram a primeira tentativa de se aderir à realidade revolucionária do país", com o objetivo de "formar a nova classe dirigente no seio da antiga e fazê-la depois eclodir do casulo de formação no momento oportuno", o que demandaria "um longo período de elaboração prática das ideias e das formações políticas para se manter revolucionariamente aderente à atual realidade econômica e social do país"[104].

No entanto, a completa superação da concepção seguida pelo reformismo socialista só ocorreu com o reconhecimento da necessidade de destruir o Estado burocrático-centralizador e de resolver a questão meridional. Assim, julgava Dorso, no momento em que reconhecessem que as verdadeiras forças

---

[100] Ibidem, p. 206-7.

[101] Ibidem, p. 171.

[102] Ibidem, p. 209.

[103] Ibidem, p. 171.

[104] Ibidem, p. 189-91.

revolucionárias da Itália residiam no Mezzogiorno, os comunistas estariam se colocando "na primeira linha entre os movimentos liberais italianos"[105].

Como desdobramento do trabalho organizativo e de elaboração teórica do PCd'I, Gramsci procurou redigir um ensaio ou uma série de artigos abordando especificamente a questão meridional e sua importância na definição das forças motrizes da revolução italiana, com a finalidade de capacitar o partido e de estabelecer uma interlocução com possíveis aliados e com adversários políticos. Escrito na sua maior parte durante o mês de outubro, o texto trazia o título de "Notas sobre o problema meridional e sobre a atitude dos comunistas, dos socialistas e dos democráticos", tendo ficado inacabado devido à prisão do autor[106].

Como o próprio Gramsci informa, "a inspiração para estas notas foi a publicação, ocorrida no *Quarto Stato* de 18 de setembro, de um artigo sobre o problema meridional, assinada 'Ulenspiegel', ao qual a redação da revista fez preceder um preâmbulo um tanto tolo"[107]. O texto comenta o livro de Guido Dorso, inclusive a análise feita sobre a posição dos comunistas em relação à questão meridional. Visando alimentar a polêmica com o núcleo editorial, Gramsci dedica grande espaço à retomada das posições dos "comunistas turinenses" a respeito do problema meridional. Lembra que "o conceito fundamental dos comunistas turinenses não foi a 'fórmula mágica' da divisão do latifúndio, mas a aliança política entre operários do Norte e os camponeses do Sul para derrubar a burguesia do poder do Estado", de modo que,

no campo proletário, os comunistas turinenses tiveram um "mérito" indiscutível: colocaram a questão meridional sob a atenção da vanguarda operária,

---

[105] Ibidem, p. 195.

[106] O texto manuscrito foi recolhido por Camila Ravera, que o enviou a Paris, tendo chegado às mãos de Togliatti. A publicação foi retardada no aguardo do resultado do processo contra Gramsci e depois durante o desenrolar da luta política na União Soviética, entre Stálin e Bukhárin, que culminou na crise da NEP. A publicação do ensaio inacabado de Gramsci adveio quando a nova linha política staliniana já se impusera, nas páginas da revista do PCd'I, *Lo Stato Operaio*, ano IV, n. 1, jan. 1930, p. 9-26, com o título pelo qual ficou consagrado: *Alcuni temi della questione meridionale*. Cópia do texto de Gramsci pode ser encontrada na Fondazione Istituto Gramsci di Roma e publicado em Antonio Gramsci, *La costruzione del Partito comunista (1923-1926)*, cit., p. 137-58.

[107] "Ulenspiegel" é pseudônimo de Tommaso Fiore e o comentário editorial se dissocia tanto do livro de Dorso quanto do comentário de Fiore, tecendo críticas aos comunistas. Para a citação, ver Antonio Gramsci, "Alcuni temi della questione meridionale", em *Disgregazione sociale e rivoluzione: scritti sul Mezzogiorno*, cit., p. 154.

apresentando-a como um dos problemas essenciais da política nacional do proletariado revolucionário.[108]

No entanto, o obstáculo a ser enfrentado era precisamente a difusão da ideologia burguesa no seio do proletariado. O positivismo que conduzia o industrialismo do Norte e que exercia grande influência sobre a ideologia do Partido Socialista indicava as causas do atraso social da região meridional como sendo de fundo natural e biológico. Assim, além de ter de "modificar o endereçamento político e a ideologia geral do próprio proletariado, como elemento nacional que vive no complexo da vida estatal e sofre inconscientemente a influência da escola, do jornal, da tradição burguesa", os comunistas tiveram de enfrentar os socialistas e os escritores da chamada escola positiva, por meio dos quais, "mais uma vez, a ciência dedicou-se a pisotear os miseráveis e os explorados, mas desta vez, coberta pelas cores socialistas, pretendia ser a ciência do proletariado". E foi precisamente em Turim "que as histórias e as descrições dos veteranos da guerra contra o *brigantaggio* no Mezzogiorno e nas Ilhas tinham influenciado mais a tradição e o espírito popular"[109].

Gramsci recupera uma série de exemplos de como, desde antes da guerra de 1914, o proletariado de Turim reagiu na prática contra esses preconceitos antimeridionais e como, em seguida, os comunistas desenvolveram um embrião de prática política voltada contra a ideologia burguesa então predominante. A atualidade da questão meridional na análise gramsciana tem seu foco na opção das classes dominantes italianas pela construção de "um bloco industrial capitalista-operário", em detrimento de "uma democracia rural, ou seja, uma aliança com os camponeses meridionais"[110].

Desse modo, o reformismo socialista tornou-se uma possibilidade de inserção da classe operária na vida estatal, mas em detrimento das massas camponesas do Sul. Em contraste com a política reformista, origina-se o sindicalismo revolucionário, que indica a possibilidade de realizar um bloco da classe operária com o campesinato. Mais claramente, "o sindicalismo é uma frágil tentativa dos camponeses meridionais, representados por seus intelectuais mais avançados, de dirigir o proletariado", tanto que seu grupo dirigente constituiu-se de intelectuais meridionais, que se opõem ao centralismo estatal e ao protecionismo

---

[108] Antonio Gramsci, "Alcuni temi della questione meridionale", cit., p. 157.

[109] Ibidem, p. 158-9.

[110] Ibidem, p. 167.

alfandegário e cuja essência ideológica "é um novo liberalismo, mais enérgico, mais agressivo, mais batalhador do que aquele tradicional"[111].

Na emigração e no livre-cambismo Gramsci encontra a explicação da passagem gradual dos intelectuais sindicalistas para o campo político da burguesia. A expansão colonialista, apontada como solução para o problema da emigração e da pobreza do Sul, possibilita a sua adesão ao "nacionalismo". Por outro lado, a diferenciação social do campesinato do Norte, com o crescimento do número de trabalhadores braçais, possibilitava uma nova possibilidade de inserção política e cultural para os sindicalistas meridionalistas, ao mesmo tempo que a burguesia investia, por meio dos católicos, numa aproximação com o campesinato.

No pós-guerra, diante do avanço das massas populares, a burguesia investe no projeto liberal-corporativo de enquadramento da classe operária no Estado. Com a derrota do movimento operário autônomo de Turim, "com a ajuda da Confederação Geral do Trabalho, ou seja, do reformismo corporativo" e "através da subordinação do partido político operário à política do governo", enfim

> o proletariado turinês já não existirá como classe independente, mas só como apêndice do Estado burguês. O corporativismo de classe terá triunfado, mas o proletariado perderá sua posição e sua função de dirigente e de guia, aparecerá aos camponeses como um explorador ao estilo dos burgueses, pois a burguesia, como sempre tem feito, apresentará à massa camponesa os núcleos operários privilegiados como a única causa de seus males e de sua miséria.[112]

A resistência a esse projeto ofereceu a base para o desenvolvimento do Partido Comunista em Turim, mas é possível observar a sua presença também em outras regiões do Norte. Assim, para Gramsci, o predomínio da ideologia burguesa no movimento operário se expressa no reformismo consubstanciado num corporativismo de classe, que anula a autonomia operária, e na postura preconceituosa diante dos meridionais. Enquanto o socialismo reformista aceitava o corporativismo, o sindicalismo revolucionário, por sua vez, ainda que reconhecendo a necessidade do campesinato se aliar à classe operária, foi facilmente atraído pela política econômica liberal e expansionista aplicada pela burguesia italiana.

---

[111] Ibidem, p. 168.
[112] Ibidem, p. 172.

Dessa crise geral da direção política e cultural das classes subalternas, envolvendo o sindicalismo revolucionário e o socialismo reformista, é que surge o comunismo como alternativa. Recorde-se que, resguardadas as suas imensas idiossincrasias, o próprio Gramsci sempre fora um opositor do socialismo reformista, tendo-se alimentado mais da vertente sindicalista revolucionária (inclusive naquilo que esta comporta de liberalismo), até pelo seu enquadramento meridionalista.

No entanto, desde 1920, segundo Gramsci, "os comunistas turinenses tinham-se posto concretamente a questão da "hegemonia do proletariado", ou seja, da base social da ditadura proletária e do Estado operário". Isso indicaria a consciência de que

> o proletariado pode se tornar classe dirigente e dominante na medida em que consegue criar um sistema de alianças de classe que lhe permita mobilizar contra o capitalismo e o Estado burguês a maioria da população trabalhadora, o que significa, na Itália, nas relações de classe reais existentes na Itália, na medida em que consegue obter o consenso das amplas massas camponesas.[113]

Mas, para que isso ocorra, há o pressuposto de que

> o proletariado, para ser capaz de governar como classe, deve despir-se de todo o resíduo corporativo, de todo o preconceito ou incrustação sindicalista. O que significa isso? Que não só devem ser superadas as distinções que existem entre as profissões, mas, para conquistar a confiança e o consenso dos camponeses e de algumas categorias semiproletárias da cidade, é preciso superar alguns preconceitos e vencer certos egoísmos que podem subsistir e subsistem na classe operária enquanto tal, mesmo quando no seu seio desapareceram os particularismos de profissão.[114]

Ainda mais,

> devem pensar como operários membros de uma classe que tende a dirigir os camponeses e os intelectuais, de uma classe que pode vencer e pode construir o socialismo só se ajudada e seguida pela grande maioria desses estratos sociais.[115]

---

[113] Ibidem, p. 158.
[114] Ibidem, p. 166.
[115] Idem.

Certamente Gramsci alude à necessidade da superação da tradição cultural das classes subalternas da Itália e da criação de uma nova cultura em condições de gerar uma nova hegemonia, para a qual a fórmula política da frente única apareceria como estratégica. Do mesmo modo, enfatizam-se as condições sociais necessárias para a realização da revolução e o encaminhamento da transição socialista em países onde o peso da questão agrária fosse decisivo. Gramsci antecipa também a composição social da frente única revolucionária, assim como do novo bloco histórico que conduziria à transição socialista. Impossível ainda não sentir nessas linhas a sombra da polêmica travada por Gramsci com parte da imprensa italiana sobre os caminhos da União Soviética e também de sua particular concepção sobre as divergências que assolavam o grupo dirigente bolchevique.

A importância fundamental da realização da aliança operário-camponesa pressupõe o conhecimento prático da particularidade da questão agrária e camponesa. Assim é que

> na Itália a questão camponesa – pela específica tradição italiana, pelo específico desenvolvimento da história italiana – tem assumido duas formas típicas e peculiares: a questão meridional e a questão vaticana. Conquistar a maioria das massas camponesas significa, portanto, para o proletariado italiano, fazer próprias essas duas questões do ponto de vista social, a fim de compreender as exigências das classes que representa e incorporar essas exigências ao seu programa revolucionário de transição, pôr essas exigências entre suas reivindicações de luta.[116]

Ainda que com particularidades, no seu conjunto, "o Mezzogiorno pode ser definido como uma grande desagregação social; os camponeses, que constituem a grande maioria da sua população, não têm nenhuma coesão entre si"[117]. Para Gramsci ainda, a

> sociedade meridional é um grande bloco agrário constituído por três estratos sociais: a grande massa camponesa, amorfa e desagregada, os intelectuais da pequena e média burguesia rural, os grandes proprietários de terra e os grandes intelectuais.[118]

---

[116] Ibidem, p. 158.

[117] Ibidem, p. 174.

[118] Idem.

228 Os prismas de Gramsci

Gramsci praticamente se detém nessa sucinta descrição da estratificação social do Sul da Itália, não fazendo nenhuma referência ao processo produtivo regional ou a seus vínculos econômicos com o Norte do país, exceto os comentários sobre a política econômica. Mesmo as condições sociais e econômicas do campesinato pobre não são diretamente objeto de maior atenção. Ainda assim, destaca que

qualquer acumulação de capitais no lugar e qualquer acumulação de poupança tornam-se impossíveis em virtude do sistema fiscal e alfandegário e do fato de que os capitalistas proprietários de empresas não transformam no próprio posto seus lucros em novo capital, porque não são do lugar.[119]

Mais concentrado em localizar as formas de organização do poder político do grande latifúndio, sua preocupação dirige-se desde logo para a questão dos intelectuais e da burocracia estatal. Gramsci nota que o desenvolvimento do capitalismo criou um novo tipo de intelectual: "o organizador técnico, o especialista da ciência aplicada". No Sul da Itália, no entanto, persistia ainda o velho tipo de intelectual, "o elemento organizativo de uma sociedade de base camponesa e artesã; para organizar o Estado, para organizar o comércio, a classe dominante treinava um tipo particular de intelectual"[120].

Esse tipo de intelectual é "que dá a maior parte do pessoal estatal e que também localmente, na vila e no burgo rural, exerce a função de intermediário entre o camponês e a administração em geral". O intelectual meridional tem sua origem social na burguesia rural, ou seja, "o pequeno e médio proprietário de terra que não é camponês", mas que a oferece em parceria ou arrendamento. Essa camada se caracteriza, ao mesmo tempo, pela aversão e pelo medo do camponês trabalhador. Além de funcionários civis e militares, o clero compõe uma fração muito importante da intelectualidade tradicional, a qual intervém na vida econômica como administrador de terras ou como usurário[121].

Essa massa intelectual, que compõe a burocracia estatal, estabelece o vínculo entre o camponês meridional e o grande proprietário de terra. Isso ocorre por meio de grupos e partidos políticos organizados por intelectuais que atuam sobre a massa camponesa, mas que são controlados pelos grandes proprietários e pelo pessoal político que atua na esfera nacional. É assim que se efetiva

---

[119] Ibidem, p. 179.

[120] Ibidem, p. 175.

[121] Ibidem, p. 174-6.

"um monstruoso bloco agrário que, no seu conjunto, serve de intermediário e guardião do capitalismo setentrional e dos grandes bancos"[122].

Percebe-se então como Gramsci amplia e redefine a noção de intelectual. Para ele, o arcabouço da burocracia estatal é composto por uma massa de intelectuais, que cumpre um papel decisivo na estabilização da ordem social. Uma fratura nessa camada social poderia ser crucial para o sucesso de um processo revolucionário socialista. Assim é que "por sobre o bloco agrário funciona no Mezzogiorno um bloco intelectual que praticamente serviu até agora para impedir que as rachaduras do bloco agrário se tornassem demasiado perigosas e determinassem um esboroamento"[123].

Mas a desagregação social que descreve a situação dos camponeses pode servir também para se referir ao mundo intelectual e da cultura, uma vez que se observa uma grande concentração de inteligência e de cultura em grupos restritos de grandes intelectuais, ao mesmo tempo que "não há uma organização da cultura média [...]; não existem pequenas e médias revistas, não existem casas editoriais em torno das quais se agrupem formações médias de intelectuais meridionais"[124].

Os intelectuais meridionais que buscaram uma saída radical para a questão meridional tiveram de se organizar fora do Mezzogiorno. No entanto, todas as iniciativas culturais ocorridas na Itália, desde o início do século XX até o momento em que Gramsci escreve, teriam tido alguma influência do meridionalismo, mas de um meridionalismo delimitado pela reflexão dos grandes intelectuais do Sul: Giustino Fortunato e Benedetto Croce. Na Itália,

> não sendo possível uma Reforma religiosa de massa, em razão das condições modernas de civilização, verificou-se a única Reforma historicamente possível com a filosofia de Benedetto Croce: foram mudados o endereçamento e o método de pensamento, construiu-se uma nova concepção do mundo que superou o catolicismo e qualquer religião mitológica. Nesse sentido, Benedetto Croce cumpriu uma elevada função "nacional": separou os intelectuais radicais do Mezzogiorno das massas camponesas, fazendo-os participar na cultura nacional e europeia, e através dessa cultura fez com que fossem absorvidos pela burguesia nacional e daí pelo bloco agrário.[125]

---

[122] Ibidem, p. 178.

[123] Ibidem, p. 180-1.

[124] Idem.

[125] Ibidem, p. 181.

Gramsci reconhece que o próprio grupo de *L'Ordine Nuovo* tem vínculos de origem com essa formação intelectual, mas representa, ao mesmo tempo, "uma ruptura completa com aquela tradição e o início de um novo desenvolvimento". Na prática, essa ruptura ocorreu no momento em que os comunistas turinenses "colocaram o proletariado urbano como protagonista moderno da história italiana e, portanto, da questão meridional"[126].

Outra fração que se descolou da formação intelectual dominante entre os meridionalistas e reconheceu a posição social do proletariado foi a vertente cujos exemplos são Piero Gobetti e Guido Dorso. Na avaliação de Gramsci, a concepção de Gobetti, "em grande parte retoma o sindicalismo e o modo de pensar dos sindicalistas intelectuais: os princípios do liberalismo são projetados da ordem dos fenômenos individuais para aqueles dos fenômenos de massa"[127]. Por meio desses intelectuais, pode ser estabelecido um vínculo entre o proletariado e os intelectuais surgidos no terreno da técnica capitalista e que podem assumir uma posição de esquerda, como fora tentado no movimento de ocupação das fábricas, em Turim.

Mesmo considerando o caráter de esboço e principalmente de trabalho não concluído, chama atenção a ausência de qualquer referência ao grupo intelectual de Bordiga, que se aliou ao grupo de *L'Ordine Nuovo,* a fim de fundar o Partido Comunista. Mais ainda se considerarmos seu caráter original de grupo napolitano e anti-Croce. Essa lacuna pode ser explicável se lembrarmos que, para a vertente comunista de esquerda, não havia uma questão meridional ou mesmo um horizonte para a propalada aliança operário-camponesa. Assim é que Gramsci, por esse aspecto, vê a vertente bordiguista como uma variante do positivismo da tradição socialista. Outra ausência, que quase certamente seria tratada em outro momento, é a Igreja Católica, constitutiva da questão vaticana, assim como a análise das posições de outros agrupamentos políticos e culturais.

Gramsci percebia a importância de se desorganizar o bloco intelectual cuja referência maior era a figura de Benedetto Croce, assim como sabia das dificuldades de forjar uma camada intelectual revolucionária estreitamente ligada à classe operária. Daí a necessidade de lutar para que ocorra uma fratura orgânica na massa dos intelectuais e que se forme uma tendência de esquerda, orientada para o proletariado industrial. Essa fração que se desprende do bloco intelectual deveria integrar a frente única que os comunistas se empenhavam em construir.

---

[126] Ibidem, p. 182.

[127] Ibidem, p. 183.

Do mesmo modo que Gramsci procura centrar a atividade política dos comunistas tentando atrair para a frente única os estratos intermediários dos partidos operários e pequeno-burgueses – ou seja, sua massa intelectual –, enfatizava a necessidade de se aliar aos intelectuais meridionalistas que reconheciam um papel histórico ao proletariado, até para que as massas camponesas pudessem fazer o mesmo. É assim que

> o proletariado destruirá o bloco agrário meridional na medida em que conseguir, através de seu partido, organizar em formações autônomas e independentes massas cada vez mais notáveis de camponeses pobres; mas obterá êxito em medida maior ou menor nessa sua tarefa obrigatória, mesmo que secundária, conforme for capaz de desagregar o bloco intelectual que é a armadura flexível, mas muito resistente do bloco agrário.[128]

Aqui Gramsci lança uma noção mais ampla de aliança operário-camponesa, uma vez que, com a inclusão da questão da massa dos intelectuais, se aproxima da formulação do *bloco histórico,* que implica problemas como a organização da produção e do Estado na transição, assim como a questão essencial da organização da esfera subjetiva, tema nuclear de *Cadernos do cárcere.* Dessa maneira, a fórmula política da frente única encontra, com Gramsci, novas soluções e um aprofundamento teórico que a IC, no seu conjunto, não conseguia contemplar.

---

[128] Ibidem, p. 185.

CONCLUSÃO

A prisão de Gramsci, em 8 de novembro de 1926, interrompeu uma elaboração teórico-política que se desenvolvia a partir da atividade revolucionária prática cotidiana, mas que seria retomada algum tempo depois na circunstância das duras condições carcerárias. Só então o seu reencontro com Marx – numa situação muito particular – e o diálogo crítico com a gama dos componentes intelectuais que contribuíram para forjar seu próprio pensamento possibilitarão a crítica radical da cultura hegemônica na Itália, expressa na obra de Croce, assim como a crítica (indireta) da regressão teórica da refundação comunista. Juntamente com a crítica do americanismo, essas seriam as condições para a derrota do fascismo e para a retomada do processo revolucionário na Itália.

Como se viu, Gramsci tem seu ponto de partida na inspiração antipositivista presente no universo revisionista do marxismo do fim do século XIX, que retoma a dialética hegelista, mas também aspectos da mais avançada reflexão liberal-democrata. Dentre as inúmeras contribuições que convergiram na formação do pensamento político de Gramsci, de início destaca-se Benedetto Croce, como promotor do resgate da dialética idealista, e depois George Sorel, com sua ênfase no "espírito de cisão" da classe operária em relação ao mundo burguês, mas que reproduzia a cisão entre o econômico e o político, própria desse mundo e também própria do liberalismo e do reformismo. De maneira mais geral, o pensamento de Gramsci origina-se de uma vertente intelectual meridional contestatória da ordem oligárquica vigente, que, fundamentada no liberalismo, almeja completar a obra do *Risorgimento*, fazendo da Itália uma república democrática.

Pela ala mais à esquerda dessa área cultural, Gramsci se vincula ao sindicalismo revolucionário, particularmente no que se refere ao reconhecimento da necessidade de se emancipar o campesinato por meio de uma aproximação com a classe operária industrial (ela própria, em boa medida, de origem migrante e rural). É através do mundo operário que Gramsci estabelece contato com o PSI e não o contrário. A relação com o PSI só se estreita quando esse agrupamento oferece o seu apoio e simpatia à Revolução Russa.

Na rica experiência do movimento operário de Turim, particularmente aquela que deu vida aos conselhos de fábrica, com sua perspectiva de controle do processo produtivo para além da lógica do capital, Gramsci vivenciou na prática o "espírito de cisão", que então perpassava a classe operária, não só da Itália como de várias partes do globo, particularmente da Europa centro-oriental, sob o influxo da revolução eclodida no Oriente russo. A percepção de que as principais instituições sociais da classe operária – notadamente, o sindicato e o partido – tendiam a se posicionar no interior do mundo burguês e a preservar os fundamentos da ordem cindida do capital como relação de apropriação privada da produção social levou Gramsci a investir na centralidade da fábrica e no controle do processo produtivo como fundamento do antagonismo ao poder do capital.

A experiência revolucionária dos conselhos de fábrica se identificava amplamente com outras similares na Rússia, na Alemanha, na Áustria, na Hungria e na Inglaterra. Parecia nitidamente estar em marcha uma luta de autoemancipação das massas operárias. Mas o isolamento social dessa fração operária e o início da contraofensiva do capital desnudaram os limites e a crise do sindicalismo revolucionário e do reformismo socialista na Itália e em toda parte. A posição de Gramsci já era muito particular nesse contexto, pois não refutava um papel ao partido operário, desde que este preservasse sua razão de ser como representante do antagonismo de classe.

Assim, sua posição teórico-política se aproximava da de Sorel e de Rosa Luxemburgo, guardadas as muitas diferenças entre esses dois revolucionários. Ambos nutriam uma grande simpatia e identificação com a revolução na Rússia, além de considerar fundamental a questão da autoatividade das massas e sua capacidade de criar instituições próprias. É bastante provável que Gramsci visse nas formulações de Rosa Luxemburgo e na experiência espartaquista (e também em Karl Korsch) um elo teórico importante, vinculando a greve de massa, os conselhos operários e a formação do partido revolucionário.

A constatação de que tanto a CGL quanto o PSI tendiam a se incorporar ao Estado burguês e que o mero controle da produção não poderia, por si só, promover o esvaziamento do poder político do capital fez com que Gramsci se voltasse para a cisão completa com o liberalismo e o reformismo e sua base

CONCLUSÃO 235

social, e para a construção de um novo partido político, como instância privilegiada do antagonismo operário e da perspectiva da totalidade, modo pelo qual se deslocou para a senda da recém-fundada Internacional Comunista e para o encontro marcado com Lênin.

A fundação do Partido Comunista exigiu a convergência entre o grupo de *L'Ordine Nuovo,* do grupo majoritário do *Il Soviet* e de um grupo menor de "massimalistas", todos com origem no PSI. A preservação do "espírito de cisão" e a construção de um partido operário de caráter nacional e vinculado à perspectiva da revolução socialista internacional garantiram esse acordo político.

A necessidade de se fazer frente ao movimento fascista e garantir a unidade e a legitimidade do PCd'I diante da IC mantiveram unidos Antonio Gramsci e Amadeo Bordiga, cuja concepção de partido e de revolução era bastante singular. Bordiga entendia que o partido de vanguarda deveria ser formado por todos aqueles dotados do conhecimento da ciência da revolução e empenhados em difundi-la no decorrer da luta operária, até que houvesse uma identificação entre classe e partido numa situação de crise capitalista. O fascismo seria uma variante da reação capitalista nesse momento de crise e sua derrota se identificaria com a revolução socialista. Ora, essa é uma fórmula que, além de desprezar as mediações, preserva a cisão presente na ordem do capital, entre trabalho manual e intelectual, entre os simples e os dotados de saber, com a qual Gramsci não podia se identificar, em virtude de toda sua formação pregressa[1].

O afastamento entre Bordiga e Gramsci aconteceu durante o conflito do PCd'I com a IC. O empenho da direção da IC em constituir partidos comunistas de massa na Europa ocidental esteve ligado à perda de alento e à subsequente derrota da revolução socialista internacional, cuja implicação foi o surgimento da fórmula política da frente única. A aplicação dessa tática na Itália sugeria uma nova cisão no PSI, que incorporasse a maioria "massimalista" nas fileiras da IC e, em seguida, que fosse forjada uma aliança entre as forças políticas antifascistas. O PCd'I, por sua vez, preferiu entender que a frente única seria uma tática voltada aos operários socialistas a ser adotada apenas nos sindicatos e entre os jovens.

À medida que aumentava a ameaça de intervenção da IC e do esfacelamento do grupo dirigente original do PCd'I e sua substituição por uma maioria

---

[1] Lembrar que Gramsci carregava uma visão, herdada de Sorel, bastante crítica do "jacobinismo", identificado ao "blanquismo" no que diz respeito ao destaque da vanguarda em relação às massas na busca do poder político.

advinda do "massimalismo" aliada à "direita" comunista formada por Angelo Tasca, cuja finalidade seria a imposição da tática da frente única, Gramsci percebeu que a resistência entabulada por Bordiga era inócua. De fato, essa resistência apenas fazia vir à tona as latentes fragilidades teóricas, no que se refere à forma-partido, mas principalmente no que tange ao problema das alianças sociais e da dimensão internacional da revolução italiana. Assim, afastando-se da pretensa tradição nacional da esquerda italiana, que Bordiga reivindicava, Gramsci se aproxima das formulações do grupo dirigente bolchevique, particularmente de Lênin, sem, no entanto, abandonar as inspirações teóricas que o conduziram ao campo da cisão com a ordem do capital e com as formulações subalternas no interior da cultura política do movimento operário.

A formulação teórica que antes o mantivera avesso ao reformismo e ao positivismo não conseguira acumular forças para se sobrepor a Bordiga no campo da cisão comunista em oposição àquelas vertentes predominantes no movimento operário. Mas agora, durante sua estada em Moscou, unia-se à concepção teórica leniniana e encontrava respaldo na força organizativa da IC, para realizar um salto de qualidade teórico que o projetava para dentro da vertente da refundação comunista, aberta principalmente por Rosa Luxemburgo e Lênin.

Foi precisamente na fórmula política da frente única que Gramsci encontrou o fio condutor da práxis revolucionária. Desde logo, sua concepção procurou uma orientação própria dentro do emaranhado teórico que surgia no seio da IC e de seus principais partidos, em primeiro lugar em virtude da novidade e decorrente imaturidade e imprecisão da noção de frente única, e depois em decorrência da regressão teórica que afetou a maioria do movimento comunista após a morte de Lênin e a desagregação do grupo espartaquista.

A fórmula política da frente única surgiu na Alemanha em 1921 a partir de uma iniciativa de Paul Levi e Karl Radek, que expressava a ideia de criar uma nova forma de unidade da classe operária, seriamente afetada pelos efeitos da guerra e da tentativa revolucionária de 1919. De início, a contenda que se abriu opunha os que aceitavam a colaboração com a social-democracia e os que não aceitavam. Nessa formulação, estava pressuposto que a ofensiva do capital era mais sólida e duradoura, uma vez que a tática da frente única deveria unir todas as organizações operárias, particularmente sindicatos e partidos, numa postura inicialmente defensiva, mas que poderia ensejar o contra-ataque. Assim, a disputa pela hegemonia política no movimento operário deveria fazer uso também dos institutos da democracia liberal-burguesa.

A vertente que se opôs a essa formulação acabou se dividindo em duas variantes: uma representada por Brandler e Thalheimer, que entendia que a colaboração com a social-democracia poderia ocorrer desde que fosse para organizar a classe operária na fábrica e em instituições autônomas, combatendo o poder do capital, ou mesmo para apoiar externamente um governo social--democrata com posturas de esquerda ou sob ameaça conservadora. Nesse caso, entendia-se que a fórmula política da frente única era uma tática defensiva diante da ofensiva do capital e que deveria durar até que, num breve tempo, houvesse uma retomada do movimento revolucionário. Nesse caso, dever-se-ia buscar uma aliança com a massa operária social-democrata com a finalidade de mostrar que a momentânea derrota da revolução era de responsabilidade dos dirigentes reformistas pelo seu intrínseco vínculo com a ordem burguesa.

Uma segunda variante de oposição, mais reticente a essa fórmula política, entendia que não existia nenhuma possibilidade de colaboração com a social--democracia, mas apenas com a base operária no processo de luta comum. A manifestação da postura antirrevolucionária da social-democracia estaria demonstrada pela sua disposição em participar de governos de coalizão com partidos burgueses. A frente única "pela base" poderia ser, no limite, uma estratégia que visava então "desmascarar" os dirigentes social-democratas e atrair a maioria dos operários para o campo da revolução socialista. Nesse caso, havia pouca consideração diante da eficácia da ofensiva do capital na produção e no Estado e de quanto essa estratégia deveria ser de longo prazo.

Logo veio à tona uma nova divergência, que no fundo expressava a mencionada dualidade estratégica, sobre o conteúdo efetivo da palavra de ordem política do "governo operário" ou "governo operário-camponês". De um lado, alguns entendiam que, como corolário da tática da frente única "pelo alto", esse seria um objetivo intermediário a ser alcançado ainda no interior dos quadros da dominação burguesa, abrindo, quiçá, uma via de transição socialista pela via democrática. Outros entendiam que essa seria apenas uma expressão sinônima de "ditadura proletária", já que um governo operário efetivo só poderia nascer da oposição à democracia burguesa.

Essas posições divergentes se manifestaram em todo o comunismo ocidental com diferentes matizes, mas o fulcro do problema teórico e prático estava localizado na Alemanha. Os indícios são de que Gramsci se opunha à formulação de Paul Levi e Karl Radek e se identificava mais com Brandler e Thalheimer, tendo exercido a sua crítica precisamente quanto às concessões feitas a Radek no período que precedeu o outubro de 1923. Depois de apoiar o afastamento desses dirigentes, Gramsci manifestou seu apoio a Thalmann, por ver nele uma alternativa de política de frente única que privilegiava a centralidade da fábrica e a organização operária autônoma. Na disputa teórica política travada no PCd'I, pode-se dizer ainda que Angelo Tasca defendia a fórmula política da frente única com o conteúdo definido por Levi e Radek, enquanto Bordiga sempre se opôs a essa formulação, evitando qualquer conciliação[2].

A indefinição estratégica da IC decorria da dificuldade de se forjar um grupo dirigente efetivamente internacional, que pudesse dar conta das questões atinentes à crise do capital e do Estado. A regressão teórica e o processo de cisão que afetou o grupo dirigente bolchevique, assim como a impossibilidade cabal de se chegar a uma síntese teórica na Alemanha, levaram a IC a oscilar entre duas estratégias diferentes. A ambiguidade acabou sendo parcialmente disfarçada nas peripécias conjunturais e nas análises de casos particulares. Como se viu, o presidente da IC, Zinoviev, fez inúmeros malabarismos para manter unidas essas concepções profundamente diferentes.

De modo simétrico, na Rússia, também em 1921, foi enunciada a Nova Política Econômica, cujo objetivo era recompor a aliança operário-camponesa. Destarte, até como uma decorrência lógica, a fórmula política da frente única passou a ser entendida, sobretudo em países de menor contaminação capitalista, sob o rótulo de aliança ou bloco operário-camponês. Era o caso não apenas da Rússia, mas também da Itália e outros países europeus, além dos países da periferia colonial.

Na União Soviética, as implicações dessa indefinição teórica estratégica foram decisivas. A rigor, após a morte de Lênin, apenas Bukhárin contava com uma perspectiva estratégica da frente única. Pouco a pouco Bukhárin percebeu que a ofensiva do capital poderia ser bastante duradoura no Ocidente, o que obrigaria o movimento comunista a travar uma luta de resistência e de acumulação de forças por meio da política de frente única em busca de objetivos intermediários como o "governo operário", derivado da coalizão entre comunistas e sociais-democratas. Na União Soviética, por sua vez, seriam fundamentais a manutenção da aliança operário-camponesa e o aprofundamento

---

[2]   Em termos polêmicos, poderíamos dizer que a leitura que Tasca fazia da fórmula política da frente única, seguindo Radek, foi vitoriosa no seio do PCd'I depois da *svolta di Salerno* (1944), promovida por Togliatti, ainda que este tenha usado o nome de Gramsci para legitimar essa linha política, que se desdobrou na *via italiana al socialismo* (1956) e depois no "eurocomunismo" dos anos 1970.

da NEP. O capitalismo monopolista de Estado na União Soviética seria a via da transição socialista, mas poderia apontar nessa direção também no Ocidente. A NEP teria condições até de levar os camponeses ao socialismo, mesmo que isso exigisse uma profunda e lenta mudança material e cultural.

Outros atores políticos importantes do grupo dirigente bolchevique viam na fórmula política da frente única um expediente tático. Para Trótski, a frente única era uma tática defensiva que deveria durar enquanto não se estivesse avançando pelo caminho da insurreição. Em relação à União Soviética, apenas uma classe operária fortalecida num rápido processo de industrialização poderia barrar a burocratização do partido e do Estado, assim como o risco de restauração capitalista presente no campo, além de contribuir com a imprescindível difusão da revolução socialista internacional.

Stálin mostrou-se favorável à NEP e à política de frente única enquanto manteve a aliança com Bukhárin. Mas sua concepção de transição socialista nunca foi a mesma. Para Stálin, a aliança operário-camponesa deveria durar enquanto o Estado soviético não estivesse suficientemente forte para desencadear um processo acelerado de desenvolvimento das forças produtivas e para promover a redução dos camponeses à "socialização". Sua ideia era de que existia a possibilidade de a transição socialista avançar celeremente na União Soviética, assim como era possível um forte Estado socialista em meio ao predomínio mundial do imperialismo capitalista, decorrendo daí as teses antitéticas às de Lênin, como o agravamento da luta de classes e do fortalecimento do Estado ditatorial no período de transição.

Zinoviev tentou manter um ponto de equilíbrio entre essas posições diferentes, sem conseguir, no entanto, nem de longe, alcançar alguma forma de síntese teórica. Na posição de presidente da IC e de alto dirigente do PCR(b), a responsabilidade de Zinoviev era imensa, tendo sido, juntamente com Stálin, a expressão maior da regressão teórica da IC, ainda que, como vimos, por diversas vezes suas posições tenham estado muito próximas das de Gramsci, no referente ao contexto internacional.

A regressão teórica no bolchevismo poderia eventualmente ter sido compensada na Alemanha caso o grupo dirigente espartaquista não tivesse sido pulverizado no confronto com a social-democracia e nos embates internos à própria IC. De resto, a imensa riqueza do marxismo alemão não conseguiu produzir qualquer alternativa para a refundação comunista. Com o desaparecimento imprevisto e precoce de Rosa Luxemburgo e de Lênin, a refundação da práxis revolucionária só pôde florescer então de maneira marginal e incompleta em países de relativo atraso do ponto de vista do capitalismo, como a Hungria e a Itália, com a trajetória política e intelectual de Lukács e de Gramsci. Não casualmente foram esses autores os mais sofisticados elaboradores da fórmula política da frente única, fazendo dessa concepção teórico-estratégica a marca distintiva dessa segunda fase da refundação comunista.

Certamente esses autores integrantes do campo da refundação comunista do século XX contam com matrizes teóricas diferenciadas, embora todos se refiram fundamentalmente à obra teórica e prática de Karl Marx. Além disso, é possível localizar diversas diferenças de postura ou enfoque teórico sobre questões importantes. O que se tentou mostrar nestas páginas foi precisamente a particularidade de Gramsci no âmbito da refundação comunista no período que antecedeu seu encarceramento. Por esse motivo, tentou-se vincular o ambiente político-cultural europeu que deu vazão à refundação comunista na Europa centro-oriental, a crise do movimento operário, a guerra e a revolução socialista internacional, com o específico ambiente italiano e aquele particular de Gramsci. Desse modo, pôde-se perceber como o meridionalismo original, eivado de liberalismo-democrático, se transmuta num meridionalismo posto no contexto internacional da revolução socialista, projetando a periferia no cerne do futuro.

Gramsci elaborou uma particular síntese teórica que o contextualizou como um ator político e um autor da maior importância no veio da refundação comunista. Entre 1919 e 1926, ele aborda um leque de problemas correlatos à fórmula política da frente única, desde a cisão até a impostação da questão dos intelectuais. De Sorel e de Rosa retém o tema da cisão do mundo do trabalho em relação ao capital, assim como a confiança na autonomia e na autoatividade das massas, cuja implicação é a criação de instituições próprias que demarquem o antagonismo à ordem existente. Claro que a ideia de "greve geral" de Sorel não é a mesma coisa que a "greve política de massas" de Rosa, mas na prática política do *biennio rosso* (1919-1920) esses conceitos se vinculavam. A centralidade da fábrica e das relações sociais de produção são elementos de permanência na reflexão de Gramsci trazidos também de Sorel e de Rosa. Esses elementos são essenciais para a compreensão das formulações posteriores de Gramsci sobre a política de frente única.

Com a visão de que o socialismo é um ato de cultura que revoluciona as relações de produção em oposição ao poder político do capital e o seu séquito de representantes intelectuais, políticos e gestores, como Rosa Luxemburgo, Gramsci só pôde perscrutar um partido operário surgido da luta de classes e dos elementos de rebeldia e antagonismo presentes na cultura popular. Um partido que é o filtro pelo qual se seleciona a melhor fração da classe antagônica e que se transforma no educador das massas, forjando os seus próprios intelectuais e atraindo parte dos intelectuais postos em oposição à ordem burguesa.

O que uniu Gramsci e Bordiga foi a necessidade da cisão com o reformismo, enquanto expressão organizada da ideologia burguesa no seio do movimento operário. Separou-os a diversidade na concepção de partido revolucionário, pois enquanto Gramsci concebia a origem da consciência revolucionária da classe como partindo dela mesma, do antagonismo em relação à ordem do capital, Bordiga radicalizou e tornou unilateral a formulação de Lênin sobre a consciência revolucionária se originando "de fora" da imediata luta de classe e sendo levada pela atividade intelectual revolucionária externa, a única capaz de conceber a totalidade social, ultrapassando assim a consciência sindical-corporativa[3].

Na verdade, de Lênin, Gramsci apreendeu fundamentalmente a ideia da necessidade de um partido fortemente centralizado e organizado, capaz de enfrentar situações adversas, como o ataque fascista, bem como de estar em condições de preparar a insurreição. Ainda de Lênin, um elemento de importância decisiva na síntese gramsciana foi a incorporação da necessidade da aliança operário-camponesa, tanto para a consecução da revolução como para a consolidação da transição socialista e da base social do Estado operário. Esse ponto de encontro entre Lênin e Gramsci é de particular importância por sugerir a superação do estreito meridionalismo original de Gramsci, em direção à proposição universalizante de Lênin, que também daria as condições para uma melhor compreensão do americanismo.

Assim como Lênin parte da crítica ao pensamento narodnique, Gramsci critica o meridionalismo, que posicionava o campesinato no cerne da trans-formação social, de modo que ambos propunham, ao contrário, que a classe operária fabril deveria conduzir a aliança sociopolítica entre proletariado e campesinato. Diga-se ainda que a proposição da aliança operário-camponesa é um elemento fundamental de distinção da práxis proposta pela refundação comunista e, em particular, da fórmula política da frente única.

---

[3] "Só se pode dotar o operário de consciência de classe desde fora, quer dizer, de fora da luta econômica, de fora das relações entre operários e patrões. A única esfera da qual se pode ex-trair esses conhecimentos é a esfera das relações entre todas as classes e setores sociais com o Estado e o governo, a esfera das relações de todas as classes entre si." Vladímir Lênin, "¿Que hacer?", em *Obras escogidas em doce tomos*, cit., t. II, p. 76.

Nessa vertente, na medida em que Bukhárin seguiu a agenda leniniana, aprofundando a reflexão sobre a NEP e a frente única operário-camponesa como base necessária da ditadura proletária nas fases iniciais da transição socialista, Gramsci, para pensar tanto a questão agrário-camponesa em geral como as particularidades da Rússia e Itália, recebeu a influência de Bukhárin. No entanto, Gramsci discordou de Bukhárin em relação à ideia de que o capitalismo no Ocidente recuperava a sua força e partia para uma ofensiva duradoura, cuja decorrência deveria ser o favorecimento de uma política de frente única com a social-democracia. Menos ainda esteve de acordo com a concepção da Stálin de "socialismo num só país", à qual Bukhárin se vergou[4].

Na análise do contexto da política internacional, Gramsci esteve quase sempre próximo dos setores mais à esquerda do movimento comunista. Sua avaliação de que o processo revolucionário era de atualidade permanente na Europa levou-o a se aproximar muito da leitura de Trótski, particularmente no que se refere à relação entre Europa e América e sobre o papel que seria desempenhado pela social-democracia. A penetração do americanismo na Europa seria favorecida pela social-democracia, já que o fascismo não passaria de uma solução de emergência para a burguesia, que, de um modo ou de outro, tenderia a se submeter aos desígnios da América. Esse processo só poderia ser barrado por uma revolução socialista europeia[5].

Mesmo Zinoviev contribuiu para o amadurecimento da teoria política de Gramsci e dos comunistas italianos, ainda que sob uma forma expressiva bastante rudimentar. O presidente da IC entendia que a "estabilização capitalista" era precária e que permanecia latente a situação revolucionária no Ocidente. A implicação tática dessa leitura era que a social-democracia seria vista como uma intromissão burguesa no movimento operário, com a política de frente

---

[4] Foi apenas no período carcerário que Gramsci reconheceu a intuição de Lênin de que a revolução socialista internacional estava esgotada, talvez por um período longo, desde 1921. Leitura essa que foi, desde logo, de maneira aproximada, feita por Bukhárin. Sabe-se ainda que Gramsci exercitou uma crítica bastante severa ao marxismo de Bukhárin, nos seus *Cadernos do cárcere,* ainda que centrada nos escritos do jovem "comunista de esquerda" até 1921. Na verdade, Gramsci toma o *Tratado de materialismo histórico* como exemplo destacado e pioneiro da regressão teórica que afetaria o movimento comunista, cuja expressão evidente é o empenho de sistematização do marxismo, tal como Stálin e Zinoviev fizeram na esteira de Bukhárin.

[5] Nos *Cadernos do cárcere*, Gramsci desenvolveu uma avaliação crítica da perspectiva internacionalista de Trótski e da noção de "revolução permanente" no Ocidente que valeu, em alguma medida, também como uma autocrítica.

única servindo para denunciar isso e deslocar a classe operária como um todo para o campo da revolução.

Munido desse manancial teórico diferenciado e enfrentando a realidade do fascismo em fase de ascensão e consolidação, Gramsci estabeleceu uma síntese teórica promissora e sofisticada, que pode ser percebida no desenvolvimento da fórmula política da frente única. Para Gramsci, a frente única deveria ser fundamentada nas forças sociais antagônicas ao capital, sobretudo a classe operária e o campesinato pobre. Essas classes subalternas deveriam se organizar, de maneira autônoma, segundo sua própria experiência, criando instituições sociais próprias, que dariam materialidade à subjetividade antagônica em desenvolvimento. O partido revolucionário seria o elemento de coordenação, centralização e difusão dessa subjetividade antagônica. O filtro do que de mais avançado e desenvolvido poderia existir no seio da classe operária.

Mas esse processo constitutivo de uma nova hegemonia e de um novo Estado exigiria uma operação de desgaste e de cerco ao capital e ao Estado burguês, com a incisão de cunhas, de golpes parciais, quando possível. Um campo privilegiado de ação política deveria ser o próprio processo produtivo do capital, decorrendo daí a necessidade da organização operária no local de trabalho e o empenho para alcançar o controle da produção e a autogestão. Considerando que o PSI e a CGL eram institutos sociais que tinham sido incorporados ao Estado burguês e que expressavam a força da ideologia burguesa no seio da classe operária, sua desconstrução e a consequente atração de sua base social de sustentação para o campo das forças antagônicas, em processo de organização de institutos próprios, era crucial para o êxito da política revolucionária de frente única.

Isso poderia acontecer com o estabelecimento de objetivos transitórios capazes de atrair os quadros intermediários dos partidos políticos de base operária e popular. Desse modo, seria afetada a estabilidade desses partidos, rompendo os canais de transmissão entre a referida base social e os dirigentes políticos com interesses particulares imbricados no Estado. Na verdade, esses quadros intermediários eram os verdadeiros organizadores das massas, os seus intelectuais.

Essa formulação de Gramsci traz uma forte congruência com a apontada necessidade de se atrair para a frente única os intelectuais meridionais (meridionalistas) que reconheciam a importância sócio-histórica da classe operária, assim como com o objetivo de desmantelar o bloco intelectual meridional dominante. Como nesse caso os intelectuais que faziam a conexão entre os grandes intelectuais da classe dominante e a massa camponesa, em grande medida, ocupavam posições na burocracia estatal (civil e militar) ou eclesiástica, eles se encontravam no próprio arcabouço do Estado. Como os intelectuais meridionalistas, que poderiam compor na frente única, tendiam a migrar para o Norte, o trabalho de organização dos camponeses deveria começar de um estágio bastante inicial, fazendo uso do espírito de rebeldia existente no Mezzogiorno.

A dificuldade maior na consecução dessa política estava em atrair grupos significativos da pequena burguesia, que, penalizada gravemente pela guerra, vivia numa situação de iminente declínio social. Isso porque a consolidação do fascismo ocorreu exatamente em razão da reciclagem e da ampliação da burocracia estatal, com o aumento dos mecanismos de repressão e de organização estatal das classes subalternas, incorporando assim ao Estado burguês um segmento expressivo de massa. Com isso, como notou Gramsci, houve a marginalização da maçonaria e da velha tradição liberal no interior da máquina estatal burguesa, enquanto a classe operária era submetida ao corporativismo estatal. Assim, o fascismo poderia oferecer uma nova camada intelectual de gestores do domínio do capital.

Decorre daí que o sucesso da política de frente única não dependia de uma eventual aliança antifascista com os partidos liberal-democratas, que enfim passavam por uma gravíssima crise de representatividade. Mais importante era a análise das contradições existentes na base de massa do fascismo, já que uma possível crise interna poderia deixar em disponibilidade uma parte dessa massa pequeno-burguesa para uma aproximação com o proletariado, no momento em que se tornasse visível o vínculo intrínseco entre o regime e o grande capital. Gramsci já tinha suficientemente claro que, enquanto a Revolução Russa tinha sido feita contra um Estado feudal-absolutista, a revolução no Ocidente se faria contra uma forma estatal liberal, cuja crise, se não levasse à revolução socialista, poderia levar ao fascismo ou a alguma forma de Estado "democrático", que incorporasse a pequena burguesia e a burocracia sindical e partidária da classe operária, recompondo o domínio do capital[6].

No entanto, para Gramsci, a democracia proletária e a transição socialista começavam desde o primeiro momento de explicitação do antagonismo social

---

[6] De certo modo, o fim do fascismo, em 1945, efetivamente apontou para o segundo caminho, com a construção de um Estado democrático-republicano, que, recompondo a hegemonia burguesa, incorporou a burocracia sindical e a representação política da classe operária. Mas, em razão da participação hegemônica dos comunistas na resistência antifascista, a situação decorrente pode também ser qualificada como a consecução de um objetivo transitório rumo à revolução socialista, que ao final, como se sabe, não se realizou.

materializado na frente única antifascista e anticapitalista. Seria no próprio processo de resistência ao fascismo, orientado pela fórmula política da frente única, que estariam em construção uma nova forma social fundada no autogoverno dos produtores, com seus institutos próprios, e uma nova subjetividade. Centralidade do trabalho, revolução, democracia e socialismo são todos elementos que se entrecruzam no esforço de conhecer e transformar a vida social. Estavam postas, dessa forma, as elaborações posteriores de Gramsci, que indicavam a necessidade de uma nova sociedade civil, expressão material e subjetiva de uma nova hegemonia, antagônica ao capital, como fundamento de um novo bloco histórico baseado no trabalho emancipado. Uma hegemonia que tendia a ser sempre mais civil e menos política.

Ora, se Gramsci contava com uma teoria política muito mais complexa e sofisticada do que a grande maioria dos dirigentes da Internacional Comunista, e que pode ser acompanhada pelo traço da fórmula da frente única, e se foi ele quem melhor compreendeu o processo de fascistização e seu significado, é de se interrogar sobre os motivos de fundo que explicam sua prisão (e a de tantos outros dirigentes do PCd'I) e a consolidação do fascismo. À parte as explicações contingentes ou de fundo psicológico, a questão – que permanece – incide sobre o problema de uma eventual insuficiência teórica de interpretação do movimento do real[7].

Teria havido uma subestimação do fascismo, da qual a própria fórmula política da frente única, tal como concebida por Gramsci, seria a demonstração? Caso essa afirmação seja verdadeira, resta ainda saber: por que Gramsci não superou o idealismo e o subjetivismo de sua formação juvenil croceana? Ou ele já teria incorporado uma nova fórmula de subjetivismo que começava a emanar da regressão teórica do movimento comunista? Logo, a deficiência mais sentida de Gramsci teria sido a de não ter assimilado Lênin (e Marx) por inteiro, ou mesmo de modo suficiente?

O escrito que agora se conclui tendeu a indicar uma resposta negativa para todas essas questões, tantas vezes postas no debate historiográfico e político, ainda que sem nenhuma pretensão peremptória. Na verdade, o primeiro a se interrogar sobre todas essas questões e quem ofereceu as melhores respostas, ainda que necessariamente incompletas, foi o próprio Gramsci. Durante o resto

---

[7] Um exemplo de análise que enfatiza aspectos psicológicos da biografia de Gramsci é Aurélio Lepre, *Il prigioniero: vita di Antonio Gramsci* (Bari, Laterza, 1998). Outro exemplo nessa mesma direção é Giuseppe Vacca, *Vita e pensiero di Antonio Gramsci* (Turim, Einaudi, 2012).

de sua curta vida, passada no cárcere, Antonio Gramsci refletiu e aprofundou sua ciência política, procurando compreender melhor todas as questões teóricas que enfrentara entre 1919 e 1926, na prática da luta cotidiana, precisamente para perscrutar um horizonte e uma orientação política que viesse a ser vitoriosa.

No cárcere, Gramsci percebe a profundidade da derrota e a decorrente necessidade de oferecer um fundamento teórico muito mais consistente à fórmula política da frente única, sem, no entanto, ter abandonado a linha de reflexão e a pesquisa originada nos seus tempos de expoente na direção política do comunismo italiano e internacional. Do ponto de vista estritamente político, Gramsci percebe dois grandes equívocos de avaliação que o levaram ao cárcere e o movimento comunista a uma derrota duradoura, expressões da solidez da ofensiva do capital no período que sucedeu a derrota da revolução socialista internacional.

Um ponto essencial era o de que o perfil e a composição da classe operária mudavam pela ação do capital. Aquela classe operária qualificada que existia na Itália de 1920 (e também nos Estados Unidos) passava por um processo de desqualificação profissional e de perda de autonomia, de modo a preservar sua situação de subalternidade social e cultural diante do domínio da burguesia. Isso significa que a avaliação de que havia uma situação revolucionária permanente era um equívoco que se mostrou fatal.

Nos *Cadernos*, Gramsci estabelece um diálogo crítico com todas as inúmeras influências que contribuíram para sua formação política e intelectual: com Croce, Sorel, Maquiavel, Trótski, Bukhárin e outros[8]. Seus principais aliados nessa imensa empreitada cultural e política são Marx, Lênin e Labriola, aprofundando sua agenda teórica, sem que tenha também deixado de preservar/superar muito do que fora antes incorporado de seus interlocutores. Desse modo, combate a regressão teórica do comunismo e critica as ideologias dominantes na Itália, mas principalmente analisa as novas possibilidades emancipatórias postas à classe operária pelo processo produtivo do capital, assim como aponta os desafios e as imensas dificuldades que podiam ser vislumbradas. O operário especializado tende a ser substituído pelo maquinismo, pela organização científica do trabalho, pelo planejamento econômico, criando-se uma forma mais sofisticada de exploração e de

---

[8]   Há uma tradução incompleta em português da obra do prisioneiro Gramsci organizada e traduzida por Carlos Nelson Coutinho, Luiz Sérgio Henriques e Marco Aurélio Nogueira: Antonio Gramsci, *Cadernos do cárcere* (Rio de Janeiro, Civilização Brasileira, 1999-2002), 6 v.

alienação do trabalho, mas também um novo terreno, mais avançado, para o equacionamento da revolução socialista[9].

Nada indica, porém, que tenha abandonado a visão estratégica posta pela fórmula política da frente única, fundada na aliança das classes subalternas e de seus intelectuais com forças que se desprendiam da ordem vigente e cuja trajetória demandaria a consecução de uma série de objetivos transitórios, que num movimento único comporiam a resistência antifascista, a revolução socialista e a realização da democracia do trabalho. O debate presente na literatura hodierna sobre a obra de Gramsci por certo mantém sua projeção no campo da ação política, da previsão e do programa. É assim que deve ser encarada a possível atualidade da fórmula política da frente única das massas trabalhadoras, sobre seu valor estratégico, sobre seu conteúdo e sobre o papel do mundo do trabalho, dos movimentos sociais e do partido revolucionário.

---

[9] Giorgio Baratta e Andrea Catone (org.), *Tempi moderni: Gramsci e la critica dell'americanismo* (Roma, Edizioni Associate, 1989). Esse livro é produto de um seminário sobre o pensamento de Gramsci que andava completamente contra a corrente entre os eventos, publicações e interpretações da época, tendentes a diminuir o papel e a obra do sardo, ou então a transformá-lo num "clássico" sem atualidade, congelado e limitado ao passado.

REFERÊNCIAS BIBLIOGRÁFICAS

AGOSTI, Aldo. *Bandiere rosse*: un profilo storico dei comunismi europei. Roma, Editori Riuniti, 1999.

_____. *La Terza Internazionale*: storia documentaria. Roma, Editori Riuniti, 1974-1979. 3 t. 6 v.

ANDERSON, Perry. As antinomias de Antonio Gramsci. In: _____ et al. *Crítica marxista*: a estratégia revolucionária na atualidade. São Paulo, Joruês, s/d.

ANTUNES, Ricardo. *Os sentidos do trabalho*: ensaio sobre a afirmação e negação do trabalho. São Paulo, Boitempo, 1999.

BADALONI, Nicola. *Il marxismo di Gramsci*: dal mito alla ricomposizione politica. Turim, Einaudi, 1975.

BARATTA, Giorgio. *Le rose e i Quaderni*: saggio sul pensiero di Antonio Gramsci. Roma, Gamberetti, 2000 [Roma, Carocci, 2003].

_____; CATONE, Andrea (orgs.). *Tempi moderni*: Gramsci e la critica dell'americanismo. Roma, Edizioni Associate, 1989.

BERTELLI, Antonio Roberto. *O marxismo e as transformações capitalistas*: do Bernstein- -Debatte a República de Weimar (1899-1933). São Paulo, Instituto de Projetos e Pesquisas Sociais e Tecnológicas/Instituto Astrojildo Pereira, 2000.

BETTELHEIM, Charles. *A luta de classes na União Soviética*. Trad. Bolívar Costa. Rio de Janeiro, Paz e Terra, 1979-1983. 2 v.

BOBBIO, Norberto. *Saggi su Gramsci*. Milão, Feltrinelli, 1990.

BOFFA, Giuseppe. *Storia dell'Unione Sovietica*. Milão, Mondadori, 1976. 2 t.

BUKHÁRIN, Nicolai. *Le vie della rivoluzione (1925-1936)*. Roma, Editori Riuniti, 1980.

_____. *Tratado do materialismo histórico*. Trad. Edgard Carone. Rio de Janeiro, Laemmert, 1970.

_____; PREOBRAJENSKI, Ievguêni. *ABC do comunismo*. Trad. Aristides Lobo. 2. ed. São Paulo, Edipro, 2018.

CANFORA, Luciano. Il verbale di Valpocevera. *Studi Storici*, n. 1, jan.-mar. 1990.

CAPRIOGLIO, Sergio (org.). Gramsci e il delitto Matteotti con cinque articoli adeposti. *Belgagor: Rassegna di Varia Umanità*, n. 3, 1997.

CARR, Edward H. *Historia de la Rusia Soviética*. Madri, Alianza, 1977.

COUTINHO, Carlos Nelson. *Gramsci*. Porto Alegre, L&PM, 1981.

_____. *Il pensiero politico di Gramsci*. Milão, Unicapli, 2006.

DE BENEDETTO, Silvia. Gramsci, l'Antiparlamento, la Constituente: due documenti inediti del 1924. *Nuovo Impegno*. Milão, n. 33, 1976.

DEL NOCE, Augusto. *Il suicidio della rivoluzione*. Milão, Rusconi, 1978.

DEL ROIO, Marcos. *O império universal e seus antípodas*: a ocidentalização do mundo. São Paulo, Ícone, 1998.

DIAS, Edmundo Fernandes. *Gramsci em Turim*: a construção do conceito de hegemonia. São Paulo, Xamã, 2000.

_____ et al. *O outro Gramsci*. 2. ed. São Paulo, Xamã, 1996.

DORSO, Guido. *La rivoluzione meridionale*. Turim, Einaudi, 1972.

DUBLA, Ferdinando. *Gramsci e la fabbrica*. Bari, Lacaita, 1986.

FIORI, Giuseppe. *Gramsci, Togliatti, Stalin*. Roma/Bari, Laterza, 1991.

_____. *Vita di Antonio Gramsci*. Roma/Bari, Laterza, 1995.

FRESU, Gianni. *"Il diavolo nell'ampola"*: Antonio Gramsci, gli intellettuali e il partito. Nápoles, La Città del Sole, 2005.

FROSINI, Fabio; LIGUORI, Guido (orgs.). *Le parole di Gramsci*: per um lessico dei *Quaderni del carcere*. Roma, Carocci, 2003.

FURET, François. *O passado de uma ilusão*: ensaios sobre a ideia comunista no século XX. Trad. Roberto Leal Ferreira. São Paulo, Siciliano, 1995.

GERVASONI, Marco. *Antonio Gramsci e la Francia*: dal mito della modernità alla "scienza della politica". Milão, Unicopoli, 1998.

GOBBETTI, Piero. *La rivoluzione liberale*: saggio sulla lotta politica in Italia. Turim, Einaudi, 1995.

GRAMSCI, Antonio. *Disgregazione sociale e rivoluzione*: scritti sul Mezzogiorno. Org. Francesco Biscione. Nápoles, Liguori, 1996.

_____. *Filosofia e politica*: antologia dei "Quaderni del carcere". Florença, Nuova Italia, 1997.

_____. *La costruzione del Partito comunista (1923-1926)*. Turim, Einaudi, 1978.

_____. *La nostra città futura*: scritti torinesi (1911-1922). Org. Angelo d'Orsi. Roma, Carocci/Fondazione Istituto Gramsci, 2004.

_____. *L'Ordine Nuovo (1919-1920)*. Turim, Einaudi, 1975.

_____. *Lettere (1908-1926)*. Org. Antonio Santucci. Turim, Einaudi, 1992.

_____. *Lettere dal carcere (1926-1930)*, v. 1. Org. Antonio Santucci. Palermo, Sellerio, 1996.

_____. *Per la verità*. Scritti (1913-1926). Org. R. Martinelli. Roma, Editori Riuniti, 1964.

_____. *Quaderni del carcere*. Turim, Einaudi, 1975. 4 t.

_____. *Scritti politici*. Org. Paolo Spriano. Roma, Editori Riuniti, 1973. 3 v.

_____. *Socialismo e fascismo (1921-1922)*. Turim, Einaudi, 1974.

_____; BORDIGA, Amadeo. *Conselhos de fábrica*. Trad. Marina Borges Svevo. São Paulo, Brasiliense, 1983.

HAJEK, Milos. *Storia dell'Internazionale Comunista (1921-1935)*. Roma, Editori Riuniti, 1975.

HAUPT, Georges. *L'Internazionale Socialista della Comune a Lenin*. Turim, Einaudi, 1978.

HOBSBAWM, Eric (org.). *Storia del marxismo*. Turim, Einaudi, 1978-1982. 4 t.

KONDER, Leandro. *Lukács*. Porto Alegre, L&PM, 1980.

LABRIOLA, Antonio. *Saggi sul materialismo storico*. Roma, Editori Riuniti, 1977.

LÊNIN, Vladímir I. *Obras escogidas en doce tomos*. Moscou, Progresso, 1975-1977. 12 t.

LEPRE, Aurélio. *Il prigioniero*: vita di Antonio Gramsci. Bari, Laterza, 1998.

LIGUORI, Guido. *Gramsci conteso*: interpretazione, dibattiti e polemiche (1922-2012). Roma, Editori Riuniti, 2012.

LOUREIRO, Isabel Maria; VIGEVANI, Tullo (orgs.). *Rosa Luxemburg*: a recusa da alienação. São Paulo, Editora Unesp, 1991.

LOSURDO, Domenico. *Antonio Gramsci*: dal liberalismo al "comunismo critico". Roma, Gamberetti, 1997.

_____. *Dai Fratelli Spaventa a Gramsci*: per uma storia politico-sociale della fortuna di Hegel in Italia. Nápoles, La Città del Sole, 1997.

_____. *O marxismo ocidental*: como nasceu, como morreu, como pode renascer. Trad. Ana Maria Chiarini e Diego Silveira Coelho Ferreira. São Paulo, Boitempo, 2018.

_____; GIACOMINI, Ruggero (orgs.). *União Soviética*: bilancio di un'esperienza. Nápoles, Istituto Italiano per gli Studi Filosofici, 1999.

LUKÁCS, György. Teses de Blum: a ditadura democrática (extratos). *Temas de Ciências Humanas*. São Paulo, LECH, n. 7, 1980.

LUXEMBURGO, Rosa. *L'acumulazione del capitale*. Turim, Einaudi, 1974.

_____. *Scritti politici*. Org. Lélio Basso. Roma, Editori Riuniti, 1976.

MANES, Sergio (org.). *La fondazione del Partito Comunista*: documenti e discorsi. Nápoles, Laboratorio Politico, 1996.

MARTORANO, Luciano Cavini. *A burocracia e os desafios da transição socialista*. São Paulo, Xamã, 2002.

MEDICI, Rita. *Giobbe e Prometeo*: filosofia e politica nel pensiero di Gramsci. Florença, Alínea, 2000.

MORDENTI, Raul. *La rivoluzione*: la nuova via al comunismo italiano. Milão, Marco Tropea, 2003.

NATOLI, Aldo. *Antigone e il prigioniero*. Roma, Editori Riuniti, 1990.

_____; PONS, Silvio (orgs.). *L'età del stalinismo*. Roma, Editori Riuniti, 1991.

NIEDDU, Luigi. *Antonio Gramsci*: storia e mito. Veneza, Marsilio, 2004.

PACHUKANIS, Evguiéni. *Teoria geral do direito e marxismo*. Trad. Paula Vaz de Almeida. São Paulo, Boitempo, 2017.

PAGGI, Leonardo. *Le strategie del potere in Gramsci*. Roma, Editori Riuniti, 1984.

PINASSI, Maria Orlanda; LESSA, Sergio (orgs.). *Lukács e a atualidade do marxismo*. São Paulo, Boitempo, 2002.

PISTILLO, Michele. *Gramsci in carcere*: le difficili verità d'un lento assassinio. Roma, Lacaita, 2001.

_____. *Gramsci – Togliatti*: polemiche e dissensi nel 1926. Bari, Lacaita, 1996.

_____. *Pagine di storia del Partito Comunista Italiano*: tra revisione e revisionismo storiografico. Bari, Lacaita, 2004.

POULANTZAS, Nicos. *Fascismo e dittatura*: la Terza Internazionale davanti il fascismo. Milão, Jaca Book, 1971.

RELAZIONE del Partito comunista d'Italia al IV Congresso dell'Internazionale Comunista. Milão, Iskra, 1976.

ROSSELLI, Carlo. *Socialismo liberale*. Turim, Einaudi, 1997.

RUBIN, Isaak Illich. *A teoria marxista do valor*. Trad. José Bonifácio de S. Amaral Filho. São Paulo, Brasiliense, 1980.

SADER, Eder (org.). *Mao Tsé-tung*. São Paulo, Ática, 1982.

SOMAI, G. Gramsci al Terzo Esecutivo Alargato (1923): i contrasti con l'Internazionale e una relazione inedita sul fascismo. *Storia Contemporanea*, ano XX, v. 5. Bolonha, Il Mulino, out. 1989.

SOREL, George. *Reflexões sobre a violência*. Petrópolis, Vozes, 1993.

SPRIANO, Paolo (org.). *"L'Ordine Nuovo" e i consigli di fabrica*. Turim, Einaudi, 1971.

_____. *Gramsci e Gobetti*: introduzione alla vita e alle opere. Turim, Einaudi, 1977.

_____. *Storia del Partito comunista italiano*: da Bordiga a Gramsci. Turim, Einaudi, 1967.

_____. *Storia del Partito comunista italiano*: gli anni della clandestinità. Turim, Einaudi, 1969.

STÁLIN, Joseph. *Sobre os fundamentos do leninismo*. Rio de Janeiro, Calvino, 1945.

TRÓTSKI, León. *As lições de Outubro*. Trad. Olinto Beckerman. São Paulo, Global, 1979.

_____. *Europe et Amerique*. Paris, Anthropos, 1971.

VACCA, Giuseppe. *Appuntamenti con Gramsci*. Roma, Carocci, 1998.

_____. *Gramsci a Roma, Togliatti a Mosca*: il carteggio del 1926. Turim, Einaudi, 1999.

_____. *Vita e pensiero di Antonio Gramsci*. Turim, Giulio Einaudi, 2012.

VÁRIOS AUTORES. *Il giovane Gramsci e la Torino d'inizio secolo*. Turim, Rosenberg & Sellier, 1998.

VÁRIOS AUTORES. *Il secolo dei comunismi*. Milão, Marco Tropea, 2001.

VÁRIOS AUTORES. *Le tesi di Lione*: riflessioni su Gramsci e la storia d'Italia. Milão, Franco Angeli, 1990.

VERBALE della riunione del Comitato Centrale del 18 aprile 1924. *Rivista Storica del Socialismo*, n. 23, 1964.

VIANNA, Luiz Werneck. *A revolução passiva*: iberismo e americanismo no Brasil. Rio de Janeiro, Revan, 1997.

ZINOVIEV, G. *Le leninisme*. Paris, Bureau d'Editions, Diffusion et Publicité, 1926.

OUTRAS PUBLICAÇÕES DA BOITEMPO

Uma autobiografia
ANGELA DAVIS
Tradução de **Heci Regina Candiani**
Orelha de **Anielle Franco**
Quarta capa de **Zezé Motta**

Desmilitarizar
LUIZ EDUARDO SOARES
Apresentação de **Marcelo Freixo**
Orelha de **Julita Lemgruber**
Quarta capa de **Paulo Sérgio Pinheiro**

Feminismo para os 99%: um manifesto
CINZIA ARRUZZA, TITHI BHATTACHARYA E
NANCY FRASER
Tradução de **Heci Regina Candiani**
Prefácio de **Talíria Petrone**
Orelha de **Joênia Wapichana**

Marx e a crítica do modo de representação capitalista
JORGE GRESPAN
Orelha de **Gabriel Cohn**

Signatura rerum
GIORGIO AGAMBEN
Tradução de **Andrea Santurbano e Patricia Peterle**
Orelha de **Christian Ingo Lenz Dunker**

Pensamento feminista negro
PATRICIA HILL COLLINS
Tradução de **Jamille Pinheiro Dias**
Orelha de **Nubia Regina Moreira**
Quarta capa de **Angela Davis e Djamila Ribeiro**

ARSENAL LÊNIN

Cadernos filosóficos: Hegel
VLADÍMIR ILITCH LÊNIN
Revisão da tradução de **Paula Vaz de Almeida**
Orelha de **Gianni Fresu**

BIBLIOTECA LUKÁCS

Coordenação de José Paulo Netto e
Ronaldo Vielmi Fortes

O jovem Hegel
GYÖRGY LUKÁCS
Tradução e notas de **Nélio Schneider**
Revisão técnica e notas de **José Paulo Netto** e
Ronaldo Vielmi Fortes
Orelha de **Bernard H. Hess**

COLEÇÃO TINTA VERMELHA

Educação contra a barbárie
FERNANDO CÁSSIO (ORG.)
Com textos de Alessandro Mariano, Alexandre Linares, Ana Paula Corti, Aniely Silva, bell hooks, Bianca Correa, Bianca Santana, Carolina Catini, Catarina de Almeida Santos, Daniel Cara, Denise Botelho, Eudes Baima, Isabel Frade, José Marcelino de Rezende Pinto, Maria Carlotto, Marina Avelar, Matheus Pichonelli, Pedro Pontual, Rede Brasileira de História Pública, Rede Escola Pública e Universidade, Rodrigo Ratier, Rogério Junqueira, Rudá Ricci, Sérgio Haddad, Silvio Carneiro, Sonia Guajajara, Vera Jacob Chaves
Apresentação de **Fernando Cássio**
Prólogo de **Fernando Haddad**
Quarta capa de **Mario Sergio Cortella**

COLEÇÃO MARX-ENGELS

A origem da família, da propriedade privada e do Estado
FRIEDRICH ENGELS
Tradução de **Nélio Schneider**
Prefácio de **Alysson Leandro Mascaro**
Posfácio de **Marília Moschkovich**
Orelha de **Clara Araújo**

COLEÇÃO ESTADO DE SÍTIO

Coordenação de Paulo Arantes

Tecnopolíticas da vigilância
FERNANDA BRUNO, BRUNO CARDOSO,
MARTA KANASHIRO, LUCIANA GUILHON
E LUCAS MELGAÇO (ORGS.)
Orelha de **Giselle Beiguelman**
Quarta capa de **Laymert Garcia dos Santos**

COLEÇÃO MUNDO DO TRABALHO

Coordenação de Ricardo Antunes

O privilégio da servidão
RICARDO ANTUNES
Prefácio de **Tatau Godinho**
Orelha de **Michael Löwy**
Quarta capa de **Ursula Huws e Pietro Basso**

"Toda fábrica deveria ter um batalhão de trabalhadores!"
("Minden gyárnak legyen munkászászlóalja!"), cartaz criado
pela artista Jolán Szilágyi em 1919, no contexto da recém-
-instaurada República Soviética Húngara.

Publicado em 2019, cem anos após a instauração da República Soviética Húngara, este livro foi composto em Adobe Garamond Pro, corpo 11/14,3, e impresso em agosto, em papel Avena 80 g/m², pela Rettec, para a Boitempo, com tiragem de 2 mil exemplares.